|法律法规新解读|第五版

民法典
总则编
解读与应用

潘环环 编著

中国法制出版社
CHINA LEGAL PUBLISHING HOUSE

图书在版编目（CIP）数据

民法典总则编解读与应用／潘环环编著．—北京：
中国法制出版社，2023.4
（法律法规新解读丛书）
ISBN 978-7-5216-3348-1

Ⅰ.①民… Ⅱ.①潘… Ⅲ.①民法-总则-法律解释
-中国 Ⅳ.①D923.15

中国国家版本馆 CIP 数据核字（2023）第 041163 号

责任编辑：刘海龙　　封面设计：李　宁

民法典总则编解读与应用
MINFADIAN ZONGZEBIAN JIEDU YU YINGYONG

编著/潘环环
经销/新华书店
印刷/三河市国英印务有限公司
开本/880 毫米×1230 毫米　32 开　　印张/ 9.75　字数/ 218 千
版次/2023 年 4 月第 1 版　　2023 年 4 月第 1 次印刷

中国法制出版社出版
书号 ISBN 978-7-5216-3348-1　　定价：30.00 元

北京市西城区西便门西里甲 16 号西便门办公区
邮政编码：100053　　传真：010-63141600
网址：http：//www.zgfzs.com　　**编辑部电话：010-63141814**
市场营销部电话：010-63141612　　**印务部电话：010-63141606**

出版说明

"法律法规新解读"丛书作为一套实用型法律图书，历经四版，以其专业、实用、易懂的优点，赢得了广大读者的认可。自第四版后，相关法律规定已发生较大变化，司法实践中也出现了不少新的法律问题，第五版立足"实用"，以关注民生、服务大众为宗旨，切实提升内容实用性；致力"易懂"，使本丛书真正成为"遇事找法者"运用法律维护权利和利益的利器。本丛书选取与日常生活密切相关的法律领域，将各领域的核心法律作为"主体法"，并且将与主体法密切相关的法律规定汇编收录。

"法律法规新解读"丛书独家打造七重法律价值：

1. 出版专业

中国法制出版社是中华人民共和国司法部主管主办的中央级法律类专业出版社，是国家法律法规标准文本的权威出版机构。

2. 条文解读精炼到位

重难点法条以【条文解读】形式进行阐释，解读内容在吸取全国人大常委会法制工作委员会、最高人民法院等部门对条文的权威解读的基础上，结合实际编写，简单明了、通俗易懂。

3. 实务应用精准答疑

根据日常生活中经常遇到的纠纷与难题，以【实务应用】形式提炼归纳出问题点，对标热点难点，精准答疑解惑。

4. 案例指引权威实用

专设【案例指引】板块，选取最高人民法院公报案例、典型案例、各地区法院公布的经典案例以及中国裁判文书网的终审案例等，以案说法，生动地展示解决法律问题的实例。同时，原文收录一部分最高人民法院、最高人民检察院公布的指导性案例，指导实践更准确、更有力。

5. 关联参见检索便捷

除精选与主体法相关联的法律规定外，在主体法中以【关联参见】的方式链接相关重要条文，帮助读者全方位理解相关规定内容。

6. 附录内容实用丰富

书末收录经提炼的法律流程图、诉讼文书、纠纷处理常用数据、重要法律术语速查表等内容，帮助读者大大提高处理法律事务的效率。

7. 超值赠送增值服务

扫描图书后勒口二维码，免费使用中国法制出版社【法融】数据库。读者可查阅“国家法律法规”栏目和“案例解析”栏目中的“最高法指导案例”和“最高检指导案例”的内容。

中国法制出版社

2023 年 4 月

《中华人民共和国民法典》总则编
法律适用提示

总则编是《民法典》[①] 的开篇之作，在《民法典》中起统领性作用。总则编规定民事活动必须遵循的基本原则和一般性规则，统领《民法典》各分编；各分编将在总则编的基础上对各项民事制度作出具体规定。

改革开放以来，我国分别制定了《民法通则》《物权法》等一系列民事法律，在经济社会发展中发挥了重要作用。近年来，人民群众和社会各方面对编纂民法典的呼声比较高。编纂民法典已经具备了较好的主客观条件。编纂民法典是一项艰巨复杂的系统工程，为确保立法质量，编纂工作按照“两步走”的工作思路进行：第一步，编纂民法典总则编（即中华人民共和国民法总则）；第二步，编纂民法典各分编，从而形成统一的民法典。在此思路指导下，《民法总则》于2017年顺利通过。《民法典》总则编基本保持《民法总则》的结构和内容不变，根据法典编纂体系化要求对个别条款作了文字修改。

《民法典》总则编汇集民事法律制度中具有普遍适用性和引领性的规定，就民法基本原则、民事主体、民事权利、民事法律行为、民事责任和诉讼时效等基本民事法律制度作出规定，既构建了我国民事法律制度的基本框架，也为各分编的规定提供依据。

《民法典》总则编分为10章，包括基本规定、自然人、法人、非法人组织、民事权利、民事法律行为、代理、民事责任、诉讼时效、期间计算，共204条。主要内容是：

---

① 为便于阅读，本书中相关法律文件名称中的“中华人民共和国”字样都予以省略。

（一）关于基本原则和法律适用规则

基本原则是民事主体从事民事活动和司法机关进行民事司法活动应当遵循的基本准则。本编第一章以确立基本原则为核心，并就立法宗旨、法律适用规则作出规定，进一步明确了民事主体的人身权利、财产权利以及其他合法权益受法律保护，任何组织或者个人不得侵犯，并确立了平等原则、自愿原则、公平原则、诚信原则、守法原则、绿色原则等基本原则。需要指出的是，将绿色原则确立为基本原则，规定民事主体从事民事活动，应当有利于节约资源、保护生态环境，这样规定，既传承了我国天地人和、人与自然和谐共生的优秀传统文化理念，又体现了党的十八大以来的新发展理念，与我国是人口大国、需要长期处理好人与资源生态的矛盾这样一个国情相适应。（本编第3条至第9条）

关于民事法律的适用规则，本编规定：一是处理民事纠纷，应当依照法律；法律没有规定的，可以适用习惯，但是不得违背公序良俗，即公共秩序和善良习俗。二是其他法律对民事关系有特别规定的，依照其规定。《著作权法》《专利法》《保险法》等民商事特别法既涉及民事法律关系，也涉及行政法律关系，还有一些涉及特殊商事规则，这些法律很难也不宜纳入《民法典》，这条规则明确了《民法典》与民商事特别法的关系。（本编第11条、第12条）

（二）关于民事主体

民事主体是民事关系的参与者、民事权利的享有者、民事义务的履行者和民事责任的承担者。本编规定了自然人、法人、非法人组织三类民事主体。

关于自然人制度。本编在原《民法通则》的基础上，对自然人制度作了以下完善：一是增加了保护胎儿利益的规定。涉及遗产继承、接受赠与等胎儿利益保护的，胎儿视为具有民事权利能力（本编第16条）。二是下调了限制民事行为能力的未成年人的年龄标准。这样规定是为了更好地尊重未成年人的自主意识（本编第19条）。三是完善了监护制度。监护是保护无民事行为能力人或者限制民事行为能力人的合法权益，弥补其民事行为能力不足的法律制度。本编以家庭监护为基础，社会监护为补充，国家监护为兜底，对监护制度作了完善，明确了父母子女间的抚养、赡养等义务，扩大了被监护人的范围，强化了政府的监护职能，并就监护人的确定、监护职责的履行、撤销监护等作出明确规定（本编第 26 条至第 39 条）。

关于法人制度。法人制度是民事法律的一项基本制度。随着我国经济社会的发展，新的组织形式不断出现，法人形态发生了较大变化，原《民法通则》关于企业法人、机关法人、事业单位法人和社会团体法人的分类已难以适应新的情况，有必要进行调整完善。本编遵循原《民法通则》关于法人分类的基本思路，适应社会组织改革发展要求，按照法人设立目的和功能等方面的不同，将法人分为营利法人、非营利法人和特别法人 3 类。对营利法人和非营利法人，本编只列举了几种比较典型的具体类型，对现实生活中已经存在或者可能出现的其他法人组织，可以按照其特征，分别归入营利法人或者非营利法人。对特别法人，本编规定了以下几种情况：一是机关法人。机关设立的目的是履行公共管理等职能，这与其他法人组织存在明显差别。二是农村集体经济组织法人。农村集体经济组织具有鲜明的中国特色。赋予其法人地位符合党中央有关改革精神，有利于完善农村集体经济实现形式和运行机制，增强农村集体经济发展活力。三是基层群众性自治组织法人。村民委员会、居民委员会等基层群众性自治组织在设立、变更和终止以及行使职能和责任承担上都有其特殊性。四是城镇、农村的合作经济组织。这类合作经济组织对内具有共益性或者互益性，对外也可以从事经营活动，依照法律的规定取得法人资格后，作为特别法人。

关于非法人组织。随着我国经济社会的发展，在实际生活中，大量不具有法人资格的组织以自己的名义从事各种民事活动。赋予这些组织民事主体地位有利于其开展民事活动，也与其他法律的规定相衔接。据此，本编规定，非法人组织是不具有法人资格，但是能够依法以自己的名义从事民事活动的组织，包括个人独资企业、合伙企业、不具有法人资格的专业服务机构等（本编第102条）。本编还规定，非法人组织的财产不足以清偿债务的，其出资人或者设立人承担无限责任。法律另有规定的，依照其规定（本编第104条）。

（三）关于民事权利

保护民事权利是民事立法的重要任务。本编第五章规定了民事权利。这一章旨在贯彻落实党中央关于实现公民权利保障法治化和完善产权保护制度的要求，凸显对民事权利的尊重，加强对民事权利的保护，为民法典各分编和民商事特别法律具体规定民事权利提供依据。关于民事权利，本编规定了以下主要内容：一是人身权利。本编规定，自然人的人身自由、人格尊严受法律保护（本编第109条）；自然人享有生命权、身体权、健康权、姓名权、肖像权、名誉权、荣誉权、隐私权、婚姻自主权等权利（本编第110条第1款）。在信息化社会，自然人的个人信息保护尤其重要，本编对此作了有针对性的规定（本编第111条）。二是财产权利。本编规定，民事主体的财产权利受法律平等保护（本编第113条）。民事主体依法享有物权、债权、继承权、股权和其他投资性权利（本编第114条至第122条，第124条至第126条）。三是知识产权。为了加强对知识产权的保护，促进科技创新，建设创新型国家，本编对知识产权作了概括性规定，以统领各知识产权单行法律（本编第123条）。四是为了适应互联网和大数据时代发展的需要，本编规定，法律对数据、网络虚拟财产的保护有规定的，依照其规定（本编第127条）。五是为了规范民事权利的行使，本编规定，民事主体不得滥用民事权利损害国家利益、社会公共利益或者他人合法权益（本编第132条）。

（四）关于民事法律行为和代理

民事法律行为是民事主体通过意思表示设立、变更、终止民事法律关系的行为。代理是民事主体通过代理人实施民事法律行为。本编在原《民法通则》和《合同法》规定的基础上，对民事法律行为和代理制度主要作了以下完善：一是扩充了民事法律行为的内涵，既包括合法的法律行为，也包括无效、可撤销和效力待定的法律行为。这样既尊重民事主体的意愿，也强调对自己的行为负责，有利于提升民事主体的规则意识和责任意识（本编第133条）。二是增加了意思表示的规则。意思表示是民事主体希望产生法律效果的内心意愿的外在表达，是构成民事法律行为的基础。本编对其作出方式、生效和撤回等作了规定（本编第六章第二节）。三是完善了民事法律行为的效力规则。本编在规定民事法律行为有效条件的同时，对重大误解、欺诈、胁迫、显失公平等行为的撤销，恶意串通行为的无效等分别作了修改补充（本编第六章第三节）。四是完善了代理的一般规则以及委托代理制度（本编第七章）。

（五）关于民事责任和诉讼时效

民事责任是民事主体不履行或者不完全履行民事义务的法律后果。关于民事责任，本编主要作了以下规定：一是民事主体应当依照法律规定或者当事人约定履行民事义务，不履行或者不完全履行的，应当依法承担民事责任（本编第176条）。二是列举了停止侵害、返还财产、恢复原状、赔偿损失、惩罚性赔偿等承担民事责任的主要方式（本编第179条）。三是为匡正社会风气，鼓励见义勇为的行为，本编规定，因自愿实施紧急救助行为造成受助人损害的，救助人不承担民事责任（本编第184条）。本编还规定，因保护他人民事权益而使自己受到损害的，由侵权人承担民事责任，受益人可以给予适当补偿。

没有侵权人、侵权人逃逸或者无力承担民事责任，受害人请求补偿的，受益人应当给予适当补偿（本编第183条）。

诉讼时效是权利人在法定期间内不行使权利，权利不受保护的法律制度。关于诉讼时效，本编主要作了以下规定：一是将原《民法通则》规定的2年一般诉讼时效期间延长为3年，以适应社会生活中新情况的不断出现，交易方式与类型的不断创新，权利义务关系更趋复杂的现实情况与司法实践，有利于建设诚信社会，更好地保护债权人合法权益（本编第188条第1款）。二是增加了未成年人遭受性侵害后诉讼时效的特殊起算点，给受性侵害的未成年人成年后提供寻求法律救济的机会，保护未成年人利益（本编第191条）。

本编还对宣告失踪和宣告死亡、期间计算等内容作了规定。这些规定既延续了现行民事法律中科学合理的内容和制度，又吸收了行之有效的司法实践中好的做法。

目 录

中华人民共和国民法典总则编

第四章　非法人组织

第五章　民事权利

第八章 民事责任

第九章 诉讼时效

第十章 期间计算

关联法规

实用附录

实务应用速查表

案例指引速查表

法律法规新解读系列

中华人民共和国民法典总则编

民法典总则编解读与应用

中华人民共和国民法典总则编

· 2020 年 5 月 28 日第十三届全国人民代表大会第三次会议通过
· 2020 年 5 月 28 日中华人民共和国主席令第 45 号公布
· 自 2021 年 1 月 1 日起施行

第一编　总　则

第一章　基本规定

第一条　【立法目的和依据】[①] 为了保护民事主体的合法权益，调整民事关系，维护社会和经济秩序，适应中国特色社会主义发展要求，弘扬社会主义核心价值观，根据宪法，制定本法。

条文解读

本条规定了《民法典》的立法目的。

一是保护民事主体的合法权益。民事主体的合法权益包括人身权利，财产权利，兼具人身和财产性质的知识产权等权利，以及其他合法权益。保护公民的各项基本权利是宪法的基本原则和要求，保护民事主体的合法权益是民法的首要目的，也是落实和体现宪法精神的表现。可以说，《民法典》总则编的全部规定都是围绕保护民事主体的合法权益而展开的。

二是调整民事关系。民事权益存在于特定社会关系之中，民法保护民事权利，是通过调整民事关系来实现的。调整社会关系是法律的

① 本书条文主旨为编者所加，为方便读者检索使用，仅供参考，下同。

基本功能。民法调整的仅仅是民事关系，民事关系就是平等主体之间的权利和义务关系。民事关系根据权利义务内容性质的不同，可以分为人身关系、财产关系等，民法通过各种具体制度、规则调整民事主体之间的相互关系，最终的目的就是促进和实现民事主体之间生活秩序的和谐。

三是维护社会和经济秩序。民法保护单个主体的民事权利，调整民事主体之间的关系，从而确立并维护整个社会的民事生活秩序。

四是适应中国特色社会主义发展要求。法律是上层建筑，由经济基础决定，并与经济基础相适应。随着改革开放的深入推进，市场经济不断发展，人民群众对于提高权利保障的法治化水平的期望越来越高。编纂民法典就是为了满足人民群众的这种法治需求。

五是弘扬社会主义核心价值观。社会主义核心价值观是民族精神和时代精神的高度凝练，是中国特色社会主义法治的价值内核，是中国特色社会主义法治建设的灵魂，是坚持中国特色社会主义法治发展道路的基本遵循。

关联参见

《最高人民法院关于适用〈中华人民共和国民法典〉总则编若干问题的解释》（以下简称《民法典总则编解释》）第1条

第二条　【调整范围】民法调整平等主体的自然人、法人和非法人组织之间的人身关系和财产关系。

条文解读

人身关系　人身关系是指民事主体之间基于人格和身份形成的无直接物质利益因素的民事法律关系。人身关系有的与民事主体的人格利益相关，有的与民事主体的特定身份相关。例如，配偶之间的婚姻关系，父母子女之间抚养和赡养关系。

财产关系 ➲ 财产关系是指民事主体之间基于物质利益而形成的民事法律关系。财产关系包括静态的财产支配关系，如所有权关系，还包括动态的财产流转关系，如债权债务关系等。从财产关系所涉及的权利内容而言，财产关系包括物权关系、债权关系等。

关联参见

《民事诉讼法》第3条

第三条　【民事权利及其他合法权益受法律保护】民事主体的人身权利、财产权利以及其他合法权益受法律保护，任何组织或者个人不得侵犯。

条文解读

民事权利及其他合法权益受法律保护 ➲ 民事权利及其他合法权益受法律保护是民法的基本精神，也是民事立法的出发点和落脚点，统领整部《民法典》和各民商事特别法。

人身权利包括生命权、健康权、姓名权、名誉权、荣誉权、肖像权、隐私权、婚姻自主权、监护权等，财产权利包括所有权、用益物权、担保物权、股权等。民法除保护人身权利和财产权利外，兼具有人身和财产性质的知识产权、继承权等也受法律保护。除列明的民事权利外，《民法典》还规定保护其他合法权益，原因在于，有些民事权益法律并未明确规定，但确有必要予以保护的，法律也应当予以保护。民事权利及其他合法权益受法律保护，就要求任何组织或者个人不得侵犯。不得侵犯就是任何组织或者个人不得非法侵占、限制、剥夺他人的民事权利及其他合法权益，也不得干涉他人正常行使民事权利及其他合法权益。当然，这并非意味着民事主体的民事权利可以毫无限制，是绝对自由的。相反，民事主体行使民事权利要受到法律、公序良俗的约束，民事主体不得滥用民事权利，且国家基于公共利益的需要，在法律权限范围内经法定程序，在给予公平合理补偿的前提下，可以对民事主体的财产予以征收或者征用。

关联参见

《宪法》第13条

第四条　【平等原则】民事主体在民事活动中的法律地位一律平等。

条文解读

平等原则 ➲ 平等原则是指民事主体，不论法人、自然人还是非法人组织，不论法人规模大小、经济实力雄厚与否，不论自然人是男、女、老、少、贫、富，不论非法人组织经营什么业务，在从事民事活动时，他们相互之间在法律地位上都是平等的，他们的合法权益受到法律的平等保护。平等原则是民事法律关系区别于行政法律关系特有的原则，也是发展社会主义市场经济的客观要求。

民事主体的法律地位一律平等。首先，体现为自然人的权利能力一律平等。权利能力就是自然人享有民事权利、承担民事义务的法律资格，这种法律资格，不因自然人的出身、身份、职业、性别、年龄、民族、种族等而不同，所有自然人于法律人格上而言都是平等的、没有差别的。其次，体现为所有民事主体之间在从事民事活动时双方的法律地位平等。虽然国家行政机关在从事行政管理时，作为管理者，与被管理的行政相对人的地位是不平等的，存在隶属关系或管理与被管理的关系。而当机关法人与民事主体，即自然人、法人或者非法人组织，从事交易时，二者的法律地位则是平等的。最后，平等原则的平等还体现为所有民事主体的合法权益受到法律的平等保护。平等保护就是当民事主体权利在法律上都一视同仁受到保护。平等保护还意味着民事主体的权利受到侵害时，在法律适用上是平等的、能够获得同等的法律救济。正因如此，我国《民事诉讼法》规定，民事诉讼当事人有平等的诉讼权利，人民法院审理民事案件对当事人在适用法律上一律平等。

实务应用

01. 餐厅对教师、学生就餐优惠是否违反平等原则?

平等原则是民事活动的基本原则，自由也是法律价值的重要体现。在市场经济环境下，消费者享有自主选择权和公平交易权，而作为市场主体的餐厅则享有自主经营权，其有权合法地谋取经济利益，确立企业的经营特色，选择利己的营销策略和经营方式。餐厅对教师和学生的就餐优惠规定，是一种让利和促销行为，按照社会一般生活经验和善恶观念进行判断，该行为客观上没有在社会生活中对其他职业人员产生不良评价，没有违背社会道德和公序良俗。因此，餐厅对教师和学生的就餐优惠规定，是合法经营行为，不构成对其他群体的歧视。①

关联参见

《宪法》第33条；《消费者权益保护法》第4条；《合伙企业法》第5条；《民事诉讼法》第8条

第五条　【自愿原则】 民事主体从事民事活动，应当遵循自愿原则，按照自己的意思设立、变更、终止民事法律关系。

条文解读

自愿原则 ➜ 自愿原则，也被称为意思自治原则，是指民事主体有权根据自己的意愿，自愿从事民事活动，按照自己的意思自主决定民事

---

① 参见赖武梨：《餐厅对教师和学生的就餐优惠规定，是合法经营行为，不构成对其他群体的歧视，未违反平等原则——郭某诉餐饮娱乐有限公司案》，载《中国审判案例要览》(2011年商事审判卷)，中国人民大学出版社2013年版，第378页。

法律关系的内容及其设立、变更和终止，自觉承受相应的法律后果。自愿原则体现了民事活动最基本的特征。

自愿原则，可以从以下四个方面来理解。首先，民事主体有权自愿从事民事活动。民事主体参加或不参加某一民事活动由其自己根据自身意志和利益自由决定，其他民事主体不得干预，更不能强迫其参加。其次，民事主体有权自主决定民事法律关系的内容。民事主体决定参加民事活动后，可以根据自己的利益和需要，决定与谁建立民事法律关系，并决定具体的权利、义务内容，以及民事活动的行为方式。再次，民事主体有权自主决定民事法律关系的变动。民事法律关系的产生、变更、终止应由民事主体自己根据本人意志自主决定。最后，民事主体应当自觉承受相应的法律后果。与民事主体自愿参加民事活动、自主决定民事法律关系相伴的是，民事主体需要自觉承受相应的法律后果。自愿或者说意思自治的必然要求就是，每个人对自己的行为负责。自愿原则要求民事主体在行使权利的同时自觉履行约定或法定的义务，并承担相应的法律后果。

需要进一步说明的是，自愿或者意思自治不是毫无约束的绝对的自由与放任。民事主体实现自愿、自主或意思自治的前提是民事主体之间的平等法律地位。因此，民事主体的自愿建立在相互尊重的基础上，必须尊重其他民事主体的自主意志。民事主体的意思自治，还受到民法的公平原则、诚信原则、守法原则等基本原则的约束，这些原则要求民事主体从事民事活动，要公平合理、诚实守信，不得违反法律，不得违背公序良俗。

实务应用

02. 中介合同中限制买房人通过其他途径与房主达成协议的条款效力如何？

大多数人在通过房产中介购买房屋时，都会“货比三家”，同时到多家中介公司看房；而大多数人在通过房产中介出卖房屋时，为了增加交易成功的机会，也会同时到多家中介公司登记房屋信息。在这种情况下，部分中介公司未在《看房协议》中填写房屋的坐落信息即要求买房人承诺其所看房屋为第一次所看，并在《看房协议》中约定买房人在看房之后绝不通过其他中介机构与房主签订协议的做法侵犯了买房人的知情权及自由选择服务的权利。这种格式条款背离公平、自愿这一订立合同的基本原则，对买房人的知情权、选择权作出不当限制，应认定为无效条款。①

关联参见

《证券法》第4条；《反不正当竞争法》第2条；《电子商务法》第5条

第六条　【公平原则】民事主体从事民事活动，应当遵循公平原则，合理确定各方的权利和义务。

条文解读

公平原则 公平原则要求民事主体从事民事活动时要秉持公平理念，公正、平允、合理地确定各方的权利和义务，并依法承担相应的民事责任。公平原则体现了民法促进社会公平正义的基本价值，对规范民事主体的行为发挥着重要作用。

公平原则首先要求民事主体在从事民事活动时，按照公平观念行使权利、履行义务，特别是对于双方民事法律行为，要求一方的权利和义务应当相适应，双方之间的权利和义务应当对等，不能一方承担义务另一方只享有权利，也不能一方享受的权利和义务悬殊。公平原则还要求民事主体合理承担民事责任，在通常情况下适用过错责任，要

① 参见程浩：《房地产经纪公司诉陈某龙居间合同纠纷案》，载《人民法院案例选》(2015年第1辑)，人民法院出版社2016年版，第110页。

求责任与过错的程度相适应，特殊情况下，也可以根据公平原则合理分担责任。

公平原则作为民法的基本原则，不仅是民事主体从事民事活动应当遵守的基本行为准则，也是人民法院审理民事纠纷应当遵守的基本裁判准则。

关联参见

《公司法》第126条；《拍卖法》第4条

第七条　【诚信原则】民事主体从事民事活动，应当遵循诚信原则，秉持诚实，恪守承诺。

条文解读

诚信原则 ➜ 诚信原则要求所有民事主体在从事任何民事活动时，包括行使民事权利、履行民事义务、承担民事责任时，都应该秉持诚实、善意，信守自己的承诺。诚实信用原则要求民事主体在行使权利、履行义务过程中，讲诚实、重诺言、守信用。这对建设诚信社会、规范经济秩序、引领社会风尚具有重要意义。

诚信原则作为民法最为重要的基本原则，被称为民法的“帝王条款”，是各国民法公认的基本原则。通常认为，诚实信用原则要求民事主体从事民事活动应当讲诚实、守信用，以善意的方式行使权利、履行义务，不诈不欺，言行一致，信守诺言。具体而言，民事主体应当从以下几个方面遵循诚信原则：民事主体在着手与他人开展民事活动时即应当讲诚实，如实告知交易相对方自己的相关信息，表里如一，不弄虚作假。诚信原则的内涵和外延都是概括性的、抽象的，因此诚信原则有很大的适用性，民事主体从事任何民事活动都应当遵守该原则，不论民事主体自己行使权利，还是在与他人建立民事法律关系之前、之中、之后都必须始终贯彻诚信原则，按照诚信原则的要求善意行事。

实务应用

03. 保险人可以投保人违反最大诚信原则为由宣告保险合同无效吗？

被保险人在投保时至保险合同成立前，未向保险人告知其所知或者在通常业务过程中应知的、足以影响保险人作出是否承保，以及如何确定保险费决定的一切重要情况，违反了最大诚信原则，因此保险人可以宣告保险合同无效。

关联参见

《反不正当竞争法》第2条；《拍卖法》第4条

第八条　【守法与公序良俗原则】 民事主体从事民事活动，不得违反法律，不得违背公序良俗。

条文解读

守法与公序良俗原则 ➔ 公序良俗是指公共秩序和善良习俗。守法和公序良俗原则要求自然人、法人和非法人组织在从事民事活动时，不得违反各种法律的强制性规定，不违背公共秩序和善良习俗。

守法与公序良俗原则又可以细分为两项具体要求：

一是民事主体从事民事活动不得违反法律。不得违反法律中的法律不仅包括民事法律，还包括其他部门法。所谓不得违反法律，就是要求不违反法律的强制性规定。民事主体在从事民事活动时，只要法律未明文禁止，又不违背公序良俗，就可以根据自己的利益和需要创设权利、义务内容。民事主体在从事民事活动时享有较大的自主空间，实现充分的意思自治。但是，民事主体的自由并非毫无限制，民法同样需要维护社会基本的生产、生活秩序，需要维护国家的基本价值追求，因此，民事主体在从事民事活动时，应当遵守法律的强制性规定。

二是民事主体从事民事活动不得违背公序良俗。不得违背公序良俗原则，就是不得违背公共秩序和善良习俗。公共秩序是指政治、经济、文化等领域的基本秩序和根本理念，是与国家和社会整体利益相关的基础性原则、价值和秩序。善良习俗是指基于社会主流道德观念的习俗，也被称为社会公共道德，是全体社会成员所普遍认可、遵循的道德准则。善良习俗具有一定的时代性和地域性，随着社会成员的普遍道德观念的改变而改变。公共秩序强调的是国家和社会层面的价值理念，善良习俗突出的则是民间的道德观念，二者相辅相成，互为补充。

守法与公序良俗原则中两项不同要求之间，首先要求民事主体从事民事活动不得违反法律。民事主体从事任何民事活动需要遵守法律的强制性规定，对于民法的任意性规定，民事主体是否按照任意性规定从事民事活动，法律并不强制要求，民事主体可以根据自己的选择作出相应的选择和判断。由于民事活动复杂多样，法律不可能预见所有损害社会公共利益、公共道德秩序的行为而作出详尽的禁止性规定。因此，有必要辅之以公序良俗原则，并明确规定违背公序良俗的民事法律行为无效，以弥补法律禁止性规定的不足，实现对民事主体意思自治的必要限制，以弘扬社会公共道德、维护社会公共秩序，实现民事主体的个体利益与社会公共利益的平衡。

实务应用

04. 房屋属“凶宅”的，能否按照民法上的“善良风俗”对不知情的购买者进行保护？

在二手房买卖合同纠纷中，购买方以出售方所售房屋是“凶宅”为由，要求解除或撤销买卖合同，或者要求出售方予以赔偿时，由于“凶宅”的观点属于民间普遍存在的民风民俗，不违反法律强制性规范，可以认定为民法上的“善良风俗”，受法律保护。但是，对于“凶宅”的界定范围不宜过大，以免加大出售方的信息披露义务，损害正常的房屋交易市场秩序。换言之，当司法者行使自由裁量权来衡量某行为或事件可能有悖于公序良俗时，不应以个人的道德观和个人的喜好取代公序良俗，而应根据具体的时间、地点、事实和公众舆论来判断善良风俗的内容，体现出对社会大众的感受和要求的尊重。[①]

案例指引

01. “丧偶妇女”能否实施人类辅助生殖技术？[②]

2020年，邹某玲与丈夫陈某平因生育障碍问题，为实施试管婴儿辅助生育手术到被告湖南省某医院处进行助孕治疗，并于2020年10月1日签署了《助孕治疗情况及配子、胚胎处理知情同意书》等材料。因邹某玲的身体原因暂不宜实施胚胎移植手术，被告对符合冷冻条件的4枚胚胎于当日进行冷冻保存。2021年5月29日，陈某平死亡。后邹某玲要求被告继续为其实施胚胎移植手术，但被告以不能够为单身妇女实施辅助生殖术为由拒绝。

生效裁判认为，有关行政规范性文件规定“禁止给单身妇女实施人类辅助生殖技术”，但原告是否属于条文中的“单身妇女”需要结合规范目的及本案的案情综合看待。“单身妇女”应当指未有配偶者到医院实施人类辅助生殖技术的情形，原告是已实施完胚胎培育后丧偶的妇女，与上述规定所指实施胚胎移植手术的单身妇女有本质区别。目前对于丧偶妇女要求继续移植与丈夫已受精完成的胚胎进行生育，法律并无禁止性规定。原告欲继续实施人类辅助生殖，既是为了寄托对丈夫的哀思，也是为人母的责任与担当的体现，符合人之常情和社会公众一般认知，不违背公序良俗。故判决湖南省某医院继续履行与原告的医疗服务合同。

---

① 参见蒋梦娴：《康某某、宋某诉刘某某、陈某某房屋买卖合同纠纷案》，载《人民法院案例选》（2018年第9辑），人民法院出版社2016年版，第110页。

② 参见《人民法院贯彻实施民法典典型案例（第二批）》（2023年1月12日发布），邹某玲诉某医院医疗服务合同纠纷案，载最高人民法院网 https：//www. court. gov. cn/zixun-xiangqing-386521. html，最后访问日期：2023年2月20日。

本案是依照民法典和《妇女权益保障法》相关规定的精神，保护丧偶妇女辅助生育权益的典型案例。审理法院结合案情和《人类辅助生殖技术规范》《人类辅助生殖技术和人类精子库伦理原则》有关“禁止给单身妇女实施人类辅助生殖技术”的规范目的，依法认定本案原告丧偶后与上述规定中的“单身妇女”有本质不同，从而确认了“丧偶妇女”继续实施人类辅助生殖技术的正当性。本案是依法保护女性生育权益的具体实践，体现了司法对妇女合法权益的有效维护，具有积极的导向意义。

关联参见

《保险法》第4条；《民法典总则编解释》第2条

第九条 【绿色原则】 民事主体从事民事活动，应当有利于节约资源、保护生态环境。

条文解读

绿色原则 绿色原则是贯彻宪法关于保护环境的要求，同时也是落实党中央关于建设生态文明、实现可持续发展理念的要求，将环境资源保护上升至民法基本原则的地位，具有鲜明的时代特征，将全面开启环境资源保护的民法通道，有利于构建生态时代下人与自然的新型关系，顺应绿色立法潮流。

本条规定的绿色原则与其他原则在表述上有所不同，其他原则使用了“应当遵循”“不得违反”等表述，而本条使用的是“应当有利于”的表述。尽管有这种不同，但作为民法的基本原则，仍具有重要作用：一是确立国家立法规范民事活动的基本导向，即要以节约资源、保护生态环境作为重要的考量因素；二是要求民事主体本着有利于节约资源、保护生态环境的理念从事民事活动，树立可持续发展的观念；三是司法机关在审判民事案件，适用民事法律规定时，要加强对节约资源、保护生态环境的民事法律行为的保护。

实务应用

05. 业主是否有权在其产权车位上安装车辆充电桩？

业主在其购买的车位上能否安装充电桩，属于科技进步带来的新领域和法律空白点。在无具体法律可适用的情形下，该法律空白可通过法律原则进行填补。按照《民法典》第 9 条之规定，民事主体从事民事活动，应当有利于节约资源、保护生态环境。业主购买新能源小汽车，无废气排放，不单纯依赖化石能源，较燃油车辆更为清洁环保，也有助于节约资源。而缺少充电桩这一设施，会给使用该汽车带来不便，从而降低使用该汽车的频率和里程，亦难以利用电能。因此所减少使用的清洁能源，将会转移至燃油汽车上实现，由此带来的尾气排放，会增加生态环境的负担。因此，给使用清洁能源的车辆提供便利，有助于节约资源、保护生态环境。从上述民法典绿色原则的角度出发，应当将充电桩视为充电汽车实现使用目的所不可或缺的设施。同时，该案所涉充电桩并非可移动设备，需要固定安装使用。故应认定该业主有权在车位上安装与其汽车相配套的充电桩。①

关联参见

《宪法》第 9 条；《森林法》第 3 条；《土地管理法》第 38 条；《环境保护法》第 6 条

第十条 【处理民事纠纷的依据】处理民事纠纷，应当依照法律；法律没有规定的，可以适用习惯，但是不得违背公序良俗。

---

① 参见《刘某诉上海市静安区某小区业主委员会等业主撤销权纠纷案》[上海市高级人民法院 2019 年第三批（总第九批）参考性案例第 76 号]，载中国上海司法智库 https：//mp. weixin. qq. com/s？ _ _ biz=MzI2ODUzMDA3MA==&mid=2247489829&idx=1&sn=b9f3d3594a4581ed46b5db97417aa451&chksm=eaef61dcdd98e8ca2a2cdc491da3c980502a951c8bf4fcad3324bb986c0696af036c6fea8bdb&scene=27，最后访问日期：2023 年 2 月 22 日。

条文解读

习惯 ➜ 在一定地域、行业范围内长期为一般人从事民事活动时普遍遵守的民间习俗、惯常做法等，可以认定为本条规定的“习惯”。当事人主张适用习惯的，应当就习惯及其具体内容提供相应证据；必要时，人民法院可以依职权查明。适用习惯，不得违背社会主义核心价值观，不得违背公序良俗。

案例指引

02. （外）祖父母对（外）孙子女是否享有探望权？①

原告马某臣、段某娥系马某豪父母。被告于某艳与马某豪原系夫妻关系，两人于2018年2月14日办理结婚登记，2019年6月30日生育女儿马某。2019年8月14日，马某豪在工作时因电击意外去世。目前，马某一直随被告于某艳共同生活。原告因探望孙女马某与被告发生矛盾，协商未果，现诉至法院，请求判令：每周五下午六点原告从被告处将马某接走，周日下午六点被告将马某从原告处接回；寒暑假由原告陪伴马某。

生效裁判认为，马某臣、段某娥夫妇老年痛失独子，要求探望孙女是人之常情，符合民法典立法精神。马某臣、段某娥夫妇探望孙女，既可缓解老人丧子之痛，也能使孙女从老人处得到关爱，有利于其健康成长。我国祖孙三代之间的关系十分密切，一概否定（外）祖父母对（外）孙子女的探望权不符合公序良俗。因此，对于马某臣、段某娥要求探望孙女的诉求，人民法院予以支持。遵循有利于未成年人成长原则，综合考虑马某的年龄、居住情况及双方家庭关系等因素，判决：马某臣、段某娥对马某享有探望权，每月探望两次，每次不超过五个小时，于某艳可在场陪同或予以协助。

---

① 参见《人民法院贯彻实施民法典典型案例（第二批）》（2023年1月12日发布），马某臣、段某娥诉于某艳探望权纠纷案，载最高人民法院网 https：//www.court.gov.cn/zixun-xiangqing-386521.html，最后访问日期：2023年2月20日。

近年来，（外）祖父母起诉要求探视（外）孙子女的案件不断增多，突出反映了社会生活对保障“隔代探望权”的司法需求。民法典虽未对隔代探望权作出规定，但《民法典》第10条明确了处理民事纠纷的依据。按照我国风俗习惯，隔代近亲属探望（外）孙子女符合社会广泛认可的人伦情理，不违背公序良俗。本案依法支持原告探望孙女的诉讼请求，符合民法典立法目的和弘扬社会主义核心价值观的要求，对保障未成年人身心健康成长和维护老年人合法权益具有积极意义。

关联参见

《民法典总则编解释》第2条

第十一条　【特别法优先】其他法律对民事关系有特别规定的，依照其规定。

条文解读

《立法法》第103条规定，同一机关制定的法律，特别规定与一般规定不一致的，适用特别规定。《民法典》出台后，将作为一般法，各民商事单行法作为特别法，根据《立法法》的规定，特别法的规定将优先适用。本条明确强调了特别法优先的法律适用规则。《民法典》第二编至第七编对民事关系有规定的，人民法院直接适用该规定；《民法典》第二编至第七编没有规定的，适用《民法典》第一编的规定，但是根据其性质不能适用的除外。就同一民事关系，其他民事法律的规定属于对民法典相应规定的细化的，应当适用该民事法律的规定。民法典规定适用其他法律的，适用该法律的规定。民法典及其他法律对民事关系没有具体规定的，可以遵循民法典关于基本原则的规定。

如关于诉讼时效，总则编规定的一般诉讼时效期间为3年。而《海商法》第260条规定，有关海上拖航合同的请求权，时效期间为1年，自知道或者应当知道权利被侵害之日起计算。《保险法》第26条第2款规定，人寿保险的被保险人或者受益人向保险人请求给付保险金的诉讼时效期间为5年，自其知道或者应当知道保险事故发生之日起计算。上述规定就具有优先适用的地位。

关联参见

《立法法》第103条、第105条；《涉外民事关系法律适用法》第2条；《民法典总则编解释》第1条

第十二条 【民法的效力范围】 中华人民共和国领域内的民事活动，适用中华人民共和国法律。法律另有规定的，依照其规定。

条文解读

民法在地域效力范围是指民法在什么空间领域内适用。本条规定在中华人民共和国领域内的民事活动，适用中华人民共和国法律。中华人民共和国领域内包括中华人民共和国领土、领空、领海，以及根据国际法视为我国领域的我国驻外使馆，国籍为中国的船舶、航空器等。在中华人民共和国领域内的民事活动一般来说都得适用我国法律。

本条的但书规定，法律另有规定的，依照其规定。其中最为重要的就是涉外民事关系的法律适用问题，关于涉外民事关系的法律适用，《涉外民事关系法律适用法》有专门的规定。除此之外，有些单行民事法律也对涉外民事关系的法律适用有规定。根据这些涉外民事关系适用的特别规定，在中华人民共和国领域内的涉外民事活动，法律适用应当根据特定的民事法律关系类型不同而具体适用相应的法律规范，并非一概必须适用中国法律。

关联参见

《涉外民事关系法律适用法》第3条

第二章　自然人

第一节　民事权利能力和民事行为能力

第十三条　【自然人民事权利能力的起止时间】自然人从出生时起到死亡时止，具有民事权利能力，依法享有民事权利，承担民事义务。

条文解读

民事权利能力➲民事权利能力是指民事主体享有民事权利、承担民事义务的法律资格。法律规定了自然人民事权利能力，也即确认了自然人的民事主体地位，这是自然人依法享有民事权利，承担民事义务的前提。自然人的民事权利能力既包括自然人享有民事权利的资格，也包括自然人承担民事义务的资格。

民事权利能力具有不可剥夺的特征。民事权利能力始于出生，终于死亡。自然人生存期间，其民事权利能力不因任何原因丧失、消灭。自然人受到刑事处罚、丧失民事行为能力等，都不能导致民事权利能力的减损或者消灭。法律包括公法都不得对自然人的民事权利能力进行限制或者剥夺。

第十四条　【民事权利能力平等】自然人的民事权利能力一律平等。

条文解读

民事权利能力平等➲自然人的民事权利能力一律平等，是一种法律资格的平等，是指自然人的民事权利能力不因民族、种族、性别、职业、家庭出身、宗教信仰等而有差别。

第十五条　【出生和死亡时间的认定】自然人的出生时间和死亡时间，以出生证明、死亡证明记载的时间为准；没有出生证明、死亡证明的，以户籍登记或者其他有效身份登记记载的时间为准。有其他证据足以推翻以上记载时间的，以该证据证明的时间为准。

条文解读

出生和死亡时间的认定 本条将出生证明、死亡证明记载的时间作为判断自然人出生时间、死亡时间的最基本依据。出生证明，即出生医学证明，记载有新生儿的姓名、性别、出生时间、父母亲姓名等。出生证明是记载出生时间的原始凭证，具有证明出生时间的准确性和规范性，因此本条将出生证明记载的时间作为判断自然人出生时间的最基本的依据。

死亡证明是指有关单位出具的证明自然人死亡的文书。主要包括以下几类：公民死于医疗单位的，由医疗单位出具死亡医学证明书；公民正常死亡但无法取得医院出具的死亡证明的，由社区、村（居）委会或者基层卫生医疗机构出具证明；公民非正常死亡或者卫生部门不能确定是否属于正常死亡的，由公安司法部门出具死亡证明；死亡公民已经火化的，殡葬部门出具火化证明。死亡证明是记载死亡时间的原始凭证，具有证明死亡时间的准确性和规范性，因此本条将死亡证明记载的时间作为判断自然人死亡时间的最基本的依据。

依据本条规定，没有出生证明、死亡证明的，以户籍登记或者其他有效身份登记记载的时间为准。户籍登记是国家公安机关按照国家户籍管理法律法规，对公民的身份信息进行登记记载的制度。关于出生登记，我国《户口登记条例》第7条第1款规定："婴儿出生后一个月以内，由户主、亲属、抚养人或者邻居向婴儿常住地户口登记机关申报出生登记。"第7条第2款规定："弃婴，由收养人或者育婴机关向户口登记机关申报出生登记。"办理户籍登记应当遵循严格的法定程序，户籍登记记载的出生时间因此具有较强的法律效力。本条将户籍登记记载的出生时间，作为判断自然人出生时间的重要依据，没有出生证明的，以户籍登记记载的出生时间为准。

关于死亡登记，根据我国户籍管理制度，自然人死亡后，户主、亲属等应当在规定的时间内向公安机关申报死亡登记，注销户口。我国《户口登记条例》第8条规定，“公民死亡，城市在葬前，农村在一个月以内，由户主、亲属、抚养人或者邻居向户口登记机关申报死亡登记，注销户口”。办理户籍登记应当遵循严格的法定程序，户籍登记记载的死亡时间因此具有较强的法律效力。本条将户籍登记记载的死亡时间，作为判断自然人死亡时间的重要依据，没有死亡证明的，以户籍登记记载的死亡时间为准。

本条规定的户籍登记以外的其他有效身份登记，包括我国公民居住证、港澳同胞回乡证、台湾居民的有效旅行证件、外国人居留证等。

出生证明、死亡证明以及户籍登记或者其他有效身份登记记载的时间由于各种原因，也有可能出现记载错误的情况。如果有其他证据足以推翻出生证明、死亡证明以及户籍登记或者其他有效身份登记记载的时间的，应以该证据证明的时间为准。

实务应用

06. 职工退休时对出生时间的认定，应以身份证还是本人档案记载为准？

对于职工的退休问题，《关于制止和纠正违反国家规定办理企业职工提前退休有关问题的通知》第2条第2项明确规定：“对职工出生时间的认定，实行居民身份证与职工档案相结合的办法。当本人身份证与档案记载的出生时间不一致时，以本人档案最先记载的出生时间为准。要加强对居民身份证和职工档案的管理，严禁随意更改职工出生时间和编造档案。”根据这一规定，在对职工出生时间的认定上，如果职工本人身份证和职工本人档案中记载的出生时间一致，自然以该时间为准；但若二者不一致，则应以职工本人档案中最先记载的出生时间为准。该规定虽然是针对制止和纠正违反国家规定办理企业职工提前退休问题而作出的，但对于法院审理的因退休而引发的劳动争议纠纷同样具有重要的指引和参考意义。这一点与人民法院在认定是否存在劳动关系时参照《关于确立劳动关系有关事项的通知》的规定是一致的。

关联参见

《医师法》第 22 条；《户口登记条例》第 7 条、第 8 条

第十六条　【胎儿利益保护】 涉及遗产继承、接受赠与等胎儿利益保护的，胎儿视为具有民事权利能力。但是，胎儿娩出时为死体的，其民事权利能力自始不存在。

条文解读

胎儿利益保护 ➡ 自然人的民事权利能力始于出生，胎儿尚未与母体分离，不是独立的自然人，不能依据民事权利能力的一般规定进行保护。

本条从法律上明确胎儿在特定情形下视为具有民事权利能力。胎儿自母亲怀孕之时起就应当被视为具有民事权利能力，无须待到其出生之时，即可行使继承权等权利。但如“胎儿娩出时为死体”的，则溯及怀胎期间消灭其民事权利能力。胎儿享有的部分民事权利能力，除本条明确规定的遗产继承、接受赠与，还可能包括人身损害赔偿请求权、抚养损害赔偿请求权以及其他基于身份的请求权。涉及遗产继承、接受赠与等胎儿利益保护，父母在胎儿娩出前作为法定代理人主张相应权利的，人民法院依法予以支持。

关联参见

《民法典总则编解释》第 4 条

第十七条　【成年时间】 十八周岁以上的自然人为成年人。不满十八周岁的自然人为未成年人。

条文解读

在民法中区分成年人与未成年人的法律意义主要有以下几个方面：一是判断民事法律行为的效力。成年人可以独立实施民事法律行为，未成年人只可以独立实施部分民事法律行为，实施其他民事法律行为要经过法定代理人的同意或者追认。二是确定婚姻家庭关系中的权利义务。三是设立监护。为了保护未成年人的人身、财产权利及其他合法权益，对未成年人应当设立监护人。父母是未成年人的监护人，未成年人的父母已经死亡或者没有监护能力的，依法由其他有监护能力的人担任监护人。《民法典》将成年人年龄确定为 18 周岁。这也与我国宪法的相关规定相一致。我国宪法将选举权和被选举权这一重要的政治权利，赋予年满 18 周岁的公民。

关联参见

《宪法》第 34 条；《未成年人保护法》第 2 条

第十八条　【完全民事行为能力人】 成年人为完全民事行为能力人，可以独立实施民事法律行为。

十六周岁以上的未成年人，以自己的劳动收入为主要生活来源的，视为完全民事行为能力人。

条文解读

民事行为能力 ➲ 民事行为能力是指民事主体独立参与民事活动，以自己的行为取得民事权利或者承担民事义务的法律资格。民事行为能力与民事权利能力不同，民事权利能力是民事主体从事民事活动的前提，民事行为能力是民事主体从事民事活动的条件。所有的自然人都有民事权利能力，但不一定都有民事行为能力。自然人一经出生即当然享有民事权利能力，但要独立从事民事活动，实施民事法律行为，还必须要具有相应的民事行为能力。自然人的辨识能力因年龄、智力、精神健康等因素不同而有差异。《民法典》根据自然人辨识能力的不同，将自然人的民事行为能力分为完全民事行为能力、限制民事行为能力和无民事行为能力。完全民事行为能力人具有健全的辨识能力，可以独立进行民事活动；限制民事行为能力人只能独立进行与其辨识能力相适应的民事活动；无民事行为能力人应当由其法定代理人代理实施民事活动。

完全民事行为能力人 ➔ 依据本条第 1 款规定，成年人，即年满 18 周岁的自然人，具有完全民事行为能力，为完全民事行为能力人，可以独立实施民事法律行为，并独立对民事法律行为的法律后果负责。

依据本条第 2 款规定，16 周岁以上的未成年人，如果以自己的劳动收入为主要生活来源的，表明其已经具备成年人的辨识能力，可以独立实施民事法律行为，独立承担民事法律行为的后果，因此可以视为完全民事行为能力人。

关联参见

《劳动法》第 15 条；《预防未成年人犯罪法》第 27 条

第十九条　【限制民事行为能力的未成年人】 八周岁以上的未成年人为限制民事行为能力人，实施民事法律行为由其法定代理人代理或者经其法定代理人同意、追认；但是，可以独立实施纯获利益的民事法律行为或者与其年龄、智力相适应的民事法律行为。

条文解读

限制民事行为能力的未成年人 ➔ 依据本条规定，8 周岁以上的未成年人为限制民事行为能力人，心智发育仍然不够成熟，实施民事法律行为一般应当由其法定代理人代理，或者经其法定代理人同意、追认。

同意是指事前同意，即限制民事行为能力的未成年人实施民事法律行为要经法定代理人的事前同意；追认指事后追认，即限制民事行为能力的未成年人实施的民事法律行为要经过法定代理人的事后追认，才能对该未成年人发生效力。但是，8周岁以上的未成年人已经具有一定的辨认识别能力，法律应当允许其独立实施一定的民事法律行为。可以独立实施的民事法律行为包括两类：一类是纯获利益的民事法律行为，如接受赠与等。限制民事行为能力的未成年人通常不会因这类行为遭受不利益，可以独立实施。另一类是与其年龄、智力相适应的民事法律行为，如10岁的儿童购买学习用品等。限制民事行为能力的未成年人对实施这类行为有相应的认知能力，可以独立实施。

关联参见

《广告法》第33条；《公证法》第31条；《保险法》第39条；《民法典总则编解释》第5条

第二十条　【无民事行为能力的未成年人】不满八周岁的未成年人为无民事行为能力人，由其法定代理人代理实施民事法律行为。

条文解读

无民事行为能力的未成年人 ➔ 无民事行为能力是指不具有以自己的行为取得民事权利或者承担民事义务的资格。8周岁以下的未成年人，生理、心理发育仍然很不成熟，对自己行为的辨认识别能力以及行为后果的预见能力仍然非常不够，为了避免他们的权益受到损害，法律将其规定为无民事行为能力人。依据本条规定，8周岁以下的儿童不具有独立从事民事法律行为的资格，要由其法定代理人代理实施民事法律行为。例如，儿童购买玩具行为，需要由父母等法定代理人代理实施。

实务应用

07. 无民事行为能力的未成年人是否具有证人资格？

无民事行为能力的未成年人，对自己的行为没有辨别能力，缺乏对自己行为的控制能力，更加没有为自己的行为承担责任的能力。因此，法律规定无民事行为能力人造成他人损害时，由监护人承担民事责任。部分不满8周岁的未成年人在打闹时，可能造成一方受伤。由于行为人为无民事行为能力的未成年人，故应当由该未成年人的监护人承担民事侵权责任。但就事实查明而言，未满8周岁的未成年人是否可以作为案件证人是实践中经常遇到，尤其是儿童打闹致伤案件中经常遇到的问题。证人，是指目睹案件事实发生并出庭作证的人。成为证人需要具备证人能力。根据《民事诉讼法》的规定，不能正确表达意思的人，不能成为证人。结合立法精神可知，作为自然人，有两类人不具有证人能力：一是精神病人；二是因为年纪太小不能在法庭上正确表达意思的人。换言之，只有不能正确表达意志的人才不能作证。因此，证人作证不需要像诉讼当事人一样具有诉讼行为能力，只要能够正确表达意思，所证事实与其年龄、智力状况相适应就可以。因此，无民事行为能力人只要能够正确地表达自己的意志，也是具有证人资格的，可以成为合法的证人。①

第二十一条　【无民事行为能力的成年人】不能辨认自己行为的成年人为无民事行为能力人，由其法定代理人代理实施民事法律行为。

八周岁以上的未成年人不能辨认自己行为的，适用前款规定。

---

① 参见杜月秋，孙政编著：《民法典总则编及司法解释对照解读与实务问答》，中国法制出版社2022年版，第90页。

条文解读

无民事行为能力的成年人 ➜ 有的自然人虽已年满18周岁，达到成年人的年龄，但因先天、疾病等原因，辨认识别能力不足，也不能正常预见自己行为的法律后果。为了保护这些辨认识别能力不足的成年人的合法权益，法律有必要对其实施民事法律行为作出特别规定。《民法典》总则编根据认识判断能力的不同，对这些成年人做了进一步的区分，分为两类：一是不能辨认自己行为的成年人；二是不能完全辨认自己行为的成年人。不能辨认自己行为的成年人指对普通的事物和行为欠缺基本的认识判断能力，也不能正常预见自己行为的法律后果。不能完全辨认自己行为的成年人是指对比较复杂的行为不能作出正确的认识判断，也不能完全预见到自己行为的法律后果。第一类成年人即为无民事行为能力人，由本条第1款作出规定。第二类成年人为限制民事行为能力人，由《民法典》第22条作出规定。

需要注意的是，本条第1款中的“不能辨认自己行为”和《民法典》第22条中的“不能完全辨认自己行为”，是指辨认识别能力不足处于一种持续的状态，不是暂行性或者短暂的状态，如因酗酒、滥用麻醉用品或者精神药品，对自己的行为暂时没有辨认识别能力的成年人，不属于无民事行为能力人或者限制民事行为能力人。

本条第2款规定的不能辨认自己行为的8周岁以上的未成年人，是指患有智力障碍、精神障碍或者因其他疾病等原因导致心智不能正常发育，辨识能力严重不足的未成年人。这些未成年人如果按照正常的年龄以及心智发育程度，可以归入限制民事行为能力人，但因其对自己行为欠缺基本的辨认识别能力，为了防止其合法权益受到侵害，本条第2款将其归入无民事行为能力人的范畴。

本条第1款和第2款规定的无民事行为能力人因对普通的事物和行为欠缺基本的认识判断能力，也不能正常预见自己行为的法律后果，不能独立实施民事法律行为，应当由其法定代理人代理实施民事法律行为。

关联参见

《精神卫生法》第83条

第二十二条　【限制民事行为能力的成年人】不能完全辨认自己行为的成年人为限制民事行为能力人，实施民事法律行为由其法定代理人代理或者经其法定代理人同意、追认；但是，可以独立实施纯获利益的民事法律行为或者与其智力、精神健康状况相适应的民事法律行为。

条文解读

限制民事行为能力的成年人 ➲ 因智力障碍、精神障碍以及其他疾病导致不能完全辨认自己行为的成年人，均为限制民事行为能力人。限制民事行为能力的成年人对普通的事物和行为有基本的认识判断能力，但对于比较复杂的事物或者比较重大的行为缺乏判断能力和自我保护能力，并且不能预见其行为后果。限制民事行为能力的成年人实施民事法律行为一般由其法定代理人代理或者经其法定代理人同意、追认，但也可以独立实施一定的民事法律行为。

与其智力、精神健康状况相适应 ➲ 关于“与其智力、精神健康状况相适应”的认定，应当结合限制民事行为能力的成年人的智力、精神健康状况、行为的性质、标的数额等因素综合判断，具体情况具体分析，没有统一的标准。如果该成年人所从事的民事法律行为与其智力、精神健康状况不相适应，需经其法定代理人事前同意或者事后追认；如果该成年人所从事的民事法律行为与其智力、精神健康状况相适应，不需经其法定代理人同意或者追认，即为有效。

关联参见

《民法典总则编解释》第5条

第二十三条　【非完全民事行为能力人的法定代理人】 无民事行为能力人、限制民事行为能力人的监护人是其法定代理人。

条文解读

法定代理人 代理无民事行为能力人、限制民事行为能力人实施民事法律行为是监护人履行监护职责的重要内容。监护人在保护被监护人的身心健康，照顾被监护人的生活，管理和保护被监护人的财产过程中，都必不可少要代理被监护人从事一些民事法律行为，如签订合同等。赋予监护人法定代理人资格，方便监护人更好地履行监护职责，同时也可以对这种代理行为按照《民法典》总则编关于代理的规定加以规范，更好地保护无民事行为能力人、限制民事行为能力人的利益。

第二十四条　【民事行为能力的认定及恢复】 不能辨认或者不能完全辨认自己行为的成年人，其利害关系人或者有关组织，可以向人民法院申请认定该成年人为无民事行为能力人或者限制民事行为能力人。

被人民法院认定为无民事行为能力人或者限制民事行为能力人的，经本人、利害关系人或者有关组织申请，人民法院可以根据其智力、精神健康恢复的状况，认定该成年人恢复为限制民事行为能力人或者完全民事行为能力人。

本条规定的有关组织包括：居民委员会、村民委员会、学校、医疗机构、妇女联合会、残疾人联合会、依法设立的老年人组织、民政部门等。

条文解读

民事行为能力的认定 本条规定针对的是不能辨认或者不能完全辨认自己行为的成年人。无民事行为能力或者限制民事行为能力的成年人辨认识别能力不足，往往是因为先天因素或者疾病、事故等原因造成的，短时期内难以恢复，有的甚至是不可逆转的。将不能辨认或者不能完全辨认自己行为的成年人，认定为无民事行为能力人或者限制民事行为能力人，一是对该成年人可以依照法定程序选任监护人，以保护其人身权益、财产权益及其他合法权益。二是法定代理人可以通过主张该成年人所实施的民事法律行为无效，或者撤销该民事法律行为，从而避免该成年人的权益受到损害。三是有利于保护交易安全。交易相对人可以事先决定是否与该成年人进行交易，如果在不知情的情况下进行了交易，相对人也可以通过催告法定代理人及时予以追认或者依法撤销该民事法律行为，尽快确定民事法律行为的效力。

依据本条规定，该认定需要向法院提出申请，并需要由法院作出判决，主要原因是无民事行为能力或者限制民事行为能力的认定对成年人的权益影响重大。将成年人认定为无民事行为能力人或者限制民事行为能力人，既是对辨认识别能力不足的成年人的保护，也是对这些成年人自由实施民事法律行为的限制，因此必须通过法定程序进行。此外，这些成年人辨认识别能力缺失的程度也有所不同，一般人难以认定，宜由法院综合各方面情况作出判断。

利害关系人 ➔ 本条中关于利害关系人的具体范围无法通过立法明确规定，应当具体情况具体分析。一般而言，对于第 1 款规定的“利害关系人”的范围，主要包括本人的近亲属、债权债务人等。对于第 2 款规定的“利害关系人”的范围，主要包括本人的监护人、债权债务人等。但具体案件中，这些主体是否都有资格向人民法院提出申请，也要在个案中根据实际情况作出判断。认定利害关系人是否是适格的申请主体，需要看本人的民事行为能力状况对其是否有重要意义或者影响。例如，本人的债务人如果不是为了确定民事法律行为的效力，也不得向人民法院申请认定其为无民事行为能力人、限制民事行为能力人。

实务应用

08. 精神病人如何离婚？

精神病人也享有婚姻自由，但精神病人的离婚存在特殊情形，一般不宜通过协议离婚方式进行，而需通过诉讼程序解决。法院审理此类案件时应注意以下几点：首先，需为其设置诉讼代理人，对已设定监护人的，应由监护人代理诉讼，未设监护人的，应按《民法典》第 24 条规定的顺序指定监护人代理诉讼。其次，离婚诉讼属于身份关系的诉讼，需离婚当事人表明是否愿意离婚，诉讼代理人无权对此作出决定。因此，此类案件应由人民法院裁决，以判决的形式结案。即使当事人双方达成一致调解协议，也不能以调解方式结案。最后，在审查精神病人的离婚诉讼时，应注意遵循以下原则：既保障离婚自由，保障当事人的合法权益，又有利于患者的治疗和生活上的安排。若夫妻感情原本较好，结婚多年，生有子女，应尽量争取调解和好，以不离婚为宜。若婚前隐瞒精神病，婚后久治不愈，或婚前知道对方患有精神病而与其结婚，或一方在夫妻共同生活期间患精神病久治不愈的，在安排好患者的生活、医疗、监护等问题后可准予离婚。①

关联参见

《民事诉讼法》第 194—197 条

第二十五条　【自然人的住所】 自然人以户籍登记或者其他有效身份登记记载的居所为住所；经常居所与住所不一致的，经常居所视为住所。

---

① 参见杜月秋，孙政编著：《民法典总则编及司法解释对照解读与实务问答》，中国法制出版社 2022 年版，第 94 页。

条文解读

自然人的住所 ➲ 住所是指民事主体进行民事活动的中心场所或者主要场所。自然人的住所一般指自然人长期居住、较为固定的居所。自然人的住所对婚姻登记、宣告失踪、宣告死亡、债务履行地、司法管辖、诉讼送达等具有重要的法律意义。居所指自然人实际居住的一定处所，其与住所的区别是，一个自然人可以同时有两个或多个居所，但只能有一个住所。一般的居所都是自然人临时居住，为暂时性的，住所则为长期固定的。依据本条规定，自然人以户籍登记或者其他有效身份登记记载的居所为住所。户籍登记是国家公安机关按照国家户籍管理法律法规，对公民的身份信息进行登记记载的制度。本条中的“其他有效身份登记”主要包括居住证和外国人的有效居留证件等。

实务应用

09. 如何确定自然人的居所？

公民的经常居所，是指公民离开住所地至起诉时已连续居住 1 年以上的地方，但公民住院就医的地方除外。经常居所与住所不一致的，经常居所视为住所。公民由其户籍所在地迁出后至迁入另一地之前，无经常居所的，仍以其原户籍所在地为住所。

10. 子女能否因为父母有退休收入或有一定的经济来源，而不支付赡养费用？

子女对父母有赡养扶助的义务，子女不履行赡养义务时，无劳动能力或生活困难的父母，有要求子女给付赡养费的权利。子女不能因为父母有退休收入或者有一定的经济来源就完全将父母置之不顾，这不仅违反法律规定，也不符合中华民族“百善孝为先”的传统美德。子女对于不在一起生活的父母，应根据其实际生活需要、实际负担能力、当地一般生活水平，给付一定的赡养费用，同时应当定期探望。[①]

关联参见

《民事诉讼法》第22条、第23条

第二节　监　护

第二十六条　【父母子女之间的法律义务】 父母对未成年子女负有抚养、教育和保护的义务。

成年子女对父母负有赡养、扶助和保护的义务。

条文解读

父母子女之间的法律义务 依据本条规定，父母对未成年子女的抚养、教育和保护义务，主要包括进行生活上的照料，保障未成年人接受义务教育，以适当的方式方法管理和教育未成年人，保护未成年人的人身、财产不受到侵害，促进未成年人的身心健康发展等。成年子女对父母的赡养、扶助和保护义务，主要包括子女对丧失劳动能力或生活困难的父母，要进行生活上的照料和经济上的供养，从精神上慰藉父母，保护父母的人身、财产不受侵害。《民法典》婚姻家庭编、《老年人权益保障法》等对此作出了较为具体的规定。

案例指引

03. 父母有权拒绝成年子女"啃老"吗？[②]

杨某顺系杨某洪、吴某春夫妇的儿子。杨某顺出生后一直随其父母

---

① 参见《陈某某赡养费纠纷案》，载中国法院网 https://www.chinacourt.org/article/detail/2021/02/id/5818117.shtml，最后访问日期2023年4月3日。

② 参见《第二批人民法院大力弘扬社会主义核心价值观典型民事案例》(2022年2月23日发布)，杨某顺诉杨某洪、吴某春居住权纠纷案，载最高人民法院网 https://www.court.gov.cn/zixun-xiangqing-346671.html，最后访问日期：2023年2月20日。

在农村同一房屋中居住生活。杨某顺成年后，长期沉迷赌博，欠下巨额赌债。后该房屋被列入平改范围，经拆迁征收补偿后置换楼房三套。三套楼房交付后，其中一套房屋出售他人，所得款项用于帮助杨某顺偿还赌债；剩余两套一套出租给他人，一套供三人共同居住生活。后因产生家庭矛盾，杨某洪、吴某春夫妇不再允许杨某顺在二人的房屋内居住。杨某顺遂以自出生以来一直与父母在一起居住生活，双方形成事实上的共同居住关系，从而对案涉房屋享有居住权为由，将杨某洪、吴某春夫妇诉至法院，请求判决其对用于出租的房屋享有居住的权利。

人民法院认为，杨某顺成年后具有完全民事行为能力和劳动能力，应当为了自身及家庭的美好生活自力更生，而非依靠父母。杨某洪、吴某春夫妇虽为父母，但对成年子女已没有法定抚养义务。案涉房屋系夫妻共同财产，杨某洪、吴某春夫妇有权决定如何使用和处分该房屋，其他人无权干涉。杨某顺虽然自出生就与杨某洪、吴某春夫妇共同生活，但并不因此当然享有案涉房屋的居住权，无权要求继续居住在父母所有的房屋中。故判决驳回杨某顺的诉讼请求。

青年自立自强是家庭和睦、国家兴旺的前提条件。只有一代又一代人的独立自强、不懈奋斗，才有全体人民的幸福生活。《民法典》第26条规定："父母对未成年子女负有抚养、教育和保护的义务。成年子女对父母负有赡养、扶助和保护的义务。"对于有劳动能力的成年子女，父母不再负担抚养义务。如果父母自愿向成年子女提供物质帮助，这是父母自愿处分自己的权利；如果父母不愿意或者没有能力向成年子女提供物质帮助，子女强行"啃老"，就侵害了父母的民事权利，父母有权拒绝。司法裁判在保护当事人合法权益的同时，也引导人们自尊、自立、自强、自爱。本案的裁判明确了有劳动能力的成年子女在父母明确拒绝的情形下无权继续居住父母所有的房屋，对于成年子女自己"躺平"却让父母负重前行的行为予以了否定，体现了文明、法治的社会主义核心价值观，有助于引导青年人摒弃"啃老"的错误思想，树立正确的人生观、价值观，鼓励青年人用勤劳的汗水创造属于自己的美好生活；有助于弘扬中华民族艰苦奋斗、自力更生、爱老敬老的传统美德；有助于引导社会形成正确价值导向，促进社会养成良好家德家风，传递社会正能量。

04. 村民委员会垫资照顾“空巢”老人有权请求子女补偿吗？[①]

杜某先系王某平等六子女的生母，独自居住在某村。2020 年 2 月 19 日，杜某先在家中不慎摔倒导致下肢骨折，因无人送其就医，某村民委员会将杜某先送至某县人民医院救治，出院后某村民委员会又将杜某先送至某老年公寓。截止到 2021 年 3 月 20 日，某村民委员会为杜某先垫付住院期间护理费、伙食费等各类费用共计 41700 元。某村民委员会认为其垫付的费用应由杜某先子女承担，但其子女均拒绝支付。某村民委员会向人民法院提起诉讼，请求王某平等六子女支付其垫付的 41700 元费用。

人民法院认为，赡养老人是中华民族的传统美德。本案中，某村民委员会对杜某先无法定的扶养义务。某村民委员会在杜某先的赡养义务人未能履行其法定赡养义务时，及时将杜某先送至医院就医，在杜某先出院后又将其送至某老年公寓照顾，并支付了住院期间和居住在老年公寓期间的相关费用，承担了本应由子女承担的赡养义务，有权向杜某先子女追索垫付费用。故判决支持某村民委员会的诉讼请求。

人终有一老！当前，随着经济社会发展，大量农村青年涌入城市，年轻人到外地成家立业成为十分普遍的社会现象，留下年迈的老人独自在农村居住。家庭养老育幼的功能在一定程度上弱化。“空心村”中“空巢”老人的赡养问题值得社会关注。本案将司法裁判与弘扬社会主义核心价值观相结合，充分肯定了某村民委员会助人为乐、帮扶村民的善举，支持某村民委员会向未尽到赡养义务的子女追索垫付费用，既弘

---

① 参见《第二批人民法院大力弘扬社会主义核心价值观典型民事案例》（2022 年 2 月 23 日发布），某村民委员会诉王某平等六人追索赡养费纠纷案，载最高人民法院网 https：//www. court. gov. cn/zixun-xiangqing-346671. html，最后访问日期：2023 年 2 月 20 日。

扬了中华民族“孝顺”文化和守望相助的善良风俗，也充分体现了文明、和谐、友善的社会主义核心价值观，对于助推平安法治乡村建设，教育年轻人尊老、爱老、亲老，依法保护老年人合法权益具有重要意义。

05. 继子女有义务赡养继父母吗？[①]

原告陈某与朱某于1986年登记结婚，朱某系再婚。1987年，朱某带徐乙（1975年6月8日出生）、徐丙（1978年2月10日出生）到某村与原告陈某共同生活。1990年5月13日，陈某、朱某生育一子陈甲。1991年被告徐乙离家外出打工，1993年被告徐丙离家外出打工。2012年2月，朱某去世。原告陈某由于年事已高，且没有生活来源，基本生活困难。因三被告拒不履行赡养义务，原告陈某诉至法院，请求处理。

人民法院经审理认为，根据我国法律规定，子女对父母有赡养扶助的义务，继父母和受其抚养教育的继子女之间的权利义务与亲生父母子女关系一致。被告徐乙、徐丙随其母朱某与原告陈某长期共同生活，接受原告的抚养教育，与原告之间形成继父母子女关系，对原告陈某负有赡养义务。现原告身患疾病、生活困难，且三被告均已成年，具有赡养能力，原告的诉讼请求事实清楚，证据充分，法院予以支持。本案原告的赡养费标准应以统计部门发布的上年度当地农民年均生活消费支出为基准，考虑被告徐乙、徐丙与原告陈某的共同生活时间、感情因素及二被告目前的经济状况，法院酌定被告徐乙、徐丙负担的赡养费数额以每人每年1500元为宜。被告陈甲系原告陈某的亲生儿子，其对原告陈某负有当然的赡养义务，其自愿按照原告的请求以每年3600元的标准负担赡养费，法院予以确认。最后，法院判决被告陈甲自2014年起，于每年的6月1日前支付给原告陈某当年度赡养费3600元。被告徐乙、

---

① 参见《最高法院公布婚姻家庭纠纷典型案例（山东）》（2015年11月20日发布），陈某与陈甲、徐乙、徐丙赡养纠纷案，载最高人民法院网 https：//www.court.gov.cn/zixun-xiangqing-16036.html，最后访问日期：2023年2月20日。

徐丙自2014年起，于每年的6月1日前分别支付给原告陈某当年度赡养费1500元。

赡养老人是中华民族的传统美德，做好农村老人赡养工作是长期而艰巨的任务，而继父母的赡养问题更加复杂。当前农村存在很多继父母与继子女之间的关系，而这种关系问题是一个较为敏感的社会问题。正确认识继父母子女的关系性质，适用有关法律对继父母子女关系进行全面调整，具有重要的社会意义。法律规定，继父母与继子女之间有抚养关系的，继子女必须对继父母承担赡养义务。针对赡养继父母这一特殊群体，需在农村加大宣传力度，引导社会形成正确认识，及时维护农村老人合法权益，确保老人安度晚年，真正做到案结事了人和。

关联参见

《宪法》第49条；《未成年人保护法》第7条；《老年人权益保障法》第14条；《教育法》第50条

第二十七条　【未成年人的监护人】 父母是未成年子女的监护人。

未成年人的父母已经死亡或者没有监护能力的，由下列有监护能力的人按顺序担任监护人：

（一）祖父母、外祖父母；

（二）兄、姐；

（三）其他愿意担任监护人的个人或者组织，但是须经未成年人住所地的居民委员会、村民委员会或者民政部门同意。

条文解读

未成年人的监护人 监护是保障无民事行为能力人和限制民事行为能力人的权益，弥补其民事行为能力不足的法律制度。被监护人包括两类：一类是未成年人；另一类是无民事行为能力和限制民事行为能力的成年人。

本条第1款规定，父母是未成年人的监护人。父母具有抚养、教育和保护未成年子女的法定义务，与未成年子女的关系最为密切，对未成年人的健康成长至关重要。基于此，父母无条件成为未成年人的法定监护人。只有在父母死亡或者没有监护能力的情况下，才可以由其他个人或者有关组织担任监护人。

本条第2款对父母之外的其他个人或者组织担任监护人作出规定。第2款在原《民法通则》相关规定的基础上，主要从两个方面进行了完善：一是规定父母之外具有监护能力的人“按顺序”担任监护人；二是增加规定了有关“组织”担任监护人的规定。

本条明确具有监护资格的人按照顺序担任监护人，主要目的在于防止具有监护资格的人之间互相推卸责任。当出现两个或者两个以上具有监护资格的人都愿意担任监护人，或者应当担任监护人的人认为自己不适合担任或认为其他具有监护资格的人更适合担任，则可以按照本条规定的顺序确定监护人，或者依照《民法典》第30条规定进行协商；协商不成的，按照《民法典》第31条规定的监护争议解决程序处理，由居民委员会、村民委员会、民政部门或者人民法院按照最有利于被监护人的原则指定监护人，不受本条规定的顺序的限制，但仍可作为依据。

实务应用

11. 法定监护人的顺序如何安排？

（1）在先顺序人优先于在后顺序人担任监护人。但是，此顺序可依监护人的协议加以变更。（2）在先顺序人为二人以上时，既可全体共同作为监护人，也可依其协议只由部分人作为监护人。

案例指引

06. 在没有依法具有监护资格的人时，民政部门能否担任未成年人的监护人？①

吴某，2010年10月28日出生，于2011年8月22日被收养。吴某为智力残疾三级，其养父母于2012年和2014年先后因病死亡，后由其养祖母陈某金作为监护人。除每月500余元农村养老保险及每年2000余元社区股份分红外，陈某金无其他经济收入来源，且陈某金年事已高并有疾病在身。吴某的外祖父母也年事已高亦无经济收入来源。2018年起，陈某金多次向街道和区民政局申请将吴某送往儿童福利机构养育、照料。为妥善做好吴某的后期监护，某区民政局依照《民法典》相关规定向人民法院申请变更吴某的监护人为民政部门，某区人民检察院出庭支持民政部门的变更申请。

生效裁判认为，被监护人吴某为未成年人，且智力残疾三级，养父母均已去世，陈某金作为吴某的养祖母，年事已高并有疾病在身，经济状况较差，已无能力抚养吴某。鉴于陈某金已不适宜继续承担吴某的监护职责，而吴某的外祖父母同样不具备监护能力，且陈某金同意将吴某的监护权变更给某区民政局，将吴某的监护人由陈某金变更为某区民政局不仅符合法律规定，还可以为吴某提供更好的生活、教育环境，更有利于吴某的健康成长。故判决自2021年7月23日起，吴某的监护人由陈某金变更为某区民政局。

习近平总书记强调："孩子们成长得更好，是我们最大的心愿。"本案是人民法院、人民检察院和民政部门联动护航困境少年的典型范例。《民法典》和新修订的《未成年人保护法》完善了公职监护人制度，明确规定在没有依法具有监护资格的人时，由民政部门承担未成年人的监

① 参见《人民法院贯彻实施民法典典型案例（第一批）》（2022年2月25日发布），某区民政局与陈某金申请变更监护人案，载最高人民法院网 https://www.court.gov.cn/zixun-xiangqing-347181.html，最后访问日期：2023年2月20日。

护责任。审理法院以判决形式确定由民政部门担任监护人，为民政部门规范适用相关法律履行公职监护职责提供了司法实践样本，推动民法典确立的以家庭、社会和国家为一体的多元监护格局落实落地。

第二十八条　【非完全民事行为能力成年人的监护人】无民事行为能力或者限制民事行为能力的成年人，由下列有监护能力的人按顺序担任监护人：

（一）配偶；

（二）父母、子女；

（三）其他近亲属；

（四）其他愿意担任监护人的个人或者组织，但是须经被监护人住所地的居民委员会、村民委员会或者民政部门同意。

条文解读

本条规定的需要设立监护的成年人为无民事行为能力人或者限制民事行为能力人，包括因智力、精神障碍以及因年老、疾病等各种原因，导致辨识能力不足的成年人。监护是对失智成年人人身、财产等各方面权益的保护和安排。

监护能力的认定 人民法院认定自然人的监护能力，应当根据其年龄、身心健康状况、经济条件等因素确定；认定有关组织的监护能力，应当根据其资质、信用、财产状况等因素确定。

实务应用

12. 离婚后，一方是否还能担任无民事行为能力或者限制民事行为能力的原配偶的监护人？

离婚后，夫妻一方不再具有配偶这一特定的身份，没有资格担任另一方的监护人，不能作为无民事行为能力或者限制民事行为能力一方的监护人，同时也不必承担监护责任。但根据《民法典》第 1090 条的规定，离婚时，如果一方生活困难，有负担能力的另一方应当给予适当帮助。具体办法由双方协议；协议不成的，由人民法院判决。

关联参见

《民法典总则编解释》第6条

第二十九条　【遗嘱指定监护】 被监护人的父母担任监护人的，可以通过遗嘱指定监护人。

条文解读

遗嘱指定监护 ➔ 依据本条规定，被监护人（包括未成年人、无民事行为能力或者限制民事行为能力的成年人）的父母可以通过立遗嘱的形式为被监护人指定监护人，但前提是被监护人的父母正在担任着监护人，如果父母因丧失监护能力没有担任监护人，或者因侵害被监护人合法权益被撤销监护人资格等不再担任监护人的，父母已不宜再通过立遗嘱的形式为被监护人指定监护人。

关于遗嘱指定监护与法定监护的关系，一般来说，遗嘱指定监护具有优先地位。遗嘱指定监护是父母通过立遗嘱选择值得信任并对保护被监护人权益最为有利的人担任监护人，应当优先于《民法典》第27条、第28条规定的法定监护。遗嘱指定监护指定的监护人，也应当不限于《民法典》第27条、第28条规定的具有监护资格的人。但是，遗嘱指定的监护人应当具有监护能力，能够履行监护职责。如果遗嘱指定后，客观情况发生变化，遗嘱指定的监护人因患病等原因丧失监护能力，或者因出国等各种原因不能够履行监护职责，就不能执行遗嘱指定监护，应当依法另行确定监护人。

关联参见

《民法典总则编解释》第7条

第三十条　【协议确定监护人】依法具有监护资格的人之间可以协议确定监护人。协议确定监护人应当尊重被监护人的真实意愿。

条文解读

依据本条规定，协议监护具有以下几个特点：

第一，协议主体必须是依法具有监护资格的人。即《民法典》第27条、第28条规定的具有监护资格的人。未成年人的父母有监护能力的，不得与其他人签订协议，确定由其他人担任监护人，推卸自身责任。对于未成年人，协议监护只限于父母死亡或者没有监护能力的情况，协议的主体为：(1) 祖父母、外祖父母；(2) 兄、姐；(3) 经未成年人住所地的居民委员会、村民委员会或者民政部门同意的其他愿意担任监护人的个人或者有关组织。对于父母丧失监护能力的，父母可以不作为协议监护的主体，但对协议确定监护人也可以提出自己的意见，具有监护资格的人在协议确定未成年人的监护时，从有利于保护被监护人的利益出发，应当尽量予以尊重。对于无民事行为能力或者限制民事行为的成年人，协议的主体为：(1) 配偶；(2) 父母、子女；(3) 其他近亲属；(4) 经未成年人住所地的居民委员会、村民委员会或者民政部门同意的其他愿意担任监护人的个人或者有关组织。

第二，协议确定的监护人必须从具有监护资格的人之间产生，不得在法律规定的具有监护资格的人之外确定监护人。在具有监护资格的人之外确定监护人的，协议监护无效。

第三，协议监护是具有监护资格的人合意的结果，合意产生后，由协议确定的监护人担任监护人，履行监护职责。监护人一旦确定，即不得擅自变更，否则要承担相应的法律责任。

实务应用

13. 监护责任能否委托转移？

监护责任不能委托转移，在必要的情况下，虽然允许监护职责委托转移，但监护职责委托转移在法律效果上不能免除监护人的监护责任，在受托人有过错的情况下，受托人还应在过错范围内与监护人承担连带责任。监护权在具体行使时，由于各种情况的存在，可以委托他人行使，但监护权的委托行使并不意味着监护责任的转移。

关联参见

《民法典总则编解释》第8条

第三十一条　【监护争议解决程序】对监护人的确定有争议的，由被监护人住所地的居民委员会、村民委员会或者民政部门指定监护人，有关当事人对指定不服的，可以向人民法院申请指定监护人；有关当事人也可以直接向人民法院申请指定监护人。

居民委员会、村民委员会、民政部门或者人民法院应当尊重被监护人的真实意愿，按照最有利于被监护人的原则在依法具有监护资格的人中指定监护人。

依据本条第一款规定指定监护人前，被监护人的人身权利、财产权利以及其他合法权益处于无人保护状态的，由被监护人住所地的居民委员会、村民委员会、法律规定的有关组织或者民政部门担任临时监护人。

监护人被指定后，不得擅自变更；擅自变更的，不免除被指定的监护人的责任。

条文解读

监护人的确定 ➜ 本条第1款规定了对监护人的确定有争议情况下的两种解决途径：一是由被监护人住所地的居民委员会、村民委员会或者民政部门指定监护人。该指定并没有终局效力。有关当事人对该指定不服的，可以向法院提出申请，由法院指定监护人。法院的指定具有终局效力，被指定的监护人应当履行监护职责，不得推卸。二是有关当事人可以不经居民委员会、村民委员会或者民政部门的指定，直接向法院提出申请，由法院指定监护人。本款规定的“对监护人的确定有争议的”既包括争当监护人的情况，也包括推卸拒不担当监护人的情况，主要包括以下几类情形：一是具有监护资格的人均认为自己适合担任监护人，争当监护人；二是按照《民法典》第 27 条、第 28 条规定的顺序应当担任监护人的，认为自己没有监护能力，无法履行监护职责或者认为其他具有监护资格的人更适宜担任监护人；三是后一顺序具有监护资格的人要求前一顺序具有监护资格的人依法履行监护职责；四是具有监护资格的人均推卸监护职责，拒不担当监护人的情况。对此，居民委员会、村民委员会或者民政部门应当介入，切实履行起指定监护的职责，依法指定监护人。本款中的两处“有关当事人”指对监护人的确定有争议的当事人。

最有利于被监护人的原则 “按照最有利于被监护人的原则指定”，是指居民委员会、村民委员会、民政部门或者人民法院指定监护人并不需要遵照《民法典》第 27 条第 2 款、第 28 条规定的顺序，而应当结合具有监护资格的人与被监护人的生活情感联系、有无利害冲突，具有监护资格的人的品行、身体状况、经济条件以及能够为被监护人提供的教育水平或者生活照料措施等，综合进行判断，并尊重被监护人的真实意愿，选择最有利于被监护人健康成长或者健康恢复、最利于保护被监护人合法权益的人担任监护人。

临时监护 监护争议解决程序需要一定的时间，如果依照本条第 1 款规定指定监护人前，被监护人的人身权利、财产权利及其他合法权益处于无人保护状态，如具有监护资格的人互相推诿都不愿担任监护人，为了保护被监护人的合法权益，有必要设立临时监护制度。依据本条规定，临时监护人由被监护人住所地的居民委员会、村民委员会、法律规定的有关组织或者民政部门担任。本款中的“依照本条第一款规定指定监护人前”应当从宽理解，不能仅限于监护争议解决期间。从时间点上，应当包括以下两个期间：一是监护争议解决程序启动之后，即居民委员会、村民委员会、民政部门开始处理监护争议或者人民法院受理监护申请之后，至指定监护人之前的期间；二是监护争议解决程序启动之前，只要发现因无人履行监护职责，被监护人的合法权益处于无人保护状态的，就由本条规定的居民委员会、村民委员会、法律规定的有关组织或者民政部门担任临时监护人，随后再依法启动监护争议解决程序，指定监护人。

法律规定的有关组织 ➲ “法律规定的有关组织”，主要是指符合法定条件的公益组织。在实践中，有监护意愿和能力的公益组织不断增多，为了吸引更多的主体参与监护事业，更好保护被监护人的合法权益，法律有必要为实践的发展留下一定的空间。当被监护人的合法权益处于无人保护状态出现时，临时监护人要能及时承担起监护职责，并充分履行好监护职责，因此有资格担任临时监护人的公益组织应当相对固定，并符合较高的履职条件。至于应当符合哪些具体条件，哪些公益组织有资格担任临时监护人，可以在将来由法律根据实践发展情况作出规定。

指定监护 ➲ 依照监护争议解决程序，由居民委员会、村民委员会、民政部门或者人民法院指定监护人后，被指定的监护人应当履行监护职责，不得推卸，不得擅自变更。如果擅自变更为由其他人担任监护人的，不免除被指定的监护人的责任。被监护人侵害他人的合法权益，或者被监护人自身受到损害的，被指定的监护人仍应当承担责任，擅自变更后的监护人也要根据过错程度承担相应的责任。

案例指引

07. 有监护资格的人员均已丧失监护能力或不愿意担任监护人，儿童福利院能否作为困境儿童的监护人？[①]

绍某某自幼母亲下落不明，其满月后不久，便被其父绍某甲抱送至

① 参见《人民法院大力弘扬社会主义核心价值观十大典型民事案例》（2020 年 5 月 13 日发布），困境儿童指定监护人案——柳州市儿童福利院申请确定监护人纠纷案，载最高人民法院网 https：//www.court.gov.cn/zixun-xiangqing-229041.html，最后访问日期：2023 年 2 月 20 日。

大姑母绍某乙家中抚养。2013年，绍某甲、绍某乙的丈夫相继去世，而绍某乙患有严重眼疾且无固定生活来源，无法继续照顾绍某某，绍某某被安置在其小姑母绍某丙家中生活。然而，绍某丙无暇照看绍某某，无法保障绍某某读书、吃饭等生活成长的基本需求，导致绍某某长期处于流浪状态。2018年1月，绍某某在政府等有关部门的帮助下进入柳州市救助站进行临时保护。2018年2月，柳州市救助站以绍某某属困境儿童身份为由，将其转移至柳州市儿童福利院生活至今。同年8月，柳州市民政局和儿童福利院、柳北区政府与绍某某所在街道社区多次协商后，书面确认由柳州市儿童福利院担任绍某某合法监护人，并向法院提交了指定监护人申请书。本案由柳州市柳北区政府督办，柳北区人民检察院支持起诉。

柳州市柳北区人民法院认为，对绍某某有监护资格的人员均已丧失监护能力或不愿意担任监护人，儿童福利院作为民政局下属的事业单位，对未成年人负有社会救助职责。为切实保障绍某某的合法权益，使其能在有合法监护人监护的情况下，尽快解决落户及正常上学等实际问题，该院依法判决，指定柳州市儿童福利院为绍某某的合法监护人。

儿童是家庭的希望，是国家和民族的未来，确保儿童健康成长是全社会共同的责任。本案系广西壮族自治区首例由检察机关支持起诉的困境儿童指定监护人案件，审理法院从充分保护未成年人合法权益的角度出发，通过法律程序指定社会福利机构作为监护人，这是人民法院在家事审判改革中进行的有益探索和实践。该案判决依法保护了未成年人的合法权益，充分体现了司法的人文关怀。

关联参见

《民法典总则编解释》第9条、第10条

第三十二条　【公职监护人】没有依法具有监护资格的人的，

监护人由民政部门担任，也可以由具备履行监护职责条件的被监护人住所地的居民委员会、村民委员会担任。

条文解读

没有依法具有监护资格的人 “没有依法具有监护资格的人的”，主要指没有《民法典》第27条、第28条规定的具有监护资格的人的情况，即被监护人的父母死亡或者没有监护能力，也没有其他近亲属，或者其他近亲属都没有监护能力，而且还没有符合条件的其他愿意担任监护人的个人或者组织。如果存在具有监护资格的人，但其拒绝担任监护人的，不适用本条规定。

第三十三条 【意定监护】 具有完全民事行为能力的成年人，可以与其近亲属、其他愿意担任监护人的个人或者组织事先协商，以书面形式确定自己的监护人，在自己丧失或者部分丧失民事行为能力时，由该监护人履行监护职责。

条文解读

意定监护 意定监护是在监护领域对自愿原则的贯彻落实，是具有完全民事行为能力的成年人对自己将来的监护事务，按照自己的意愿事先所做的安排。依据本条规定，具有完全民事行为能力的成年人确定自己丧失或者部分丧失民事行为能力时的监护人，应当事先取得被选择方的认可，即经双方协商一致。意定监护对被监护人的权益影响很大，应以书面方式为宜，明确写明经双方认可的内容，对于其真实性、合法性加以保障，从根源上减少意定监护纠纷。

意定监护作为一种确定监护人的方式，是相对于法定监护来说的。意定监护是对成年人完全基于自己意愿选择监护人的尊重，自己意愿是起决定性的；而法定监护是基于法律规定的条件和程序确定监护人，《民法典》第27条至第32条对此作了规定。需要注意的是，意定监护不同于《民法典》第30条规定的协议确定监护人，后者仍然属于法定监护方式，协议的主体是具有监护资格的人。一般而言，意定监护优先于法定监护予以适用。法律设立意定监护制度即是要尊重成年人自己的意愿，当然具有优先适用的地位。只有在意定监护协议无效或者因各种原因，如协议确定的监护人丧失监护能力，监护协议无法履行的情况下，再适用法定监护。

关联参见

《老年人权益保障法》第26条；《民法典总则编解释》第11条

第三十四条　【监护职责及临时生活照料】 监护人的职责是代理被监护人实施民事法律行为，保护被监护人的人身权利、财产权利以及其他合法权益等。

监护人依法履行监护职责产生的权利，受法律保护。

监护人不履行监护职责或者侵害被监护人合法权益的，应当承担法律责任。

因发生突发事件等紧急情况，监护人暂时无法履行监护职责，被监护人的生活处于无人照料状态的，被监护人住所地的居民委员会、村民委员会或者民政部门应当为被监护人安排必要的临时生活照料措施。

条文解读

监护人的职责 ➲ 监护人保护被监护人的人身权利、财产权利以及其他合法权益的职责，主要包括：保护被监护人的身心健康，促进未成年人的健康成长，对成年被监护人也要积极促进其健康状况的恢复；照顾被监护人的生活；管理和保护被监护人的财产；对被监护人进行教育和必要的管理；在被监护人合法权益受到侵害或者与人发生争议时，代理其进行诉讼等。相关单行法也对监护人的监护职责作出较为具体的规定。例如，《未成年人保护法》专章对未成年人的父母或者其他监护人的监护职责作出具体规定。《精神卫生法》对精神障碍患者的监护人职责作出规定。

监护人因履行监护职责所产生的权利 ➲ 例如，监护人为保护被监护人的人身权益，享有医疗方案的同意权；监护人为了保护被监护人财产权益，享有财产的管理和支配权；被监护人合法权益受到侵害或者与人发生争议时，代理被监护人参加诉讼的权利等。监护人享有这些权利，是为履行监护职责所需要，目的还是保护被监护人的人身、财产权利及其他合法权益。监护人行使这些权利时，其他人不得侵害或者剥夺。相关单行法也对监护人因履行监护职责所产生的权利作出规定。《广告法》第33条规定，广告主或者广告经营者在广告中使用无民事行为能力人、限制民事行为能力人的名义或者形象的，应当事先取得其监护人的书面同意。《母婴保健法》第19条规定，依照规定施行终止妊娠或者结扎手术，本人无行为能力的，应当经其监护人同意，并签署意见。

监护人的责任 ➲ 监护人如果不履行监护职责或者侵害被监护人合法权益的，应当承担相应的责任，主要包括两个方面：一是对被监护人的侵权行为承担责任。二是监护人不履行监护职责或者侵害被监护人合法权益，造成被监护人人身、财产损害的，应当承担民事责任。

突发事件 ➲ "突发事件"，是指《突发事件应对法》中规定的突然发生，造成或者可能造成严重社会危害，需要采取应急处置措施予以应对的自然灾害、事故灾难、公共卫生事件和社会安全事件。需要注意的是，安排临时生活照料措施与民事监护中的临时监护制度不同。安排临时生活照料措施主要就是对被监护人进行生活照料，而临时监护除了照料生活之外，还有许多情况需要处理，可能包括一些涉及被监护人的权利义务的重大决定。

实务应用

14. 无民事行为能力人的监护人代其订立的遗赠扶养协议的效力如何？

遗赠扶养协议的本质是合同，应当有条件地认可无民事行为能力人的监护人代其订立的遗赠扶养协议的效力，若代为订立遗赠扶养协议的被监护人符合有一定财产，但缺乏劳动能力和生活来源又无法定扶养义务人的范围，且监护人代为订立遗赠扶养协议的过程中通知了其他法定继承人并征求其同意以及以书面形式订立的条件，遗赠扶养协议应认定为有效。①

关联参见

《未成年人保护法》第16条；《精神卫生法》第30条、第49条

第三十五条　【履行监护职责应遵循的原则】 监护人应当按照最有利于被监护人的原则履行监护职责。监护人除为维护被监护人利益外，不得处分被监护人的财产。

未成年人的监护人履行监护职责，在作出与被监护人利益有关的决定时，应当根据被监护人的年龄和智力状况，尊重被监护人的真实意愿。

成年人的监护人履行监护职责，应当最大程度地尊重被监护人的真实意愿，保障并协助被监护人实施与其智力、精神健康状况相适应的民事法律行为。对被监护人有能力独立处理的事务，监护人不得干涉。

---

① 参见姚卫民、尹灿：《张某根与张某娣等遗赠扶养协议纠纷上诉案》，载《人民司法·案例》2011年第14期。

条文解读

最有利于被监护人的原则 依据本条第 1 款规定，对未成年人和成年被监护人的监护，均要遵循最有利于被监护人的原则，即监护人在保护被监护人的人身权利、财产权利及其他合法权益的过程中，要综合各方面因素进行权衡，选择最有利于被监护人的方案，采取最有利于被监护人的措施，使被监护人的利益最大化。例如，监护人要选择最有利于成年被监护人健康状况恢复的治疗方案、护理措施等；在将被监护人自住以外的房产出租时，选择合适的承租人，以市场价确定租金，并且租金收益归被监护人所有，监护人不得据为己有。本款还规定，除为被监护人利益外，监护人不得处分被监护人的财产。对被监护人财产的处分，必须是为维护被监护人的利益，如为了被监护人的生活、教育等，并且也要符合最有利于被监护人的原则。

尊重未成年人意愿的原则 联合国《儿童权利公约》规定了对儿童自主意识的尊重。《儿童权利公约》第 12 条第 1 款规定："缔约国应确保有主见能力的儿童有权对影响到其本人的一切事项自由发表自己的意见，对儿童的意见应按照其年龄和成熟程度给以适当的看待。"《未成年人保护法》落实了《儿童权利公约》的这一原则。《未成年人保护法》第 19 条规定："未成年人的父母或者其他监护人应当根据未成年人的年龄和智力发展状况，在作出与未成年人权益有关的决定前，听取未成年人的意见，充分考虑其真实意愿。"本条第 2 款吸收了《儿童权利公约》和《未成年人保护法》规定的精神，将尊重未成年人的真实意愿作为监护人履行监护职责的基本原则之一。依据本款规定，未成年人的监护人在作出与未成年人的利益有关的决定时，应当征求未成年人的意见，在未成年人提出自己的意见后，再根据未成年人的年龄、社会经验、认知能力和判断能力等，探求、尊重被监护人的真实意愿。

最大程度地尊重成年被监护人意愿的原则 对成年被监护人的意愿，要做到"最大程度地"尊重。最大程度地尊重被监护人的真实意愿是成年人的监护人履行监护职责的基本原则，贯穿于履行监护职责的方方面面。如果某项民事法律行为，根据被监护人的智力、精神健康状况，被监护人可以独立实施，监护人不得代理实施，要创造条件保障、支持被监护人独立实施。监护人不得干涉被监护人有能力独立处理的事务，促进被监护人按照自己的意愿独立、正常生活。

实务应用

15. 使用未成年子女名下财产为其经营活动抵押担保，效力如何？

行为人作为未成年人子女法定监护人理应审慎、为未成年子女利益最大化而处分其名下财产，行为人使用未成年子女名下财产为经营活动进行抵押担保，不能认为系为未成年子女利益，处分无效。因此，债权人不得对相应未成年子女名下财产行使抵押权。①

关联参见

《未成年人保护法》第16条

第三十六条　【监护人资格的撤销】 监护人有下列情形之一的，人民法院根据有关个人或者组织的申请，撤销其监护人资格，安排必要的临时监护措施，并按照最有利于被监护人的原则依法指定监护人：

（一）实施严重损害被监护人身心健康的行为；

（二）怠于履行监护职责，或者无法履行监护职责且拒绝将监护职责部分或者全部委托给他人，导致被监护人处于危困状态；

（三）实施严重侵害被监护人合法权益的其他行为。

本条规定的有关个人、组织包括：其他依法具有监护资格的人，

---

① 参见杨帆、杨翼晖：《用未成年子女房产办理经营性贷款的抵押效力认定》，载《人民法院报》2017年8月2日，第7版。

居民委员会、村民委员会、学校、医疗机构、妇女联合会、残疾人联合会、未成年人保护组织、依法设立的老年人组织、民政部门等。

前款规定的个人和民政部门以外的组织未及时向人民法院申请撤销监护人资格的，民政部门应当向人民法院申请。

条文解读

撤销监护人资格诉讼 本条第 1 款规定了撤销监护人资格诉讼的适用情形。一是实施严重损害被监护人身心健康行为的，如性侵害、出卖、遗弃、虐待、暴力伤害被监护人等。二是怠于履行监护职责，或者无法履行监护职责并且拒绝将监护职责部分或者全部委托给他人，导致被监护人处于危困状态的。例如，父母有吸毒、赌博等恶习，怠于履行监护职责，导致儿童面临严重危险等；父母外出打工，也没有将监护职责委托给他人，留下年龄较小的儿童独自在家生活，处于危困状态等。三是兜底性规定，只要有严重侵害被监护人合法权益行为的，均可以撤销监护人资格。例如，教唆、利用未成年人实施违法犯罪行为等。

撤销监护人资格诉讼往往要持续一定的时间。在此期间内，如果被监护人的人身、财产等合法权益处于无人保护状态的，人民法院应当安排必要的临时监护措施。

申请撤销监护人资格的主体 第 2 款对有权向法院申请撤销监护人资格的主体作出规定。第 3 款对兜底性的申请主体作出规定。当第 2 款规定的个人和民政部门以外的组织因各种原因未及时向人民法院提出撤销监护人资格的申请，导致被监护人的合法权益无法得到保护，则民政部门应当承担起向法院申请撤销监护人资格的职责。要正确理解本款与第 2 款赋予民政部门申请主体资格的关系。民政部门只要发现具有严重侵害被监护人合法权益的情形，即可依据本条第 2 款规定，向法院申请撤销监护人资格，不需要等到其他个人或者组织都不向法院申请之后再行申请。如果其他个人或者组织都不向法院申请撤销监护人资格，此时，民政部门应当依照第 3 款规定，主动向法院提出申请。

案例指引

08. 监护人虐待被监护人的，能否撤销其监护人资格？[①]

被申请人林某，女，系福建省某县村民。林某于2004年生育小龙，因小龙的生父一直身份不明，故小龙自出生后一直随林某共同生活。林某曾有过三四次不成功的婚姻，生活中不但对小龙疏于管教，经常让小龙挨饿，而且多次殴打小龙，致使小龙后背满是伤疤。自2013年8月始，当地政府、妇联、村委会干部及派出所民警多次对林某进行批评教育，但林某仍拒不悔改。2014年5月29日凌晨，林某再次用菜刀划伤小龙的后背、双臂。同年6月13日，该村村民委员会以被申请人林某长期对小龙的虐待行为已严重影响小龙的身心健康为由，向法院提出请求依法撤销林某对小龙监护人资格的申请。审理期间，法院征求小龙的意见，其表示不愿意随其母林某共同生活。

法院经审理认为，监护人应当履行监护职责，保护被监护人的身体健康、照顾被监护人的生活，对被监护人进行管理和教育，履行相应的监护职责。被申请人林某作为小龙的监护人，采取打骂等手段对小龙长期虐待，经有关单位教育后仍拒不悔改，继续对小龙实施虐待，其行为已经严重损害小龙的身心健康，故不宜再担任小龙的监护人。依法撤销林某对小龙的监护人资格，并依法指定该村民委员会担任小龙的监护人。

本案受理后，该县人民法院主动探索由村民委员会作为申请主体申请撤销监护失当未成年人的监护权转移工作，并根据法律的有关规定，在没有其他近亲属和朋友可以担任监护人的情况下，按照最有利于被监护人成长的原则，指定当地村民委员会担任小龙的监护人，通过充分发挥审判职能作用向社会表达一种对未成年人关爱的新视角。宣判后，该院还主动与市、县有关部门积极沟通，对小龙做了及时妥善安置，切实

---

① 参见《保护未成年人权益十大优秀案例》(2019年5月31日发布)，林某虐待子女被撤销监护人资格案，载最高人民法院网 https://www.court.gov.cn/zixun-xiangqing-161502.html，最后访问日期：2023年2月20日。

维护未成年人的合法权益。

最高人民法院、最高人民检察院、公安部、民政部于2014年12月18日联合发布了《关于依法处理监护人侵害未成年人权益行为若干问题的意见》(以下简称《意见》)，对各级人民法院处理监护权撤销案件的相关问题作了较为明确的规定。该《意见》颁布之前，我国关于监护权撤销制度的规定较为笼统模糊。本案在《意见》出台之前即作出了撤销监护人资格的判决，是开我国撤销监护权之先例，直接推动了《意见》的颁布，为《意见》中有关有权申请撤销监护人资格的主体及撤销后的安置问题等规定的出台，贡献了实践经验。本案例于2015年被全国妇联评为首届全国维护妇女儿童权益十大案例。

09. 离婚后，有抚养权一方怠于履行对子女的抚养义务，另一方能否诉请变更抚养关系？①

原告人江某与被告人钟某于2009年3月10日登记结婚，婚后育有一子，取名江某俊。2011年9月20日，双方因感情不和，经法院调解协议离婚，约定儿子江某俊由母亲钟某抚养，江某每月支付抚养费600元，直到孩子独立生活为止。

离婚后，钟某将婚姻的不幸转嫁到孩子身上，以种种理由拒绝让父子相见。更为严重的是，钟某无工作，租住在廉租房内靠亲人接济为生，常年闭门不出，也不让江某俊上学读书。江某曾于2015年6月8日向法院起诉要求变更抚养权，后撤回起诉。为了孩子的成长，2016年10月11日江某再次向法院提起诉讼要求变更江某俊抚养关系，后经法院主持调解，江某与钟某达成和解协议，江某俊抚养权依然归钟某，江某俊的生活、教育所需费用均由江某承担。江某按约履行了调解书约定的义务，但是钟某拒不履行调解书约定义务。江某俊年满8周岁，已

---

① 参见《保护未成年人权益十大优秀案例》(2019年5月31日发布)，江某诉钟某变更抚养关系案，载最高人民法院网 https://www.court.gov.cn/zixun-xiangqing-161502.html，最后访问日期：2023年2月20日。

达到适学年龄，经法院多次执行，钟某仍拒绝送孩子上学，严重影响了孩子的健康成长，而江某俊爷爷奶奶为了孩子上学，频繁越级上访，导致矛盾激化。

2018 年 3 月，原告江某再次向法院起诉，要求变更儿子抚养关系。为了化解矛盾，法院联合该市未成年保护办公室，妇联、团委、家调委、社区、教育等部门工作人员积极配合，多次上门调解，钟某仍拒绝送孩子上学。经与孩子沟通，孩子表示愿意上学读书，未成年保护办公室和市妇联联合取证，并作为未成年保护组织出庭支持诉讼。

法院经审理认为，适龄儿童接受义务教育是家长的义务，根据市团委、妇联作为未成年人保护组织为江某俊调取的大量证据材料，证明钟某作为法定监护人，剥夺江某俊的受教育权，严重影响了孩子的身心健康发展，侵犯了未成年人的合法权益。为保护江某俊的受教育权，保障其健康成长，法院在事实证据充分的情况下，依法变更江某俊的抚养关系。

父母或者其他监护人应当尊重未成年人受教育的权利，必须使适龄未成年人依法入学接受并完成义务教育，不得使接受义务教育的未成年人辍学。与子女共同生活的一方不尽抚养义务，另一方要求变更子女抚养关系的，人民法院应予支持。本案中，江某俊随钟某生活期间，钟某不履行监护义务，拒绝送江某俊上学，不让孩子接受义务教育，严重侵犯了孩子受教育权利。钟某无工作，无住房，无经济来源，无法保障孩子生活、学习所需，且侵犯孩子受教育权，本着儿童利益最大化原则，法官判决支持江某变更抚养关系的诉求。

子女的成长是一个长期的动态过程，随着时间的推移，离婚时协商或判决所依据的父母双方的抚养能力和抚养条件可能会在子女成长过程中产生很大的变化，所以法律出于保证子女的健康成长考虑，允许离婚夫妇以协议或诉讼的方式变更与子女的抚养关系。在抚养的过程中，不光要给予生活保障，学习教育权利更应当保障，如果一方怠于履行义务，人民法院将依法进行抚养关系变更。

10. 监护人怠于履行监护职责，能否撤销其监护资格？[①]

被申请人罗某系吴某1（11岁）、吴某2（10岁）、吴某3（8岁）三姐弟的生母。罗某自三子女婴幼时期起既未履行抚养教育义务，又未支付抚养费用，不履行监护职责，且与他人另组建家庭并生育子女。罗某在知道三个孩子的父亲、祖父均去世，家中无其他近亲属照料、抚养孩子的情况下，仍不管不问，拒不履行监护职责达6年以上，导致三子女生活处于极其危困状态。为保障三姐弟的合法权益，乐平市民政局向人民法院申请撤销罗某对三姐弟的监护人资格，并指定该民政局为三姐弟的监护人。

生效裁判认为，被申请人罗某作为被监护人吴某1、吴某2、吴某3的生母及法定监护人，在三名被监护人年幼时离家出走，六年期间未履行对子女的抚养、照顾、教育等义务；在被监护人父亲去世，三名被监护人处于无人照看、生活危困的状况下，被申请人知情后仍怠于履行监护职责，导致三名未成年人流离失所，其行为已严重侵害了三名被监护人的合法权益。监护人怠于履行监护职责导致被监护人处于危困状态，人民法院根据乐平市民政局的申请，依法撤销了罗某的监护人资格。被监护人的祖父过世，祖母情况不明，外祖父母远在贵州且从未与三名被监护人共同生活，上述顺位亲属均不能或者不适合担任吴某1、吴某2、吴某3的监护人。考虑到现在的临时照料家庭能够为孩子们提供良好的成长环境和安定的生活保障，经人民法院与乐平市民政局沟通后，明确三名被监护人由乐平市民政局监护，便于其通过相应法定程序与“临时家庭”完善收养手续，将临时照料人转变为合法收养人，与三姐弟建立起完整的亲权法律关系。如此，三姐弟能获得良好的教育、感受家庭的温暖，三个临时照料家庭的父母也能享天伦之乐。故判决自2022年5月27日起，吴某1、吴某2、吴某3的监护人由乐平市民政局担任。

---

① 参见《人民法院贯彻实施民法典典型案例（第二批）》（2023年1月12日发布），乐平市民政局申请撤销罗某监护人资格案，载最高人民法院网 https://www.court.gov.cn/zixun-xiangqing-386521.html，最后访问日期：2023年2月20日。

未成年人是祖国的未来和民族的希望，进一步加强未成年人司法保护是新时代对人民法院工作提出的更高要求。本案是人民法院准确适用民法典关于监护制度的规定，并主动延伸司法职能，与有关部门合力守护未成年人健康成长的典型案例。本案中，人民法院根据案件具体情况依法撤销了原监护人的监护人资格，指定民政部门作为监护人，同时向民政部门发出司法建议书，协助其更好地履行监护职责，为被监护人的临时生活照料、确定收养关系、完善收养手续以及后续的生活教育提供司法服务。

11. 未成年人被生父母遗弃后，儿童福利院能否担任其监护人？①

2021 年 3 月 14 日 3 时许，张某柔在吉林省梅河口市某烧烤店内生育一女婴（非婚生，暂无法确认生父），随后将女婴遗弃在梅河口市某村露天垃圾箱内。当日 9 时 30 分许，女婴被群众发现并报案，梅河口市公安局民警将女婴送至医院抢救治疗。2021 年 3 月 21 日，女婴出院并被梅河口市儿童福利院抚养至今，取名“党心”（化名）。张某柔因犯遗弃罪，被判刑。目前，张某柔仍不履行抚养义务，其近亲属亦无抚养意愿。梅河口市儿童福利院申请撤销张某柔监护人资格，并申请由该福利院作为党心的监护人。梅河口市人民检察院出庭支持梅河口市儿童福利院的申请。

生效裁判认为，父母是未成年子女的法定监护人，有保护被监护人的身体健康、照顾被监护人的生活、管理和保护被监护人的财产等义务。张某柔的遗弃行为严重损害了被监护人的身心健康和合法权益，依照《民法典》第 36 条规定，其监护人资格应当予以撤销。梅河口市儿童福利院作为为全市孤儿和残疾儿童提供社会服务的机构，能够解决党心的教育、医疗、心理疏导等一系列问题。从对未成年人特殊、优先保

---

① 参见《人民法院贯彻实施民法典典型案例（第一批）》（2022 年 2 月 25 日发布），梅河口市儿童福利院与张某柔申请撤销监护人资格案，载最高人民法院网 https://www.court.gov.cn/zixun-xiangqing-347181.html，最后访问日期：2023 年 2 月 20 日。

护原则和未成年人最大利益原则出发，由梅河口市儿童福利院作为党心的监护人，更有利于保护其生活、受教育、医疗保障等权利，故指定梅河口市儿童福利院为党心的监护人。

本案是适用民法典相关规定，依法撤销监护人资格的典型案例。民法典扩大了监护人的范围，进一步严格了监护责任，对撤销监护人资格的情形作出了明确规定。本案中，未成年人生母构成遗弃罪，为切实保护未成年人合法权益，梅河口市儿童福利院申请撤销监护人资格并申请指定其作为监护人。人民法院依法判决支持其申请，彰显了司法的态度和温度。

关联参见

《反家庭暴力法》第21条；《未成年人保护法》第94条、第108条

第三十七条　【监护人资格撤销后的义务】 依法负担被监护人抚养费、赡养费、扶养费的父母、子女、配偶等，被人民法院撤销监护人资格后，应当继续履行负担的义务。

条文解读

监护人资格撤销后的义务 实践中，监护人往往由父母、子女、配偶等法定扶养义务人担任。监护人被撤销监护人资格后，就不能再继续履行监护职责。但法定扶养义务是基于血缘、婚姻等关系确立的法律义务，该义务不因监护人资格的撤销而免除。

依据本条规定，在具有法定扶养义务的人担任监护人的情况下，监护人资格被撤销，不再担任监护人后，具有法定扶养义务的人，如配偶、父母、子女等，仍应继续负担抚养费、赡养费、扶养费。《未成年人保护法》《反家庭暴力法》已经针对各自的领域作出了相同规定。《未成年人保护法》第108条规定："未成年人的父母或者其他监护人不依法履行监护职责或者严重侵犯被监护的未成年人合法权益的，人民法

院可以根据有关人员或者单位的申请，依法作出人身安全保护令或者撤销监护人资格。被撤销监护人资格的父母或者其他监护人应当依法继续负担抚养费用。”《反家庭暴力法》第 21 条规定：“监护人实施家庭暴力严重侵害被监护人合法权益的，人民法院可以根据被监护人的近亲属、居民委员会、村民委员会、县级人民政府民政部门等有关人员或者单位的申请，依法撤销其监护人资格，另行指定监护人。被撤销监护人资格的加害人，应当继续负担相应的赡养、扶养、抚养费用。”与《未成年人保护法》《反家庭暴力法》的规定相比，本条属于一般性规定，适用于所有具有法定扶养义务的人被撤销监护人资格的情形。只要具有法定扶养义务的人因严重侵害被监护人合法权益被撤销监护人资格的，均应继续履行负担抚养费、赡养费、扶养费的义务。

实务应用

16. 我国婚姻家庭法确立的法定扶养义务主要包括哪几类？

一是父母、子女之间的抚养、赡养义务。《民法典》第 1067 条规定：“父母不履行抚养义务的，未成年子女或者不能独立生活的成年子女，有要求父母给付抚养费的权利。成年子女不履行赡养义务的，缺乏劳动能力或者生活困难的父母，有要求成年子女给付赡养费的权利。”

二是夫妻之间的扶养义务。《民法典》第 1059 条规定：“夫妻有相互扶养的义务。需要扶养的一方，在另一方不履行扶养义务时，有要求其给付扶养费的权利。”

三是祖父母、外祖父母与孙子女、外孙子女之间的抚养、赡养义务。《民法典》第 1074 条规定：“有负担能力的祖父母、外祖父母，对于父母已经死亡或者父母无力抚养的未成年孙子女、外孙子女，有抚养的义务。有负担能力的孙子女、外孙子女，对于子女已经死亡或者子女无力赡养的祖父母、外祖父母，有赡养的义务。”

四是兄、姐与弟、妹之间的扶养义务。《民法典》第 1075 条规定：“有负担能力的兄、姐，对于父母已经死亡或者父母无力抚养的未成年弟、妹，有扶养的义务。由兄、姐扶养长大的有负担能力的弟、妹，对于缺乏劳动能力又缺乏生活来源的兄、姐，有扶养的义务。”

第三十八条　【监护人资格的恢复】被监护人的父母或者子女被人民法院撤销监护人资格后，除对被监护人实施故意犯罪的外，确有悔改表现的，经其申请，人民法院可以在尊重被监护人真实意愿的前提下，视情况恢复其监护人资格，人民法院指定的监护人与被监护人的监护关系同时终止。

条文解读

监护人资格的恢复➔ 依据本条规定，恢复监护人资格必须向法院申请，由人民法院决定是否予以恢复。父母与子女是最近的直系亲属关系，本条适用的对象仅限于被监护人的父母或者子女，其他个人或者组织的监护人资格一旦被撤销，即不再恢复。被监护人的父母或者子女被撤销监护人资格后，再恢复监护人资格还需要满足以下几个条件：一是没有对被监护人实施故意犯罪的情形，如对被监护人实施性侵害、虐待、遗弃被监护人等构成刑事犯罪的，不得恢复监护人资格。但对因过失犯罪，如因过失导致被监护人受到伤害等被撤销监护人资格的，则可以根据具体情况来判断是否恢复监护人资格。二是确有悔改表现，即被监护人的父母或者子女不但要有悔改的意愿，还要有实际的悔改表现，这需要由人民法院根据具体情形予以判断。三是要尊重被监护人的真实意愿，如果被监护人不愿意由父母或者子女继续担任监护人的，则不得恢复监护人资格。四是即使符合以上条件，法院也还需要综合考虑各方面情况，从有利于被监护人权益保护的角度，决定是否恢复监护人资格。

第三十九条　【监护关系的终止】有下列情形之一的，监护关系终止：

（一）被监护人取得或者恢复完全民事行为能力；

（二）监护人丧失监护能力；

（三）被监护人或者监护人死亡；

（四）人民法院认定监护关系终止的其他情形。

监护关系终止后，被监护人仍然需要监护的，应当依法另行确定监护人。

实务应用

17. 监护法律关系消灭，有什么法律后果？

监护法律关系消灭，发生的法律后果是：（1）被监护人脱离监护，即为完全民事行为能力人，可以独立行使民事权利，独立承担民事义务，人身、财产权益均由自己维护，民事行为的实施亦独立为之。（2）在财产上，监护关系的消灭引起财产的清算和归还。在监护法律关系相对消灭，即监护关系终止后，被监护人仍然需要监护的，实际上是监护关系的变更，应当依照法律规定另行确定监护人。

关联参见

《民法典总则编解释》第 12 条、第 13 条

第三节　宣告失踪和宣告死亡

第四十条　【宣告失踪】自然人下落不明满二年的，利害关系人可以向人民法院申请宣告该自然人为失踪人。

条文解读

宣告失踪 ➜ 宣告失踪是指自然人下落不明达到法定的期限，经利害关系人申请，人民法院依照法定程序宣告其为失踪人的一项制度。本条规定的宣告失踪的条件包含三个层次：

第一，自然人下落不明满 2 年。所谓下落不明，是指自然人持续不

间断没有音讯的状态。

第二，利害关系人向人民法院申请。对于可以向人民法院提出申请的“利害关系人”包括哪些人，《民法典总则编解释》第14条规定：“人民法院审理宣告失踪案件时，下列人员应当认定为民法典第四十条规定的利害关系人：（一）被申请人的近亲属；（二）依据民法典第一千一百二十八条、第一千一百二十九条规定对被申请人有继承权的亲属；（三）债权人、债务人、合伙人等与被申请人有民事权利义务关系的民事主体，但是不申请宣告失踪不影响其权利行使、义务履行的除外。”《民事诉讼法》第190条规定：“公民下落不明满二年，利害关系人申请宣告其失踪的，向下落不明人住所地基层人民法院提出。申请书应当写明失踪的事实、时间和请求，并附有公安机关或者其他有关机关关于该公民下落不明的书面证明。”

第三，由人民法院依据法定程序进行宣告。宣告失踪在法律效果上对自然人的财产利益产生重大影响，必须由司法机关经过严格程序来作出。因此，宣告失踪只能由人民法院作出，其他任何机关和个人无权作出宣告失踪的决定。依照《民事诉讼法》的规定，人民法院审理宣告失踪案件，适用特别程序。依照《民事诉讼法》第192条的规定，人民法院受理宣告失踪案件后，应当发出寻找下落不明人的公告。宣告失踪的公告期间为3个月。公告期间届满，人民法院应当根据被宣告失踪、宣告死亡的事实是否得到确认，作出宣告失踪、宣告死亡的判决或者驳回申请的判决。

关联参见

《民事诉讼法》第190条、第192条；《最高人民法院关于适用〈中华人民共和国民事诉讼法〉的解释》第347条；《民法典总则编解释》第14条

第四十一条　【下落不明的起算时间】自然人下落不明的时

间自其失去音讯之日起计算。战争期间下落不明的，下落不明的时间自战争结束之日或者有关机关确定的下落不明之日起计算。

条文解读

下落不明的起算时间 ➲ 宣告自然人失踪，最重要的条件就是达到法定的下落不明的时间要求。下落不明的起算时间，为其失去音讯之日，也是最后获得该自然人音讯之日。本条规定中的“自然人下落不明的时间自其失去音讯之日起计算”，失去音讯之日作为起算日不算入，从下一日开始计算。

需要说明的是，本条关于下落不明的时间如何计算的规定，虽然在宣告失踪条件的规定之后，但不仅适用于宣告失踪的情形，也适用于宣告死亡的情形。

第四十二条 【财产代管人】 失踪人的财产由其配偶、成年子女、父母或者其他愿意担任财产代管人的人代管。

代管有争议，没有前款规定的人，或者前款规定的人无代管能力的，由人民法院指定的人代管。

条文解读

其他愿意担任财产代管人的人 ➲ 本条规定的“其他愿意担任财产代管人的人”，既包括其他亲属、朋友，也包括有关组织。

实务应用

18. 宣告失踪与宣告死亡的区别是什么？

宣告失踪与宣告死亡不同，自然人被宣告为失踪人后，其民事主体资格仍然存在，尚存在返回的可能，并不产生婚姻关系解除和继承开始等法律后果。法律设立宣告失踪制度，主要目的就是结束失踪人财产无人管理以及其应当履行的义务不能得到及时履行的不确定状态，这既是对失踪人利益的保护，也是对失踪人的债权人等利害关系人合法权益的保护。

关联参见

《最高人民法院关于适用〈中华人民共和国民事诉讼法〉的解释》第342条

第四十三条　【财产代管人的职责】财产代管人应当妥善管理失踪人的财产，维护其财产权益。

失踪人所欠税款、债务和应付的其他费用，由财产代管人从失踪人的财产中支付。

财产代管人因故意或者重大过失造成失踪人财产损失的，应当承担赔偿责任。

条文解读

财产代管人制度 ➜ 法律规定财产代管人制度的目的之一就是保护失踪人在下落不明状态下的财产权益，因此财产代管人应当妥善保管失踪人的财产，维护失踪人的财产利益。财产代管人负有像对待自己事务一样的注意义务，来管理失踪人的财产，既包括对失踪人财产的保管，也包括作为代理人收取失踪人的到期债权。与其他有偿的法律关系不同，财产代管人管理失踪人的财产并非合同约定的，而是直接来自法律的规定，代管财产的目的也不是从中获利，该种管理财产的行为通常是无偿的。因此，本条对此规定得也较为原则，财产代管人管理失踪人的财产，只要尽到善良管理人的义务，即能够像管理自己的事务一样管理失踪人的财产，就满足了法律规定的要求。

关联参见

《民事诉讼法》第192条；《民法典总则编解释》第15条

第四十四条　【财产代管人的变更】财产代管人不履行代管职责、侵害失踪人财产权益或者丧失代管能力的，失踪人的利害关系人可以向人民法院申请变更财产代管人。

财产代管人有正当理由的，可以向人民法院申请变更财产代管人。

人民法院变更财产代管人的，变更后的财产代管人有权请求原财产代管人及时移交有关财产并报告财产代管情况。

条文解读

财产代管人的变更➲依照本条第1款的规定，如果出现财产代管人不履行代管职责、侵害失踪人财产权益或者丧失代管能力等事由，表明该财产代管人已经不再适格，则失踪人的利害关系人就可以向人民法院申请变更财产代管人。财产代管人不履行职责，既可以表现为不行使失踪人权利，比如不收取失踪人债权，也可以表现为不履行失踪人应当履行的义务，比如清偿债务、缴纳税款等。侵害失踪人财产权益，可以表现为不当处分失踪人的财产，滥用代管权对失踪人的财产挥霍浪费，与他人恶意串通侵夺失踪人的财产等。财产代管人丧失了代管能力，可以表现为财产代管人丧失了行为能力。出现上述情形，明显对失踪人不利，甚至会严重侵害失踪人的财产利益。因此，本条规定这些情况下失踪人的利害关系人可以向人民法院申请变更财产代管人。这里的利害关系人既包括失踪人的近亲属，也包括其他利害关系人，如失踪人的债权人。

《最高人民法院关于适用〈中华人民共和国民事诉讼法〉的解释》第342条规定："失踪人的财产代管人经人民法院指定后，代管人申请变更代管的，比照民事诉讼法特别程序的有关规定进行审理。申请理由成立的，裁定撤销申请人的代管人身份，同时另行指定财产代管人；申请理由不成立的，裁定驳回申请。失踪人的其他利害关系人申请变更代管的，人民法院应当告知其以原指定的代管人为被告起诉，并按普通程序进行审理。"

第四十五条　【失踪宣告的撤销】失踪人重新出现，经本人或者利害关系人申请，人民法院应当撤销失踪宣告。

失踪人重新出现，有权请求财产代管人及时移交有关财产并报告财产代管情况。

条文解读

失踪宣告的撤销 ➔ 本条第1款规定的是失踪宣告撤销的条件。一是失踪人重新出现。自然人因失去音讯下落不明而被宣告失踪，失踪宣告的撤销自然就要以这种状态的消除为条件。这里失踪人重新出现的含义，即是重新得到了失踪人的音讯，从而消除了其下落不明的状态。二是经本人或者利害关系人申请。这里利害关系人的范围应当与申请宣告失踪的利害关系人范围一致，包括被申请宣告失踪人的配偶、父母、子女、兄弟姐妹、祖父母、外祖父母、孙子女、外孙子女以及其他与失踪人有民事权利义务关系的人。应当向下落不明人住所地基层人民法院提出申请。三是撤销失踪宣告应当由人民法院作出。自然人失踪只能由人民法院依据法定程序进行宣告，因此，该宣告的撤销也应当由人民法院通过法定程序来作出。

失踪人重新出现后的法律效果 ➔ 宣告失踪一经撤销，原被宣告失踪的自然人本人就应当恢复对自己财产的控制，财产代管人的代管职责应当相应结束，即停止代管行为，移交代管的财产并向本人报告代管情况。只要代管人非出于恶意，其在代管期间支付的各种合理费用，失踪人不得要求代管人返还。

关联参见

《民事诉讼法》第193条

第四十六条　【宣告死亡】自然人有下列情形之一的，利害关系人可以向人民法院申请宣告该自然人死亡：

（一）下落不明满四年；

（二）因意外事件，下落不明满二年。

因意外事件下落不明，经有关机关证明该自然人不可能生存的，申请宣告死亡不受二年时间的限制。

条文解读

宣告死亡 宣告死亡是自然人下落不明达到法定期限，经利害关系人申请，人民法院经过法定程序在法律上推定失踪人死亡的一项民事制度。宣告自然人死亡，是对自然人死亡的法律上的推定，这种推定将产生与生理死亡基本一样的法律效果，因此，宣告死亡必须具备法律规定的条件：

第一，自然人下落不明的时间要达到法定的长度。一般情况下，下落不明的时间要满 4 年。如果是因意外事件而下落不明，下落不明的时间要满 2 年。从法律规定可以看出，宣告死亡需要满足的下落不明时间长度要求高于宣告失踪时的要求，因为在宣告失踪的情况下，只产生失踪人的财产代管以及实现债权、偿还债务等法律后果，但宣告死亡以后，还会发生继承的开始、身份关系解除等情形。因此宣告死亡的条件应当比宣告失踪严格，下落不明的时间应当比宣告失踪时所要求的时间长。依照本条第 1 款第 2 项的规定，自然人因意外事件下落不明满 2 年的，利害关系人可以向人民法院申请宣告该自然人死亡。自然人因意外事件下落不明，其生存的可能性明显小于一般情况下的下落不明，因此这种情况下宣告死亡，法律要求的下落不明时间长度应当短于一般情况下的宣告死亡。本条第 2 款是对第 1 款第 2 项的补充规定。依照这一规定，对于因意外事件下落不明的自然人，如果与该意外事件有关的机关证明该自然人不可能生存的，利害关系人就可以据此申请宣告该自然人死亡，而不必等到下落不明满 2 年。

第二，必须由利害关系人提出申请。此处所说的利害关系人，是与被宣告人是生存还是死亡的法律后果有利害关系的人，被宣告人的配偶、父母、子女，以及依据《民法典》第 1129 条规定对被申请人有继承权的亲属应当认定为利害关系人。申请宣告死亡的利害关系人没有顺序要求。依照《民事诉讼法》第 191 条的规定，利害关系人申请宣告其死亡的，向下落不明人住所地基层人民法院提出。申请书应当写明下落不明的事实、时间和请求，并附有公安机关或者其他有关机关关于该公民下落不明的书面证明。

第三，只能由人民法院经过法定程序，宣告自然人死亡。依照民事诉讼法的规定，人民法院审理宣告死亡案件，适用民事诉讼法关于特别程序的规定。人民法院受理宣告死亡案件后，应当发出寻找下落不明人的公告，公告期间为 1 年。因意外事故下落不明，经有关机关证明该公民不可能生存的，宣告死亡的公告期间为 3 个月。公告期间届满，人民法院应当根据被宣告死亡的事实是否得到确认，作出宣告死亡的判决或者驳回申请的判决。

关联参见

《民事诉讼法》第 191 条、第 192 条；《民法典总则编解释》第 16 条、第 17 条

第四十七条　【宣告失踪与宣告死亡申请的竞合】对同一自然人，有的利害关系人申请宣告死亡，有的利害关系人申请宣告失踪，符合本法规定的宣告死亡条件的，人民法院应当宣告死亡。

条文解读

宣告死亡和宣告失踪都是基于自然人下落不明，为了维护社会经济关系的稳定而设立的法律制度，二者都以被宣告人下落不明达到一段法定期间为前提，都需要利害关系人提出宣告申请，并且都由人民法院作出宣告的判决。但是，宣告死亡与宣告失踪在法律后果上又存在明显差异。一般来说，宣告死亡与自然死亡的法律效力相同，不但影响被宣告

人财产的处分，也影响与其相关的身份关系，如夫妻关系与父母子女关系，同时，其遗产继承开始，其遗嘱也发生效力。宣告失踪的法律后果是为其设定财产代管人，只发生财产方面的影响而不会影响到身份关系的变化。最高人民法院司法解释的精神，多年来为各方普遍接受，即宣告死亡并不以宣告失踪为前提。

第四十八条　【死亡日期的确定】被宣告死亡的人，人民法院宣告死亡的判决作出之日视为其死亡的日期；因意外事件下落不明宣告死亡的，意外事件发生之日视为其死亡的日期。

条文解读

宣告死亡是人民法院经利害关系人的申请，按照法定程序推定下落不明的公民死亡的法律制度。这种推定的一项重要内容，就是推定被宣告死亡人死亡的时间。一般来说，宣告死亡与自然死亡的法律效力相同，如何推定被宣告死亡的自然人的死亡时间涉及继承的开始、身份关系解除等，比如遗产的具体范围、继承人的具体范围、遗嘱效力之发生时间以及代位继承是否发生等遗产继承有关重大事项，具有重要的法律意义，法律应当对此作出规定。

实务应用

19. 宣告死亡的情况下，工伤核算计发基数的起算时间如何确定？

根据《民法典》第48条的规定，被宣告死亡的人，人民法院宣告死亡的判决作出之日视为其死亡的日期。法院作出判决的时间应为被宣告死亡人的工亡时间。因此，工伤核算计发基数的起算时间应按照被宣告死亡的时间计算，而非根据失踪时间的上年度职工月平均工资为标准核发一次性工亡补助金及丧葬补助金。

第四十九条　【被宣告死亡人实际生存时的行为效力】自然

人被宣告死亡但是并未死亡的，不影响该自然人在被宣告死亡期间实施的民事法律行为的效力。

条文解读

自然人被宣告死亡从本质上讲是一种拟制的死亡，有可能本人并没有自然死亡或者说并没有真正死亡。这个被宣告死亡但并未真正死亡的自然人，可能在被宣告死亡期间还在从事民事活动，包括吃穿住行等各种活动。如果因为他已经被宣告死亡了，就不承认他所从事的民事法律行为的效力，无疑是不合情理的，也不利于维护交易安全和社会经济秩序。因此，本条规定，自然人被宣告死亡但是并未死亡的，不影响该自然人在被宣告死亡期间实施的民事法律行为的效力。

如果并未死亡的自然人从事的民事活动与被宣告死亡的法律后果不相关联，则一般不会产生法律问题。比如，自然人被宣告死亡，其财产被依法继承，而该自然人并未死亡，生活在别处，购买食物，租住房屋，这些法律关系互不相干，皆属有效。但也有可能发生的情况是产生了冲突，相互抵触。比如，在并未死亡的自然人被宣告死亡期间，其配偶和本人都将同一房屋或者其他财产出卖。鉴于对此问题争议较大，本条对此未作具体规定，留待司法实践继续总结经验。

第五十条　【死亡宣告的撤销】被宣告死亡的人重新出现，经本人或者利害关系人申请，人民法院应当撤销死亡宣告。

条文解读

死亡宣告的撤销《民事诉讼法》第193条规定，被宣告失踪、宣告死亡的公民重新出现，经本人或者利害关系人申请，人民法院应当作出新判决，撤销原判决。宣告死亡是人民法院经过法定程序作出的，具有宣示性和公信力，产生相应的法律后果。即使被宣告人事实上没有死亡，也不能在重新出现后使得与其相关的民事法律关系当然地回复到原来的状态，而必须经本人或者利害关系人申请，同样由人民法院通过法定程序，作出新判决，撤销原判决。

实务应用

20. 宣告死亡应否得到保险理赔？

保险包括财产保险和人身保险；其中人身保险是指以生命及身体机能为保险标的的保险，分为人寿保险、伤害保险和健康保险。伤害保险是指当被保险人遭受意外事故致残或死亡时，保险人向被保险人或其受益人给付保险金的保险。一般情况下，被宣告死亡与自然死亡产生相同的法律后果。若保险条款明确约定保险公司不负保险责任的情形中并不包括宣告死亡，此时保险人应对宣告死亡情形承担理赔责任。①

关联参见

《民事诉讼法》第193条

第五十一条　【宣告死亡及其撤销后婚姻关系的效力】被宣告死亡的人的婚姻关系，自死亡宣告之日起消除。死亡宣告被撤销的，婚姻关系自撤销死亡宣告之日起自行恢复。但是，其配偶再婚或者向婚姻登记机关书面声明不愿意恢复的除外。

条文解读

死亡宣告被撤销后，对当事人婚姻关系发生的法律效果是：（1）被宣告死亡的自然人的配偶没有再婚的，死亡宣告被撤销后，原来的婚姻关系可以自行恢复，仍与原配偶为夫妻关系，不必再进行结婚登记；（2）其配偶向婚姻登记机关书面声明不愿意与被宣告死亡的配偶恢复

---

① 参见杜月秋，孙政编著：《民法典总则编及司法解释对照解读与实务问答》，中国法制出版社2022年版，第124页。

婚姻关系的，则不能自行恢复夫妻关系；（3）被宣告死亡的自然人的配偶已经再婚，即使再婚后又离婚或再婚后新配偶已经死亡的，也不得因为撤销死亡宣告而自动恢复原来的婚姻关系。

第五十二条　【死亡宣告撤销后子女被收养的效力】 被宣告死亡的人在被宣告死亡期间，其子女被他人依法收养的，在死亡宣告被撤销后，不得以未经本人同意为由主张收养行为无效。

第五十三条　【死亡宣告撤销后的财产返还与赔偿责任】 被撤销死亡宣告的人有权请求依照本法第六编取得其财产的民事主体返还财产；无法返还的，应当给予适当补偿。

利害关系人隐瞒真实情况，致使他人被宣告死亡而取得其财产的，除应当返还财产外，还应当对由此造成的损失承担赔偿责任。

第四节　个体工商户和农村承包经营户

第五十四条　【个体工商户】 自然人从事工商业经营，经依法登记，为个体工商户。个体工商户可以起字号。

条文解读

个体工商户 ➔ 个体工商户并非一类独立的民事主体，而是包含在自然人这种民事主体中。根据我国法律和政策规定，个体工商户享有合法财产权，以及依据法律和合同享有各种债权。个体工商户依法享有工商经营权，在法律规定和核准登记的经营范围内，充分享有自主经营权利，并经批准可以起字号、刻图章、在银行开立账户，以便开展正常的经营活动。个体工商户有个人经营、家庭经营与个人合伙经营三种组织形式。

起字号的个体工商户，在民事诉讼中，应以营业执照登记的户主（业主）为诉讼当事人，在诉讼文书中注明系某字号的户主。

个体工商户可以使用名称，也可以不使用名称。个体工商户决定使用名称的，应当向登记机关提出申请，经核准登记后方可使用。一户个体工商户只能使用一个名称。

个体工商户名称由行政区划、字号、行业、组织形式依次组成。个体工商户名称中的行政区划是指个体工商户所在县（市）和市辖区名称。行政区划之后可以缀以个体工商户经营场所所在地的乡镇、街道或者村庄、社区、市场名称。

经营者姓名可以作为个体工商户名称中的字号使用。个体工商户名称中的行业应当反映其主要经营活动内容或者经营特点。个体工商户名称组织形式可以选用“厂”“店”“馆”“部”“行”“中心”等字样，但不得使用“企业”“公司”和“农民专业合作社”字样。

实务应用

21. 个体工商户与法人和非法人组织的最大区别是什么？

个体工商户与法人和非法人组织的最大区别就是不具有组织性：(1) 个体工商户没有“设立”过程，不存在“出资”行为，法律也不要求个体工商户一定要具有“字号”或“名称”。(2) 个体工商户经登记机关登记的经营场所只能为一处，不得设立分支机构。(3) 个体工商户的经营形式仅包括个人经营和家庭经营，进行工商业经营的自然人本身须参与具体经营活动；在家庭经营的情况下，“家庭”不作为进行经营活动的“组织”出现。(4) 个体工商户缴纳的税种是个人所得税。

22. 与“老字号”具有历史渊源的主体，将“老字号”注册为个体工商户字号或企业名称，是否构成不正当竞争或侵犯注册商标专用权？

与“老字号”无历史渊源的个人或企业将“老字号”或与其近似的字号注册为商标后，以“老字号”的历史进行宣传的，应认定为虚假宣传，构成不正当竞争。与“老字号”具有历史渊源的个人或企业在未违反诚实信用原则的前提下，将“老字号”注册为个体工商户字号或企业名称，未引人误认且未突出使用该字号的，不构成不正当竞争或侵犯注册商标专用权。①

关联参见

《促进个体工商户发展条例》；《个体工商户名称登记管理办法》第2条

第五十五条　【农村承包经营户】 农村集体经济组织的成员，依法取得农村土地承包经营权，从事家庭承包经营的，为农村承包经营户。

条文解读

农村承包经营户 ➔ 农村承包经营户是指在法律允许的范围内，按照农村土地承包经营合同的约定，利用农村集体土地从事种植业以及副业生产经营的农村集体经济组织的成员或者家庭。农村土地家庭承包的承包方是本集体经济组织的农户。农户是农村中以血缘和婚姻关系为基础组成的农村最基本的社会单位。它既是独立的生活单位，又是独立的生产单位。作为生产单位的农户，一般是依靠家庭成员的劳动进行农业生产与经营活动的。对农村土地实行家庭承包的，农户成为农村集体经济中一个独立的经营层次，是农村从事生产经营活动的基本单位。以户为生产经营单位，与一般的自然人个人作为民事主体有所区别，但又不同于非法人组织这类民事主体。因此法律对其单独进行规定，即农村集体经济组织的成员，依法取得农村土地承包经营权，从事家庭承包经营的，为农村承包经营户。

关联参见

《农村土地承包法》第5条、第16条

---

① 参见最高人民法院指导案例58号。

第五十六条　【“两户”的债务承担】个体工商户的债务，个人经营的，以个人财产承担；家庭经营的，以家庭财产承担；无法区分的，以家庭财产承担。

农村承包经营户的债务，以从事农村土地承包经营的农户财产承担；事实上由农户部分成员经营的，以该部分成员的财产承担。

条文解读

个体工商户的债务承担 ➲ 个体工商户可以个人经营，也可以家庭经营。个体工商户的债务，个人经营的，以个人财产承担；家庭经营的，以家庭财产承担。对于实践中无法区分是个人经营还是家庭经营的，是个人投资还是家庭投资，是个人享用经营收益还是家庭共同享用经营收益，进而确定债务是以个人财产承担还是以家庭财产承担，司法实践中一般有以下认定标准：一是以公民个人名义申请登记的个体工商户，用家庭共有财产投资，或者收益的主要部分供家庭成员享用的，其债务应以家庭共有财产清偿。二是夫妻关系存续期间，一方从事个体经营，其收入为夫妻共有财产，债务亦应以夫妻共有财产清偿。此外，个体工商户的债务，如以其家庭共有财产承担责任，应当保留家庭成员的生活必需品和必要的生产工具。

农村承包经营户的债务承担 ➲ 承包是以“户”为单位进行。土地承包合同由“户”的代表与发包方签订，土地承包经营权证书是按户制作并颁发。在家庭承包的情况下，农户是交易活动的主体，其信用建立在家庭信用的基础上，发包方或交易相对一方也以农户家庭为对象，与其从事交易活动。农户也是以户的财产承担责任，以确保义务的履行。从这个角度讲，以户为经营单位符合我国农村的实际情况，有利于农村经济活动的进行。

需要进一步说明的是：第一，家庭承包中，是按人人有份分配承包地，按户组成一个生产经营单位作为承包方。第二，本集体经济组织的农户作为承包方主要针对耕地、草地和林地等适宜家庭承包的土地的承包。不宜采取家庭承包方式的“四荒”地等农村土地可以通过市场化方式发包给农户，也可发包给本集体经济组织外的个人或单位。第三，农户内的成员分家析产的，单独成户的成员可以对原家庭承包的土地进行分别耕作，但承包经营权仍是一个整体，不能分割。

在承包期内，无论承包户内人口发生什么样的变化，是增是减，只要作为承包户的家庭还存在，承包户仍然是一个生产经营单位。在承包经营活动中，无论是全体家庭成员从事生产经营劳动和经营活动，还是部分家庭成员从事生产经营劳动和经营活动，另一部分家庭成员从事其他职业或者家务劳动，农户仍然是一个对外承担责任的主体。考虑到随着我国城乡经济结构的调整和城镇化的发展，农村剩余劳动力向城镇的转移会不断增加，有的家庭成员进城务工就业，分门立户，已完全不参与家庭土地承包经营，也不分享承包家庭的收益，在这种情况下，可以不再承担原所在家庭承包经营的债务。因此本条规定，“事实上由农户部分成员经营的，以该部分成员的财产承担”。需要指出的是，在实践中，这一规定要严格掌握，防止借本条规定逃避应承担的债务。

第三章　法　人

第一节　一般规定

第五十七条　【法人的定义】法人是具有民事权利能力和民事行为能力，依法独立享有民事权利和承担民事义务的组织。

条文解读

法人 法人是“自然人”的对称，是自然人之外最为重要的民事主体，有自身独立的法律人格，可以以自己的名义起诉与应诉、拥有财产、进行交易、承担责任。法人制度是近现代民法上一项极为重要的法律制度。团体的法律人格的赋予，是民法理论最富想象力和技术性的创造。

法人的民事权利能力 所谓法人的民事权利能力，是指法人作为民事主体，享受民事权利并承担民事义务的资格。法人的民事权利能力与法人的民事主体资格是同一的，法人之所以具有民事主体资格，就是因为其具有民事权利能力。法人的民事权利能力是法人实施民事行为和从事民事活动的前提和基础。法人和自然人均具有民事权利能力，但是法人的民事权利能力不同于自然人的民事权利能力。法人是组织体，不是生命体，因此，某些与自然人的人身不可分离的人身权如生命权、健康权等不可能由法人享有，以性别、年龄、身份及亲属关系等为前提的权利义务，也不可能由法人享有和承担。

法人的民事行为能力 所谓法人的民事行为能力，是指法人作为民事主体，以自己的行为取得民事权利并承担民事义务的资格。法人作为一个统一的组织体，有自己的内部机构，能够产生并实现自己的意思，从而决定了法人具有民事行为能力。董事作为法人的机关，其在职务上的行为，视为法人本身的行为。法人的团体意志并不同于个人的意志，也不是个人意志的简单总和，而是一种意志的综合。

关联参见

《公司法》第3条

第五十八条　【法人的成立】法人应当依法成立。

法人应当有自己的名称、组织机构、住所、财产或者经费。法人成立的具体条件和程序，依照法律、行政法规的规定。

设立法人，法律、行政法规规定须经有关机关批准的，依照其规定。

条文解读

法人成立 法人成立，是指法人开始取得民事主体资格，享有民事权利能力。法人的成立，表现为营利法人、非营利法人以及特别法人开始具有法人的人格，是其成为民事权利主体的始期。法人成立的条件是：第一，须有设立行为。法人必须经过设立人的设立行为，才可能成立。第二，须符合设立的要求：（1）法人要有自己的名称，确定自己法人人格的文字标识；（2）要有能够进行经营活动的组织机构；（3）必须有自己固定的住所；（4）须有必要的财产或者经费，能够进行必要的经营活动和承担民事责任。第三，须有法律依据或经主管机关的批准。中国的法人设立不采取自由设立主义，凡是成立法人，均须依据相关的法律，以法律规定作为成立的依据。第四，须经登记。法人的设立，原则上均须经过登记方能取得法人资格。机关法人成立不须登记。事业单位法人和社会团体法人，除法律规定不需要登记的外，也要办理登记。成立法人，须完成以上条件才能够取得法人资格。法人的成立与法人的设立是不同的概念。设立是行为，成立是结果；设立尚未成立，成立必须经过设立。设立成功，方为成立，法人成立前尚无法人资格。

关联参见

《公司法》第6—8条、第23条；《社会团体登记管理条例》第3条

第五十九条　【法人的民事权利能力和民事行为能力】法人的民事权利能力和民事行为能力，从法人成立时产生，到法人终止时消灭。

条文解读

法人的民事权利能力是法人具有民事主体资格的表现，是法人参加民事活动，享受民事权利和承担民事义务的前提，因此，法人一旦成立即具有民事权利能力，在法人终止前，其民事权利能力始终存在。法人的民事权利能力因法人成立而取得，因法人终止而消灭，好比自然人的民事权利能力，因自然人的出生而取得，因自然人的死亡而消灭。

法人的民事行为能力是法人自己实施民事法律行为的资格。法人作

为社会组织体，与自然人不同，不存在年龄大小与精神、智力是否健全的问题，因此没有无民事行为能力、限制民事行为能力、完全民事行为能力的划分，一旦成立，即具有民事行为能力。法人一旦终止，其民事行为能力立即消灭。也就是说，法人的民事权利能力与民事行为能力在取得和消灭的时间上是一致的。

本条规定“法人的民事权利能力和民事行为能力，从法人成立时产生，到法人终止时消灭”。之所以用“成立”而非“登记”，是因为在我国，“登记”并非各类法人成立的统一必备程序要件。比如，机关法人的成立无须履行登记程序。具备法人条件的事业单位和社会团体，经依法登记成立，取得法人资格；依法不需要办理法人登记的，从成立之日起，具有法人资格。之所以用“终止”而非“解散”，是因为法人解散后进入清算，清算中的法人仍是法人，法人资格继续存在，只是其民事行为能力被限制在清算目的范围内，不得从事与清算无关的活动。清算结束并完成法人注销登记时，法人终止；依法不需要办理法人登记的，清算结束时，法人终止。法人终止，意味着其民事主体资格消灭。

第六十条　【法人的民事责任承担】法人以其全部财产独立承担民事责任。

条文解读

法人的民事责任承担 ➔ 法人以其全部财产独立承担民事责任，即承担有限责任。无论法人应当承担多少责任，最终都以其全部财产来承担，不承担无限责任。法人以其全部财产独立承担民事责任，这就是法人的民事责任能力。民事责任能力，是指民事主体据以独立承担民事责任的法律地位或法律资格，也叫作侵权行为能力。我国民法采取法人实在说，承认法人的民事责任能力。法人作为一个实在的组织体，对其法定代表人及成员在执行职务中的行为造成他人的损害，承担民事责任。

关联参见

《公司法》第3条、第14条

第六十一条 【法定代表人】 依照法律或者法人章程的规定，代表法人从事民事活动的负责人，为法人的法定代表人。

法定代表人以法人名义从事的民事活动，其法律后果由法人承受。

法人章程或者法人权力机构对法定代表人代表权的限制，不得对抗善意相对人。

条文解读

法定代表人 ➲ 法人作为一种社会组织体，对外进行民事活动，必须由自然人代而为之，即任何法人均须有自然人为其“代表”。该代表法人是从事民事活动的自然人，称为法人的法定代表人。

法人的章程或者权力机构对法定代表人的代表权范围的限制，对于法定代表人有完全的效力，即法定代表人不得超出其法人章程或者权力机构对其的限制。法人的章程或者权力机构对法定代表人的代表权范围的限制，对第三人不具有完全的效力。只要与其进行民事活动的相对人是善意的，对其超出职权范围不知情且无过失，法人就不能以超越职权为由对抗该善意相对人；如果相对人知情，则可以主张该民事法律行为无效或者撤销。

关联参见

《公司法》第13条；《民事诉讼法》第51条

第六十二条 【法定代表人职务行为的法律责任】 法定代表人因执行职务造成他人损害的，由法人承担民事责任。

法人承担民事责任后，依照法律或者法人章程的规定，可以向有过错的法定代表人追偿。

条文解读

法定代表人职务行为的法律责任 法定代表人因执行职务造成他人损害的，由法人承担责任，此处法人承担的责任形态是替代责任。法定代表人因执行职务造成他人损害的责任承担规则是：(1) 法定代表人因执行职务造成他人的损害，由法人承担赔偿责任。(2) 法人承担了赔偿责任以后，如果法定代表人在执行职务中，对造成他人损害是有过错的，法人可以向法定代表人要求追偿。

关联参见

《公司法》第149条；《保险法》第83条

第六十三条　【法人的住所】 法人以其主要办事机构所在地为住所。依法需要办理法人登记的，应当将主要办事机构所在地登记为住所。

条文解读

法人的住所 与自然人一样，法人也有其住所。住所是民事主体从事民事活动所产生的各种权利义务的归属地点，是发生民事法律关系的中心地域。法人若要从事民事活动，形成各种民事法律关系，则与自然人一样，也需要以一定的地域作为中心，即也需要住所。一个法人有可能拥有数个活动场所或者办事机构，但法人的住所只有一个。法人的住所在法律上具有重要意义，如决定债务履行地、登记管辖、诉讼管辖、法律文书送达之处所、涉外民事关系之准据法等。

法人登记 法人登记是指法人依法将其内部情况向国家登记机关报告登记的制度，是将法人内部情况公布于外的一种方法。通过法人登记进行公示，既是保护交往相对人的需要，也是对法人进行必要的管理监督，以实现对社会经济秩序有效间接调控的目的。除依法不需要办理法人登记即可成立的少数法人外，绝大多数法人只有经登记机关依法登记，方能取得法人资格。同时，我国还存在依法不需要办理法人登记的法人，比如依法不需要办理法人登记的事业单位和社会团体等。

关联参见

《公司法》第10条；《最高人民法院关于适用〈中华人民共和国民事诉讼法〉的解释》第3条；《市场主体登记管理条例》第11条

第六十四条　【法人的变更登记】法人存续期间登记事项发生变化的，应当依法向登记机关申请变更登记。

条文解读

法人的变更登记　市场主体变更登记事项，应当自作出变更决议、决定或者法定变更事项发生之日起30日内向登记机关申请变更登记。市场主体变更登记事项属于依法须经批准的，申请人应当在批准文件有效期内向登记机关申请变更登记。市场主体变更经营范围，属于依法须经批准的项目的，应当自批准之日起30日内申请变更登记。许可证或者批准文件被吊销、撤销或者有效期届满的，应当自许可证或者批准文件被吊销、撤销或者有效期届满之日起30日内向登记机关申请变更登记或者办理注销登记。市场主体变更住所或者主要经营场所跨登记机关辖区的，应当在迁入新的住所或者主要经营场所前，向迁入地登记机关申请变更登记。迁出地登记机关无正当理由不得拒绝移交市场主体档案等相关材料。市场主体变更登记涉及营业执照记载事项的，登记机关应当及时为市场主体换发营业执照。

关联参见

《公司法》第7条；《市场主体登记管理条例》第24—29条；《事业单位登记管理暂行条例》第10条；《社会团体登记管理条例》第18条；《基金会管理条例》第15条

第六十五条 【法人登记的对抗效力】 法人的实际情况与登记的事项不一致的，不得对抗善意相对人。

条文解读

法人的实际情况与登记的事项不一致，包括两种情形：一是法人设立登记时即出现法人的实际情况与登记的事项不一致；二是存续期间登记事项发生变更但未依法及时办理变更登记。法律、行政法规要求法人登记的事项往往是与其基本存在条件有重大关系的事项，如组织形式、目的范围、注册资本、法定代表人等。这些在登记机关登记的重大事项产生对外公示的效力，如果登记事项一开始就与法人的实际情况不符，或者存续期间登记事项发生变更但未依法及时办理变更登记，就会出现对外公示的登记信息与法人的实际信息不一致的情况，从而危及交易安全和交往安全。尽管立法要求法人在设立登记时应当如实登记相关事项，法人存续期间登记事项发生变更的应当及时申请变更登记，但基于各种原因，实践中仍然会出现法人的实际情况与登记的事项不相符合的情形。

关联参见

《公司法》第32条；《最高人民法院关于适用〈中华人民共和国公司法〉若干问题的规定（三）》（以下简称《公司法解释（三）》）第25—28条

第六十六条　【法人登记公示制度】 登记机关应当依法及时公示法人登记的有关信息。

条文解读

法人登记意义重大。但如果社会公众不能方便获知这些登记信息，则建立法人登记制度所期待的价值功能便难以有效发挥。为促进社会公众方便快捷地获知各类法人的登记信息，登记机关肩负着重要使命，发挥着无可替代的作用，可谓责无旁贷。因此，本条规定“登记机关应当依法及时公示法人登记的有关信息”。

关联参见

《公司法》第6条；《企业信息公示暂行条例》第3条、第6—8条；《慈善法》第70条；《市场主体登记管理条例》第36条

第六十七条　【法人合并、分立后的权利义务承担】 法人合并的，其权利和义务由合并后的法人享有和承担。

法人分立的，其权利和义务由分立后的法人享有连带债权，承担连带债务，但是债权人和债务人另有约定的除外。

条文解读

法人合并 ➲ 法人合并，是指两个以上的法人不经清算程序而合并为一个法人的法律行为。按合并方式的不同，法人合并分为吸收合并和新设合并。吸收合并，是指一个或多个法人归并到一个现存的法人中去，被合并的法人资格消灭，存续法人的主体资格仍然存在；新设合并，是指两个以上的法人合并为一个新法人，原来的法人消灭，新的法人产生。

法人分立 ➲ 法人分立，是指一个法人分成两个或两个以上法人的法律行为。按分立方式的不同，法人分立分为派生分立和新设分立两种方式。派生分立，是指原法人仍然存在，但从原法人中分立出去一个新

的法人；新设分立，是指原法人分立为两个或者两个以上新的法人，原法人不复存在。

因合并、分立而存续的法人，其登记事项发生变化的，应当申请变更登记；因合并、分立而解散的法人，应当申请注销登记；因合并、分立而新设立的法人，应当申请设立登记。

关联参见

《公司法》第174条、第176条

第六十八条　【法人的终止】有下列原因之一并依法完成清算、注销登记的，法人终止：

（一）法人解散；

（二）法人被宣告破产；

（三）法律规定的其他原因。

法人终止，法律、行政法规规定须经有关机关批准的，依照其规定。

条文解读

法人的终止 法人的终止，也称法人的消灭，是指法人丧失民事主体资格，不再具有民事权利能力和民事行为能力。法人终止后，其民事权利能力和民事行为能力消灭，民事主体资格丧失，终止后的法人不能再以法人的名义对外从事民事活动。

关联参见

《公司法》第180条；《企业破产法》第2条、第7条

第六十九条　【法人的解散】有下列情形之一的，法人解散：

（一）法人章程规定的存续期间届满或者法人章程规定的其他

解散事由出现；

（二）法人的权力机构决议解散；

（三）因法人合并或者分立需要解散；

（四）法人依法被吊销营业执照、登记证书，被责令关闭或者被撤销；

（五）法律规定的其他情形。

案例指引

12. 如何认定“公司经营管理发生严重困难”？[①]

林方清诉常熟市凯莱实业有限公司、戴小明公司解散纠纷案

（最高人民法院审判委员会讨论通过 2012 年 4 月 9 日发布）

关键词 民事 公司解散 经营管理严重困难 公司僵局

裁判要点

公司法第一百八十三条[②]将“公司经营管理发生严重困难”作为股东提起解散公司之诉的条件之一。判断“公司经营管理是否发生严重困难”，应从公司组织机构的运行状态进行综合分析。公司虽处于盈利状态，但其股东会机制长期失灵，内部管理有严重障碍，已陷入僵局状态，可以认定为公司经营管理发生严重困难。对于符合公司法及相关司法解释规定的其他条件的，人民法院可以依法判决公司解散。

相关法条

《中华人民共和国公司法》第一百八十三条

基本案情

原告林方清诉称：常熟市凯莱实业有限公司（简称凯莱公司）经营管理发生严重困难，陷入公司僵局且无法通过其他方法解决，其权益遭受重大损害，请求解散凯莱公司。

---

① 最高人民法院指导案例 8 号。

② 现为《公司法》第 182 条。——编者注，下同。

被告凯莱公司及戴小明辩称：凯莱公司及其下属分公司运营状态良好，不符合公司解散的条件，戴小明与林方清的矛盾有其他解决途径，不应通过司法程序强制解散公司。

法院经审理查明：凯莱公司成立于2002年1月，林方清与戴小明系该公司股东，各占50%的股份，戴小明任公司法定代表人及执行董事，林方清任公司总经理兼公司监事。凯莱公司章程明确规定：股东会的决议须经代表二分之一以上表决权的股东通过，但对公司增加或减少注册资本、合并、解散、变更公司形式、修改公司章程作出决议时，必须经代表三分之二以上表决权的股东通过。股东会会议由股东按照出资比例行使表决权。2006年起，林方清与戴小明两人之间的矛盾逐渐显现。同年5月9日，林方清提议并通知召开股东会，由于戴小明认为林方清没有召集会议的权利，会议未能召开。同年6月6日、8月8日、9月16日、10月10日、10月17日，林方清委托律师向凯莱公司和戴小明发函称，因股东权益受到严重侵害，林方清作为享有公司股东会二分之一表决权的股东，已按公司章程规定的程序表决并通过了解散凯莱公司的决议，要求戴小明提供凯莱公司的财务账册等资料，并对凯莱公司进行清算。同年6月17日、9月7日、10月13日，戴小明回函称，林方清作出的股东会决议没有合法依据，戴小明不同意解散公司，并要求林方清交出公司财务资料。同年11月15日、25日，林方清再次向凯莱公司和戴小明发函，要求凯莱公司和戴小明提供公司财务账册等供其查阅、分配公司收入、解散公司。

江苏常熟服装城管理委员会（简称服装城管委会）证明凯莱公司目前经营尚正常，且愿意组织林方清和戴小明进行调解。

另查明，凯莱公司章程载明监事行使下列权利：（1）检查公司财务；（2）对执行董事、经理执行公司职务时违反法律、法规或者公司章程的行为进行监督；（3）当董事和经理的行为损害公司的利益时，要求董事和经理予以纠正；（4）提议召开临时股东会。从2006年6月1日至今，凯莱公司未召开过股东会。服装城管委会调解委员会于2009年12月15日、16日两次组织双方进行调解，但均未成功。

裁判结果

江苏省苏州市中级人民法院于2009年12月8日以（2006）苏中民二初字第0277号民事判决，驳回林方清的诉讼请求。宣判后，林方清提起上诉。江苏省高级人民法院于2010年10月19日以（2010）苏商终字第0043号民事判决，撤销一审判决，依法改判解散凯莱公司。

裁判理由

法院生效裁判认为：首先，凯莱公司的经营管理已发生严重困难。根据公司法第一百八十三条和《最高人民法院关于适用〈中华人民共和国公司法〉若干问题的规定（二）》（简称《公司法解释（二）》）第一条的规定，判断公司的经营管理是否出现严重困难，应当从公司的股东会、董事会或执行董事及监事会或监事的运行现状进行综合分析。“公司经营管理发生严重困难”的侧重点在于公司管理方面存有严重内部障碍，如股东会机制失灵、无法就公司的经营管理进行决策等，不应片面理解为公司资金缺乏、严重亏损等经营性困难。本案中，凯莱公司仅有戴小明与林方清两名股东，两人各占50%的股份，凯莱公司章程规定“股东会的决议须经代表二分之一以上表决权的股东通过”，且各方当事人一致认可该“二分之一以上”不包括本数。因此，只要两名股东的意见存有分歧、互不配合，就无法形成有效表决，显然影响公司的运营。凯莱公司已持续4年未召开股东会，无法形成有效股东会决议，也就无法通过股东会决议的方式管理公司，股东会机制已经失灵。执行董事戴小明作为互有矛盾的两名股东之一，其管理公司的行为，已无法贯彻股东会的决议。林方清作为公司监事不能正常行使监事职权，无法发挥监督作用。由于凯莱公司的内部机制已无法正常运行、无法对公司的经营作出决策，即使尚未处于亏损状况，也不能改变该公司的经营管理已发生严重困难的事实。

其次，由于凯莱公司的内部运营机制早已失灵，林方清的股东权、监事权长期处于无法行使的状态，其投资凯莱公司的目的无法实现，利益受到重大损失，且凯莱公司的僵局通过其他途径长期无法解决。《公司法解释（二）》第五条明确规定了“当事人不能协商一致使公司存续的，人民法院应当及时判决”。本案中，林方清在提起公司解散诉讼之前，已通过其他途径试图化解与戴小明之间的矛盾，服装城管委会也曾组织双方当事人调解，但双方仍不能达成一致意见。两审法院也基于慎用司法手段强制解散公司的考虑，积极进行调解，但均未成功。

此外，林方清持有凯莱公司50%的股份，也符合公司法关于提起公司解散诉讼的股东须持有公司10%以上股份的条件。

综上所述，凯莱公司已符合公司法及《公司法解释（二）》所规定的股东提起解散公司之诉的条件。二审法院从充分保护股东合法权益，合理规范公司治理结构，促进市场经济健康有序发展的角度出发，依法作出了上述判决。

关联参见

《公司法》第182条

第七十条　【法人解散后的清算】法人解散的，除合并或者分立的情形外，清算义务人应当及时组成清算组进行清算。

法人的董事、理事等执行机构或者决策机构的成员为清算义务人。法律、行政法规另有规定的，依照其规定。

清算义务人未及时履行清算义务，造成损害的，应当承担民事责任；主管机关或者利害关系人可以申请人民法院指定有关人员组成清算组进行清算。

条文解读

清算义务人的及时清算义务 ➲ 本条第1款规定了清算义务人的及时清算义务。法人的清算义务人应当及时履行其负有的启动清算程序即组成清算组的义务，即便司法强制解散情形下也不例外。经研究认为，法人的类型多样，不同类型的法人解散后需要组成清算组的时间不尽相同。比如，依照《公司法》第183条的规定，公司应当在解散事由出现之日起15日内成立清算组，开始清算。但是，依照《慈善法》第18条的规定，慈善组织的决策机构应当在终止情形出现之日起30日内成立清算组进行清算。

清算义务人的担当主体 ➲ 本条第2款规定了清算义务人的担当主体。清算义务人与清算人的概念不同。清算义务人是指法人解散后依法负有启动清算程序的主体，其义务在于根据法律规定及时启动相应的清算程序以终止法人。清算义务人也可称为法人清算的组织主体。清算人，在我国通常被称为清算组，是指具体负责清算事务的主体，其义务在于依照法定程序进行清算。如果法人解散后未进行清算，也就不存在清算人，但始终存在清算义务人。需要说明的是，清算义务人直接担任清算人进行清算时，在具体民事主体上存在竞合的情形。明确清算义务人的概念及其责任，对于督促清算义务人及时履行清算义务，从源头上减少僵尸企业等，具有重要意义。

清算义务人未及时履行清算义务的后果 ➲ 本条第3款规定了清算义务人未及时履行清算义务的后果。在理解本条第3款时应当注意以下三点：1. 清算义务人未及时履行清算义务，会引发两种不同性质的法律后果：一是程序方面的法律后果，即强制清算程序的启动，具体规定于本款后半段“主管机关或者利害关系人可以申请人民法院指定有关人员组成清算组进行清算”。二是实体责任方面的法律后果，即“清算义务人未及时履行清算义务，造成损害的，应当承担民事责任”。2. 关于强制清算程序的启动主体，包括主管机关和利害关系人。主管机关作为启动主体的，比如《慈善法》第18条第2款规定，不成立清算组或者清算组不履行职责的，民政部门可以申请人民法院指定有关人员组成清算组进行清算。利害关系人作为启动主体的，比如《公司法》第183条规定，逾期不成立清算组进行清算的，债权人可以申请人民法院指定有关人员组成清算组进行清算。审判实务中，最高人民法院通过司法解释又将申请强制清算的主体作了扩展。《公司法解释（二）》第7条第2款规定："有下列情形之一，债权人、公司股东、董事或其他利害关系人申请人民法院指定清算组进行清算的，人民法院应予受理：（一）公司解散逾期不成立清算组进行清算的；（二）虽然成立清算组但故意拖延清算的；（三）违法清算可能严重损害债权人或者股东利益的。"

3. 关于实体责任方面的法律后果，乃是基于侵权责任原理，在判断责任构成时，应当按照清算义务人主观上有过错、客观上未及时履行清算义务、造成损害、损害与清算义务人未及时履行清算义务之间存在因果关系进行把握。

关联参见

《公司法》第183条；《慈善法》第18条；《保险法》第89条、第149条；《社会团体登记管理条例》第20条；《基金会管理条例》第18条；《民办非企业单位登记管理暂行条例》第16条；《宗教事务条例》第60条；《公司法解释（二）》第18—20条

第七十一条　【法人清算的法律适用】法人的清算程序和清算组职权，依照有关法律的规定；没有规定的，参照适用公司法律的有关规定。

第七十二条　【清算的法律效果】清算期间法人存续，但是不得从事与清算无关的活动。

法人清算后的剩余财产，按照法人章程的规定或者法人权力机构的决议处理。法律另有规定的，依照其规定。

清算结束并完成法人注销登记时，法人终止；依法不需要办理法人登记的，清算结束时，法人终止。

条文解读

法人解散后即进入清算阶段，清算中的法人与解散前的法人是同一个法律统一体，清算中的法人仍然具有独立的法人地位，只是与解散前的法人相比，清算中法人的权利能力和行为能力缩减，被严格限制在以清算为目的的范围内。

鉴于解散前法人与清算中法人人格的同一性，清算中法人具有从解散前法人继续下来的民事诉讼及新的民事诉讼中的当事人能力。也就是说，清算中法人具有一般民事诉讼主体资格，对于有关因解散前法人的法律关系产生的纠纷，均由清算中法人作为诉讼主体参加诉讼活动。依法选任的清算人代表法人参加诉讼。在我国以清算组作为清算主体的模式下，由清算组负责人作为诉讼代表人参加诉讼活动。《公司法解释（二）》第 10 条规定："公司依法清算结束并办理注销登记前，有关公司的民事诉讼，应当以公司的名义进行。公司成立清算组的，由清算组负责人代表公司参加诉讼；尚未成立清算组的，由原法定代表人代表公司参加诉讼。"

实务应用

23. 进入破产清算程序后，股东能否向破产管理人主张知情权？

公司进入破产清算程序，股东资格不受影响，股东向破产管理人主张知情权的，在无不正当目的的前提下，人民法院应予准许。查阅会计账簿、原始凭证是股东知情权的重要内容，在不损害公司合法权益的前提下，适当赋予股东查阅会计账簿、原始凭证的权利，不仅是防范和化解公司治理风险的要求，也是基于效率和秩序的理性选择。①

① 参见马士鹏：《汪某卫诉安徽大蔚置业公司股东知情权纠纷案》，载《人民司法·案例》2020 年第 32 期。

关联参见

《公司法》第186条

第七十三条　【法人因破产而终止】 法人被宣告破产的，依法进行破产清算并完成法人注销登记时，法人终止。

条文解读

与法人解散后进行的清算不同，法人被宣告破产后，依法进行破产清算。

需要注意的是，目前我国并无统一的破产法，《企业破产法》的适用范围是企业。但《企业破产法》为企业法人以外的法人和非法人组织破产时的清算程序，预留了接口。该法第135条规定："其他法律规定企业法人以外的组织的清算，属于破产清算的，参照适用本法规定的程序。"

关联参见

《企业破产法》；《民办教育促进法》第58条、第59条

第七十四条　【法人的分支机构】 法人可以依法设立分支机构。法律、行政法规规定分支机构应当登记的，依照其规定。

分支机构以自己的名义从事民事活动，产生的民事责任由法人承担；也可以先以该分支机构管理的财产承担，不足以承担的，由法人承担。

条文解读

法人的分支机构 ➲ 法人的分支机构，是指企业法人投资设立的、有固定经营场所、以自己名义直接对外从事经营活动的、不具有法人资

格，其民事责任由其隶属企业法人承担的经济组织，包括企业法人或公司的分厂、分公司、营业部、分理处、储蓄所等机构。法人的分支机构是法人的组成部分，其产生的责任，本应由法人承担有限责任，由于法人的分支机构单独登记，又有一定的财产，具有一定的责任能力，因而法人的分支机构自己也能承担一定的责任。相对人可以根据自己的利益，选择法人承担民事责任；或者选择法人的分支机构承担民事责任，法人承担补充责任。

实务应用

24. 分支机构以自己的名义从事民事活动，产生的民事责任由谁承担？

一方面，法人的分支机构在法人授权范围内依法从事民事活动，其经营管理的财产是法人财产的一部分，分支机构并不具有独立的人格，其人格与设立它的法人的人格是合二为一的。因此，法人的分支机构以自己的名义从事民事活动，产生的民事责任应当由法人承担。这一点应当成为处理这一问题的原则。另一方面，对于一些特殊的分支机构，比如金融机构的分支机构，往往其管理的财产已经能够满足债权人的债权，因而实践中并不需要追加其法人作为共同被告，而且这样做不仅不会损害债权人一方的利益，对于债权人和法人而言均更为便利。考虑到实务中的需要，《民法典》第 74 条第 2 款规定，“也可以先以该分支机构管理的财产承担，不足以承担的，由法人承担”。实际上，分支机构管理的财产本就是法人财产的一部分，以分支机构管理的财产承担民事责任，其实就是以法人的财产承担民事责任，而且，分支机构管理的财产不足以承担的，民事责任还是由法人承担。因此，并未违背“法人的分支机构以自己的名义从事民事活动，产生的民事责任应当由法人承担”的处理原则。

25. 分支机构以自己名义从事民事活动并独立参加民事诉讼，法院判其对外承担民事责任，公司法人能否对该生效裁判提起第三人撤销之诉？

公司法人的分支机构以自己的名义从事民事活动，并独立参加民事诉讼，人民法院判决分支机构对外承担民事责任，公司法人对该生效裁判提起第三人撤销之诉的，不符合《民事诉讼法》第59条规定的第三人条件，人民法院不予受理。[1]

关联参见

《公司法》第14条；《商业银行法》第19条、第22条；《保险法》第74条；《社会团体登记管理条例》第17条；《基金会管理条例》第12条；《民办非企业单位登记管理暂行条例》第13条；《市场主体登记管理条例》第23条

第七十五条 【法人设立行为的法律后果】 设立人为设立法人从事的民事活动，其法律后果由法人承受；法人未成立的，其法律后果由设立人承受，设立人为二人以上的，享有连带债权，承担连带债务。

设立人为设立法人以自己的名义从事民事活动产生的民事责任，第三人有权选择请求法人或者设立人承担。

条文解读

在适用本条时，需要注意把握以下几点：一是本条两款针对的情形不同。第1款针对的设立人未以自己的名义从事民事活动的情形，既包括设立人以设立中法人的名义从事的民事活动，比如订立合同；也包括法人设立过程中可能出现的侵权行为等不涉及行为人名义的民

① 参见最高人民法院指导案例149号。

事活动。第2款针对的是设立人以自己的名义从事民事活动的情形。二是设立人从事民事活动的目的受到限制，即必须是以“设立法人”为目的，坚持实质判断标准。如果设立人是为其自己的利益而非以设立法人为目的，则哪怕是以设立中法人的名义从事的民事活动，其法律后果原则上不应当由成立后的法人承受。三是设立人为设立法人从事的民事活动，可能产生债务，也可能产生债权；产生的债务既可能是合同债务，也可能是侵权债务等。本条第1款规定针对的是“法律后果”，第2款针对的是“民事责任”。四是在设立人未以自己的名义从事民事活动的情形下，对其法律后果，区分法人是否成立作了不同规定：法人成立的，法律后果由法人承受；法人未成立的，法律后果由设立人承受，设立人为二人以上的，享有连带债权，承担连带债务。五是在设立人为设立法人以自己的名义从事民事活动的情形下，对由此产生的民事责任，赋予第三人选择请求法人或者设立人承担责任的权利。

实务应用

26. 明知发起人为设立公司以自己名义签订合同的合同相对人，是应向公司还是发起人主张权利？

公司发起人为设立公司以自己名义对外签订合同，合同相对人是否享有主张发起人或公司承担责任的选择权，应取决于其签订合同时是否知晓发起人是为设立公司而签订合同。如果合同相对人在签订合同时明知这一情况，公司设立后实际享有了合同权利并履行了合同义务，则合同相对人不具有选择权，应由公司向合同相对人承担责任。[①]

关联参见

《公司法》第94条；《公司法解释（三）》第2—5条

---

① 参见王一君：《某房地产公司诉张某洲、某餐饮公司房屋租赁合同纠纷案》，载《人民司法·案例》2016年第5期。

第二节　营利法人

第七十六条　【营利法人的定义和类型】以取得利润并分配给股东等出资人为目的成立的法人，为营利法人。

营利法人包括有限责任公司、股份有限公司和其他企业法人等。

条文解读

营利法人 ➲ 营利法人区别于非营利法人的重要特征，不是“取得利润”，而是“利润分配给出资人”。是否从事经营活动并获取利润，与法人成立的目的没有直接关系，也不影响到营利法人与非营利法人的分类。例如，基金会法人是非营利法人，但为了维持财产价值或者升值，会将管理的资金用于经营活动。

关联参见

《公司法》第4条、第8条、第34条

第七十七条　【营利法人的成立】营利法人经依法登记成立。

条文解读

营利法人取得法人资格只有一种方式，即经过登记程序成立。经过依法登记后，营利法人取得法人资格。

关联参见

《公司法》第6条；《市场主体登记管理条例》第3条

第七十八条　【营利法人的营业执照】依法设立的营利法人，由登记机关发给营利法人营业执照。营业执照签发日期为营利法人的成立日期。

条文解读

本条明确了营利法人成立的时间点，也就是营利法人开始营业的起始点——营业执照的签发日期。在此之前的设立阶段，营利法人还没有正式成立，不具有法人资格，不能以营利法人名义参与民事活动。营利法人经登记成立后，需要由登记机关颁发营业执照。登记机关核准营利法人的标志是给其颁发营业执照，营利法人营业执照的颁发日期是公司的成立日期。营业执照除具备经营资格证明这一功能外，还具有法人资格证明的功能，集经营资格和法人资格于一身，成为法人资格合法存在的身份证明和直接表现。

营业执照上应该记载相应的法定事项，是作为营利法人必须具备的条件，在营业执照上予以明确能够使与其交易的市场主体了解它的信息，对该法人作出切实的评价。所以这些信息必须与实际情况相符，不能任意变更，一旦发生变化，营利法人应当向登记机关申请变更登记，依法予以变更。根据我国法律的规定，营业执照需要载明的事项主要有：法人名称、住所、注册资本、资金性质、经营范围、法定代表人姓名等。此外，我国签发的《企业法人营业执照》等执照分为正本和副本，正本与副本内容一致，法律效力一致，只是样式、作用有所不同。

实务应用

27. 股东资格的确定是否以出资为前提条件？

法律规定了未依章程规定出资的股东应当对已足额缴纳出资的股东承担违约责任，而没有否定不出资者享有股东资格，法律规定了股东权利的取得是以是否记载于股东名册为依据，即认为确认股东资格的依据不以出资为前提条件，而是取决于公司章程和股东名册的记载，以及相关部门的注册登记。①

---

① 参见杜月秋，孙政编著：《民法典总则编及司法解释对照解读与实务问答》，中国法制出版社2022年版，第151页。

关联参见

《公司法》第 7 条；《市场主体登记管理条例》第 21 条

第七十九条 【营利法人的章程】 设立营利法人应当依法制定法人章程。

条文解读

设立营利法人必须有法人章程，章程是营利法人设立的法定必备文件之一。《公司法》第 11 条就明确规定，设立公司必须依法制定公司章程。法人章程的内容可以分为绝对必要记载事项和任意记载事项。

绝对必要记载事项是指法律规定在章程中必须具备的内容，不记载这些内容，该章程是无效的，登记机关将不予登记。绝对必要记载事项应根据相关法律规定确定。比如，《公司法》第 25 条第 1 款规定了有限责任公司章程应当载明的事项。任意记载事项是指不是由法律明文规定不可缺少的事项，可以规定在章程中，也可以不规定在章程中。

法人章程是法人的行为准则，对法人具有约束力，法人的权力机构、执行机构和监督机构及其成员等也都要受到章程的制约。

关联参见

《公司法》第 11 条、第 25 条

第八十条 【营利法人的权力机构】 营利法人应当设权力机构。

权力机构行使修改法人章程，选举或者更换执行机构、监督机构成员，以及法人章程规定的其他职权。

条文解读

营利法人的权力机构的职权主要有：

（1）修改法人章程。设立法人应当依法制定法人章程。法人章程是法人依法制定的，规定法人名称、住所、经营范围、经营管理制度等重大事项的基本文件，也是法人必备的规定法人组织和活动基本规则的文件。法人章程由股东等出资人在设立法人时依法制定，由于法人章程对法人的组织和活动有重大意义，修改法人章程的职权只能由法人的权力机构行使。

（2）选举或者更换执行机构、监督机构成员。权力机构有权选举执行机构、监督机构成员。执行机构、监督机构成员受法人权力机构委托或者委任，为法人服务，参与法人日常经营管理活动，取得相应的报酬。对于不适合的执行机构、监督机构成员，权力机构可以予以更换。

（3）法人章程规定的其他职权。营利法人的权力机构享有的职权，除本条第2款规定外，有权行使法人章程规定的其他职权。法人章程可以对权力机构的职权作出具体规定。有的法律对相关法人的权力机构的职权也有具体规定。

关联参见

《公司法》第36条、第66条、第98条

第八十一条　【营利法人的执行机构】营利法人应当设执行机构。

执行机构行使召集权力机构会议，决定法人的经营计划和投资方案，决定法人内部管理机构的设置，以及法人章程规定的其他职权。

执行机构为董事会或者执行董事的，董事长、执行董事或者经理按照法人章程的规定担任法定代表人；未设董事会或者执行董事的，法人章程规定的主要负责人为其执行机构和法定代表人。

条文解读

营利法人的执行机构的职权主要有：

（1）召集权力机构会议。执行机构作为营利法人的经营决策机构，对营利法人的权力机构负责，有权召集股东会，并向股东会报告工作，执行股东会的决议。

（2）决定法人的经营计划和投资方案。在权力机构决定了法人的经营计划和投资方案后，执行机构根据权力机构的决定，决定法人的经营计划和投资方案，并组织实施，这是执行机构经营决策权最重要的体现。

（3）决定法人内部管理机构的设置。执行机构决定法人内部管理机构的设置，包括制定基本管理制度，聘任或者解聘重要管理人员并决定其报酬事项，如经理、副经理、财务负责人。本职权是执行机构经营决策权的重要体现，是执行机构执行权力机构决议，实施法人经营计划和投资方案，保障法人良好运行的基础。

（4）法人章程规定的其他职权。营利法人的执行机构享有的职权，除本款规定的外，有权行使法人章程规定的其他职权。有的法律对相关法人的执行机构的职权有具体规定。

关联参见

《公司法》第 13 条、第 44 条、第 50 条第 1 款、第 67 条

第八十二条　【营利法人的监督机构】营利法人设监事会或者监事等监督机构的，监督机构依法行使检查法人财务，监督执行机构成员、高级管理人员执行法人职务的行为，以及法人章程规定的其他职权。

条文解读

营利法人的监督机构的职权主要有：

（1）检查法人财务。监督机构可以对营利法人的财务状况进行检查，如查阅法人账簿和其他会计资料，核对执行机构提交权力机构的会

计报告、营业报告和利润分配方案等会计资料等，发现疑问可以进行复核。

（2）对执行机构成员及高级管理人员执行法人职务的行为进行监督。具体包括：对执行机构和高级管理人员执行法人职务时违反法律、行政法规、法人章程或者权力机构决议的行为进行监督；纠正或者制止执行机构高级管理人员侵害法人利益的行为。当监督机构发现执行机构和高级管理人员有违反法律、行政法规、法人章程或者股东会决议，超越权限行使权利以及其他损害公司利益的行为时，有权要求其停止该行为并予以改正。

（3）法人章程规定的其他职权。

关联参见

《公司法》第51条、第70条、第117条

第八十三条　【出资人滥用权利的责任承担】 营利法人的出资人不得滥用出资人权利损害法人或者其他出资人的利益；滥用出资人权利造成法人或者其他出资人损失的，应当依法承担民事责任。

营利法人的出资人不得滥用法人独立地位和出资人有限责任损害法人债权人的利益；滥用法人独立地位和出资人有限责任，逃避债务，严重损害法人债权人的利益的，应当对法人债务承担连带责任。

条文解读

滥用出资人权利 ➔ 滥用出资人权利，是指营利法人的出资人为自己的利益或者为第三人谋取利益，利用自己作为出资人的权利，损害法人或者其他出资人利益的行为。构成滥用出资人权利的要件是：（1）行为的主体是营利法人的出资人；（2）营利法人的出资人实施了不正当地利用自己出资人权利的行为；（3）出资人滥用自己权利的目的，是为自

己的利益或者为第三人谋取利益，是故意所为；（4）出资人滥用自己权利的行为，给法人或者其他出资人造成损失，滥用权利的行为与损害后果之间具有引起与被引起的因果关系。滥用出资人权利的法律后果是依法承担损害赔偿责任。损害赔偿请求权人，是因此受到损害的法人或者其他出资人。

法人人格否认，是指法人虽为独立的民事主体，承担独立于其成员的责任，但当出现有悖于法人存在目的及独立责任的情形时，如果在坚持形式上的独立人格与独立责任将有悖于公平时，在具体个案中置法人的独立人格于不顾，直接将法人的责任归结为法人成员的责任。法人人格否认的构成要件是：（1）法人人格否认的行为人是营利法人的出资人；（2）法人人格否认的行为是营利法人的出资人滥用法人独立地位和出资人有限责任而逃避债务的行为；（3）营利法人的出资人滥用其权利逃避债务的目的，是为自己或者第三人谋取利益；（4）出资人滥用法人独立地位和出资人有限责任的行为，损害了法人债权人的利益，滥用行为与损害后果之间具有因果关系。法人的债权人是实际损害的受害人，其受到的损害应当达到严重的程度。构成法人人格否认，应当承担损害赔偿责任，请求权人是受到损害的法人债权人。责任主体是滥用权利地位的出资人和法人，二者共同对受到损害的法人债权人承担连带责任。

实务应用

28. 如何判断关联公司人格混同？

关联公司的人员、业务、财务等方面交叉或混同，导致各自财产无法区分，丧失独立人格的，构成人格混同。关联公司人格混同，严重损害债权人利益的，关联公司相互之间对外部债务承担连带责任。①

① 参见最高人民法院指导案例15号。

关联参见

《公司法》第20条

第八十四条　【利用关联关系造成损失的赔偿责任】 营利法人的控股出资人、实际控制人、董事、监事、高级管理人员不得利用其关联关系损害法人的利益；利用关联关系造成法人损失的，应当承担赔偿责任。

条文解读

关联交易 法人的关联交易一般是指具有投资关系或者合同关系的不同主体之间所进行的交易，又称为关联方交易。

根据本条规定，与营利法人有关联关系的五种人不得利用其与营利法人的关联关系损害营利法人的利益，包括：（1）营利法人的控股出资人。比如，出资额占有限责任公司资本总额50%以上或者持有的股份占股份有限公司股本总额50%以上的股东；出资额或者持有股份的比例虽然不足50%，但依其出资额或者持有的股份所享有的表决权已足以对股东会、股东大会的决议产生重大影响的股东。（2）实际控制人。其是指虽然不是营利法人的出资人，但通过投资关系、协议或者其他安排，能够实际支配营利法人行为的人。（3）董事。其是指营利法人权力机构选举出来的董事会成员。（4）监事。其是指营利法人权力机构选举出来的监事会成员。（5）高级管理人员。其是指营利法人的经理、副经理、财务负责人，上市公司董事会秘书以及营利法人章程规定的其他人员。所谓关联关系是指营利法人的控股出资人、实际控制人、董事、监事、高级管理人员与其直接或者间接控制的营利法人之间的关系，以及可能导致营利法人利益转移的其他关系；但是，国家控股的营利法人之间不仅仅因为同受国家控股而具有关联关系。利用关联关系给法人造成损失的，应当就损失承担赔偿责任。

关联参见

《公司法》第21条；《公司法解释（三）》第12条

第八十五条　【营利法人出资人对瑕疵决议的撤销权】 营利法人的权力机构、执行机构作出决议的会议召集程序、表决方式违反法律、行政法规、法人章程，或者决议内容违反法人章程的，营利法人的出资人可以请求人民法院撤销该决议。但是，营利法人依据该决议与善意相对人形成的民事法律关系不受影响。

条文解读

根据本条的规定，可以请求人民法院撤销的营利法人权力机构、执行机构决议分为程序瑕疵和内容瑕疵两类：程序瑕疵是指营利法人权力机构、执行机构作出决议的会议召集程序、表决方式违反法律、行政法规、法人章程；内容瑕疵是指营利法人的权力机构、执行机构决议内容违反法人章程。无论是程序瑕疵还是内容瑕疵，营利法人的任何出资人都可以请求人民法院撤销该决议。

要注意的是，根据本条规定，即使决议被人民法院撤销，但是营利法人依据该决议与善意相对人形成的民事法律关系不受影响。

关联参见

《公司法》第22条

第八十六条　【营利法人的社会责任】 营利法人从事经营活动，应当遵守商业道德，维护交易安全，接受政府和社会的监督，承担社会责任。

条文解读

营利法人的社会责任 ➲ 营利法人要承担以下社会责任：

（1）遵守商业道德。商业道德是指从事商业活动应遵循的道德规范。商业道德对法律起着较好的补充作用。营利法人作为一种与社会经济各个方面有广泛联系的实体，应当遵守商业道德，接受相应规范的约束。在法律中作出规定，能够促使营利法人形成良好的经营作风、树立商业信誉、维护社会公众利益和经济秩序。

（2）维护交易安全。维护交易安全是从事经营活动应当遵循的基本准则，对于保护善意的交易相对人利益，建立诚实守信的市场环境，促进社会主义市场经济健康发展具有重要意义。我国民事立法秉持民商合一的传统，为规范商事活动，有必要在法律中明确营利法人应当维护交易安全。

（3）接受政府和社会的监督。营利法人的经营活动是否符合法律，是否符合商业道德规范，由政府和社会来进行监督。通过监督促使营利法人的行为规范化，更有效地维护国家利益、社会公众利益和营利法人自身的合法权益，维护市场秩序，促进营利法人的健康发展。

（4）承担社会责任。营利法人在依法经营、努力实现营利的同时，还应承担一定的社会责任，包括避免造成环境污染和维护职工合法权益等方面的责任。

关联参见

《公司法》第5条第1款

第三节　非营利法人

第八十七条　【非营利法人的定义和范围】 为公益目的或者其他非营利目的成立，不向出资人、设立人或者会员分配所取得利润的法人，为非营利法人。

非营利法人包括事业单位、社会团体、基金会、社会服务机构等。

条文解读

非营利法人 ➔ 非营利法人，是“营利法人”的对称，是指为公益目的或者其他非营利目的成立，不向其成员或者设立人分配利润的法人。非营利法人既包括面向社会大众，以满足不特定多数人的利益为目的的公益法人，如中华慈善总会、中国红十字会、环境保护协会、保护妇女儿童组织、各类基金会等；也包括为其他非营利目的成立的法人，比如为互助互益目的（即既非为公益又非为成员的经济利益，而是为成员的非经济利益）而成立的互益性法人（又称为共益性法人），仅面向成员提供服务，如商会、行业协会、学会、俱乐部等。非营利法人均不得分配利润，这是由其设立目的决定的。非营利法人如果在其存续期间分配利润，则与营利法人难以区分，背离非营利法人的设立目的。尽管非营利法人均不得分配利润，但在法人终止后能否分配剩余财产方面，为公益目的设立的非营利法人与为其他目的设立的非营利法人不同。为其他目的设立的非营利法人可以分配剩余财产，但为公益目的设立的非营利法人不得分配剩余财产。将非营利法人按照为公益目的设立和为其他非营利目的设立进行区分，有助于国家针对不同性质的非营利法人，制定不同的法律规范和政策措施，更好地促进各类非营利法人的发展。

第八十八条　【事业单位法人资格的取得】具备法人条件，为适应经济社会发展需要，提供公益服务设立的事业单位，经依法登记成立，取得事业单位法人资格；依法不需要办理法人登记的，从成立之日起，具有事业单位法人资格。

第八十九条　【事业单位法人的组织机构】事业单位法人设理事会的，除法律另有规定外，理事会为其决策机构。事业单位法人的法定代表人依照法律、行政法规或者法人章程的规定产生。

第九十条　【社会团体法人资格的取得】具备法人条件，基于会员共同意愿，为公益目的或者会员共同利益等非营利目的设立的社会团体，经依法登记成立，取得社会团体法人资格；依法不需要办理法人登记的，从成立之日起，具有社会团体法人资格。

第九十一条　【社会团体法人章程和组织机构】设立社会团体法人应当依法制定法人章程。

社会团体法人应当设会员大会或者会员代表大会等权力机构。

社会团体法人应当设理事会等执行机构。理事长或者会长等负责人按照法人章程的规定担任法定代表人。

第九十二条　【捐助法人】具备法人条件，为公益目的以捐助财产设立的基金会、社会服务机构等，经依法登记成立，取得捐助法人资格。

依法设立的宗教活动场所，具备法人条件的，可以申请法人登记，取得捐助法人资格。法律、行政法规对宗教活动场所有规定的，依照其规定。

条文解读

捐助法人　捐助法人，是指由自然人或者法人、非法人组织为实现公益目的，自愿捐助一定资金为基础而成立，以对捐助资金进行专门管理为目的的非营利法人。捐助法人的特点是：(1) 捐助法人是财产集合体，是以财产的集合为基础成立的法人；(2) 捐助法人没有成员或者会员，不存在通常的社会团体法人由会员大会组成的权力机构，只设立理事会和监事会；(3) 捐助法人具有非营利性，活动宗旨是通过资金资助促进科学研究、文化教育、社会福利和其他公益事业的发展，不具有营利性，为公益法人。

捐助法人的类型是：(1) 基金会，是利用自然人、法人或者非法人组织捐赠的财产，以从事公益事业为目的，按照《基金会管理条例》成立的非营利法人。(2) 社会服务机构，是由社会公益性资金或政府财政拨款举办的以公益为目的，运用专业技能在某些专业领域提供社会服务的机构。(3) 宗教捐助法人。宗教捐助法人也是捐助法人，由于具有特殊性，本条第2款专门规定宗教捐助法人。

宗教捐助法人是依法设立，具有法人条件的宗教活动场所，经过登记成立的捐助法人。其特点是：(1) 是依法设立的宗教活动场所，包括寺院、道观、教会等；(2) 应当具备法人条件，有自己的名称、组织机构、住所、财产和经费；(3) 依照宗教活动场所的意愿，可以申请登记成立捐助法人，也可以不申请登记成立捐助法人，愿意登记为宗教捐助法人的须经过登记，登记后取得宗教捐助法人资格，成为民事主体，享有民事权利能力和民事行为能力，能够自己承担民事责任。

关联参见

《宗教事务条例》第7条、第19条；《基金会管理条例》第2条、第6条第1款

第九十三条　【捐助法人章程和组织机构】 设立捐助法人应当依法制定法人章程。

捐助法人应当设理事会、民主管理组织等决策机构，并设执行机构。理事长等负责人按照法人章程的规定担任法定代表人。

捐助法人应当设监事会等监督机构。

第九十四条　【捐助人的权利】 捐助人有权向捐助法人查询捐助财产的使用、管理情况，并提出意见和建议，捐助法人应当及时、如实答复。

捐助法人的决策机构、执行机构或者法定代表人作出决定的程序违反法律、行政法规、法人章程，或者决定内容违反法人章程的，捐助人等利害关系人或者主管机关可以请求人民法院撤销该决定。但是，捐助法人依据该决定与善意相对人形成的民事法律关系不受影响。

条文解读

捐助法人的权利 ➲ 捐助法人的财产，由捐助人提供，因而捐助人尽管不从捐助法人的活动中获得利益，但是对于捐助法人享有部分权利。捐助人对捐助法人享有的权利是：(1) 查询捐助财产使用、管理情况。捐助法人对此负有义务，应当及时、如实答复。(2) 对捐助法人使用和管理捐助财产有权提出意见和建议，便于改进工作，使捐助财产发挥更好的公益效益。(3) 对于捐助法人错误的决定有权向人民法院主张撤销。捐助法人的决策机构、执行机构或者其法定代表人作出的决定违反了捐助法人章程的规定，不符合捐助人捐助财产设置捐助法人的意愿，捐助人享有向人民法院请求予以撤销的权利，查证属实的，人民法院应当予以撤销。与捐助法人有关的利害关系人或者捐助法人的主管机关，对此也享有撤销权，可以请求人民法院予以撤销。

基于维护交易安全的考虑，相关决定被人民法院撤销后，捐助法人依据该决定与善意相对人形成的民事法律关系不受影响。这并不意味着撤销权的行使没有效果。如果决定存在瑕疵并被人民法院撤销，造成损失的，可要求有过错的决策机构成员、执行机构成员或者法定代表人赔偿。这方面的立法精神在《基金会管理条例》中已有体现。《基金会管理条例》第43条第1款规定："基金会理事会违反本条例和章程规定决策不当，致使基金会遭受财产损失的，参与决策的理事应当承担相应的赔偿责任。"当然，如果表决时投了反对票，则该投反对票者不应当承担赔偿责任。

关联参见

《基金会管理条例》第39条、第43条；《宗教事务条例》第57条、第58条

第九十五条　【公益性非营利法人剩余财产的处理】 为公益目

的成立的非营利法人终止时，不得向出资人、设立人或者会员分配剩余财产。剩余财产应当按照法人章程的规定或者权力机构的决议用于公益目的；无法按照法人章程的规定或者权力机构的决议处理的，由主管机关主持转给宗旨相同或者相近的法人，并向社会公告。

条文解读

非营利法人终止时，能否向出资人、设立人或者会员等分配剩余财产，是区别为公益目的成立的非营利法人和其他非营利法人的主要标准。

为公益目的成立的非营利法人终止时，不得向出资人、设立人或者会员分配剩余财产。

关联参见

《慈善法》第 18 条第 3 款；《民办教育促进法》第 46 条、第 47 条、第 51 条、第 59 条第 2 款；《基金会管理条例》第 10 条、第 33 条；《宗教事务条例》第 60 条

第四节　特别法人

第九十六条　【特别法人的类型】 本节规定的机关法人、农村集体经济组织法人、城镇农村的合作经济组织法人、基层群众性自治组织法人，为特别法人。

条文解读

特别法人 特别法人，是指我国现实生活中存在的，既不属于营利法人，也不属于非营利法人，具有民事权利能力和民事行为能力，依法独立享有民事权利和承担民事义务的组织。其特点是：

第一，特别法人既不属于营利法人，也不属于非营利法人。特别法人是为公益目的或者其他非营利目的而成立的，但又不具有出资人和设

立人，而是依据国家法律或者政府的命令而设立的法人。

第二，特别法人具有法人的组织形式。特别法人有自己的名称、组织机构、住所，有一定的财产或者经费，也有其法定代表人，并且依照法律的规定而设立，具备法人的所有组织形式，是一个具有法人资格的组织体。

第三，特别法人具有民事权利能力和民事行为能力，能够以自己的财产或者经费承担民事责任。

第四，法律只规定了四类特别法人：(1) 机关法人。机关的设立依据是宪法及其相关法律和行政决定，其设立目的是履行公共管理职能，这决定了机关法人与其他法人组织存在较大差别。其他国家和地区一般都将机关法人与其他法人作区分，单独规定。(2) 农村集体经济组织法人。农村集体经济组织具有鲜明的中国特色。农村集体经济组织依法代表农民集体行使农村集体土地所有权，在遵守有关法律的前提下，有独立进行经济活动的自主权。(3) 基层群众性自治组织法人。村民委员会、居民委员会基层群众性自治组织在设立、变更和终止，行使职能和责任承担上也都有其特殊性，有必要将其作为特别法人。此外，在没有农村集体经济组织的村，村民委员会还可以代行农村集体经济组织的职能。(4) 合作经济组织法人。这类组织的特点是对内具有共益性或者互益性，对外又可以从事经营活动。对上述法人，单独设立一种法人类别，有利于其更好地参与民事生活，也有利于保护其成员和与其进行民事活动的相对人的合法权益。

第九十七条　【机关法人】有独立经费的机关和承担行政职能的法定机构从成立之日起，具有机关法人资格，可以从事为履行职能所需要的民事活动。

条文解读

机关法人 ➜ 机关法人是指依照法律法规和行政决定组建，享有公权力的，以从事国家公共管理活动为主的组织。这些组织代表国家从事公共管理职能，其在从事民事活动的时候，就具有机关法人的地位。之所以要赋予这些机关组织法人地位，是因为这些组织为了履行公共管理职能的需要，必须从事一些民事活动。

机关法人的特点如下：

一是机关法人是依据法律法规和行政决定而成立的。这是机关法人与营利法人和非营利法人的一个重大区别，大多数营利法人和非营利法人都是设立人、出资人等自愿成立，不是依据法律法规和行政决定而成立的。

二是机关法人自成立时就具有法人资格。正如前所述，机关法人是依据法律法规和行政决定而成立的，不需要经过登记程序，从成立之日起就具有机关法人资格。所以，本条规定，有独立经费的机关和承担行政职能的法定机构从成立之日起，具有机关法人资格，可以从事为履行职能所需要的民事活动。不需要登记就成立是机关法人与营利法人和非营利法人的另一个重大区别。根据《民法典》的规定，营利法人经依法登记成立，大多数非营利法人也需要依法登记成立。

三是机关法人是享有公权力的各类国家组织。机关法人依法享有国家赋予的公共管理职能，代表国家从事立法、行政、司法等事务和活动。这些活动直接体现国家意志，所形成的利益也归于国家。机关法人在从事这类活动时，与各类社会组织和自然人往往处于领导与被领导、监管与被监管的关系，但需要注意的是，机关法人在行使公权力时并不是以平等民事主体的身份出现的。其只有在从事民事活动时才以法人的名义出现，如代表机关购买办公用品、建设办公楼等，这时其才与其他民事主体处于平等地位。也正因为机关法人是以履行公共管理职能为目的，所以不得以营利为目的从事任何活动，也没有自己的经济利益，它们代表国家从事公共管理活动，由此形成的利益也归属于国家。也正因如此，机关法人以法人名义从事必要的民事活动时所形成的债务，应当由机关法人以其通过财政预算拨款所获得的经费承担责任。

四是机关法人从事民事活动时，其民事行为能力受到严格的限制。

之所以要严格限制，是因为机关法人成立的主要目的是从事公共管理职能，若其在从事公共管理职能时，广泛从事经营性活动，不但与其从事的职能不相符合，而且会导致对权力的滥用，与民争利，破坏公平的市场竞争环境。因此机关法人只能从事一些维持自己管理活动所必要的民事活动，如购买办公用品、建筑房屋、签订劳动合同等。在现实生活中确有一些机关法人在从事一些经营性活动，如开酒店等，但这些行为与法律的规定是不相符的，也不是《民法典》规定机关法人的目的。虽然根据政府采购法、担保法等有关法律、行政法规的规定，政府在一些特殊情况下可以进行政府采购行为和政府担保行为，但这些行为都是为了国家利益和社会公共利益，而不是为了谋取自身利益。也正因如此，本条特别强调，机关法人可以从事为履行职能所需要的民事活动。

五是机关法人的财产来源于国家和地方财政拨款。机关法人虽没有自己独立经营的财产，但是有独立的经费。这些独立的经费不是来源于社会投资，也不是国家投资，而是根据其工作需要，由国家和地方财政拨款形成的。因此，其最终责任承担也来源于国家财政经费。关于机关法人的范围，《民法典》规定了两类：一是有独立经费的机关；二是有独立经费的承担行政职能的法定机构。

第九十八条　【机关法人的终止】机关法人被撤销的，法人终止，其民事权利和义务由继任的机关法人享有和承担；没有继任的机关法人的，由作出撤销决定的机关法人享有和承担。

第九十九条　【农村集体经济组织法人】农村集体经济组织依法取得法人资格。

法律、行政法规对农村集体经济组织有规定的，依照其规定。

条文解读

农村集体经济组织法人 ➔ 农村集体经济组织法人，是指在自然乡村范围内，农民将其各自所有的生产资料投入集体所有，集体组织农业生产经营，集体劳动或者个人承包，按劳分配，具有民事权利能力和民事行为能力的特别法人。农村集体经济组织法人与营利法人和非营利法人最大的区别是，农村集体经济组织法人的成员具有天然性和身份性。所谓天然性和身份性，是指集体经济组织的成员与土地有依附关系，与农民的身份也有依附关系。因此，农村集体经济组织成员的加入、退出与其他法人有很大的区别，营利法人和非营利法人的成员都是加入自愿，退出自由；而农村集体经济组织的成员的加入和退出都与土地和农民的身份密切相关。

关联参见

《宪法》第 8 条第 1 款、第 17 条；《农村土地承包法》第 13 条

第一百条　【合作经济组织法人】城镇农村的合作经济组织依法取得法人资格。

法律、行政法规对城镇农村的合作经济组织有规定的，依照其规定。

条文解读

合作经济组织法人 城镇农村的合作经济组织法人，是指城市居民或者农民等小生产者，为了维护和改善各自的生产及生活条件，在自愿互助和平等互利的基础上，遵守合作社的法律和规章制度，联合从事特定经济活动所组成的具有企业性质的特别法人。合作经济组织依法成立后，符合法律要求的，就具有法人资格，具有民事权利能力和民事行为能力，依法承担民事责任。

关联参见

《宪法》第 8 条第 2 款；《农民专业合作社法》第 2 条、第 10 条、第 11 条；《市场主体登记管理条例》第 21 条

第一百零一条　【基层群众性自治组织法人】 居民委员会、村民委员会具有基层群众性自治组织法人资格，可以从事为履行职能所需要的民事活动。

未设立村集体经济组织的，村民委员会可以依法代行村集体经济组织的职能。

条文解读

村民委员会和居民委员会都是我国的基层群众性自治组织。

与其他法人相比，具有下列特殊性：(1) 设立特殊。村民委员会、居民委员会都是依据法律直接设立的。村民委员会是依据《村民委员会组织法》设立的；居民委员会是依据《城市居民委员会组织法》设立的。(2) 变更和终止特殊。除非村乡合并或者居民社区的区划发生变化，否则村民委员会和居民委员会不终止。(3) 行使职能特殊。村民委员会和居民委员会主要从事公益事业和提供公共服务，这与营利法人和非营利法人的职能有较大的不同。(4) 组织机构特殊。村民委员会一般由村主任等村干部组成，居民委员会一般由居委会主任等干部组成，根据《村民委员会组织法》和《城市居民委员会组织法》，这些成员都是经过公开选举产生。(5) 责任承担上特殊。根据《城市居民委员会组织法》的规定，居民委员会办理本居住地区公益事业所需的费用，经居民会议讨论决定，可以根据自愿原则向居民筹集，也可以向本居住地区的受益单位筹集，但是必须经受益单位同意；收支账目应当及时公布，接受居民监督。居民委员会的工作经费和来源，由不设区的市、市辖区的人民政府或者上级人民政府规定并拨付；经居民会议同意，可以从居民委员会的经济收入中给予适当补助。因此，其债务也只能以居民筹集的费用、政府拨付的工作经费和居民委员会的经济收入补助来承担。村民委员会原则上也应当以其办公经费承担债务，该债务是其代表村集体从事经济活动所欠，可以以村集体财产承担，但不得处分村集体所有的土地。

关联参见

《村民委员会组织法》第2条；《城市居民委员会组织法》第2—4条

第四章　非法人组织

第一百零二条　【非法人组织的定义】非法人组织是不具有法人资格，但是能够依法以自己的名义从事民事活动的组织。

非法人组织包括个人独资企业、合伙企业、不具有法人资格的专业服务机构等。

条文解读

非法人组织 非法人组织是无法人资格而能以自己名义从事民事活动的组织。

非法人组织的特征有：(1) 虽然不具有法人资格，但能够依法以自己的名义从事民事活动。这类组织没有法人资格，不能独立承担民事责任，是介于自然人和法人之间的一种社会组织。但该类组织具有民事权利能力和民事行为能力，能够以自己的名义从事民事活动。(2) 依法成立。非法人组织在设立程序上须履行法定的登记手续，经有关机关核准登记，这是非法人组织的合法性要件。只有依法成立，才具有民事权利能力和民事行为能力。(3) 有一定的组织机构。即拥有符合法律规定的名称、固定的从事生产经营等业务活动的场所，以及相应的组织管理机构和负责人，使之能够以该组织的名义对外从事相应的民事活动。(4) 有一定的财产或经费。虽然非法人组织不能独立承担民事责任，也不要求其有独立的财产，但由于它是经依法登记的组织，可以以自己的名义对外从事民事活动，享受民事权利、承担民事义务，因此它应该有与其经营活动和经营规模相适应的财产或者经费，作为其参与民事活动，享受民事权利、承担民事义务的物质基础和财产保证。应当指出的是，非法人组织的财产或经费，与法人的财产或者经费不同，即它不是独立的，是其所属法人或公民财产的组成部分，归该法人或公民所有。(5) 不具有独立承担民事责任的能力。由于非法人组织没有独立的财产或经费，因而它不具有独立承担民事责任的能力。该类组织与法人的最大区别，就是不能独立承担民事责任，当其因对外进行民事活动而需要承担民事责任时，如其自身所拥有的财产能够承担责任，则由其自身承担；如其自身所拥有的财产不足以承担责任，则由其出资人或设立人承担连带责任。

关联参见

《个人独资企业法》第 2 条；《合伙企业法》第 2 条；《律师法》第 15 条第 2 款；《注册会计师法》第 23 条

第一百零三条　【非法人组织的设立程序】 非法人组织应当依照法律的规定登记。

设立非法人组织，法律、行政法规规定须经有关机关批准的，依照其规定。

第一百零四条　【非法人组织的债务承担】 非法人组织的财产不足以清偿债务的，其出资人或者设立人承担无限责任。法律另有规定的，依照其规定。

第一百零五条　【非法人组织的代表人】 非法人组织可以确定一人或者数人代表该组织从事民事活动。

第一百零六条　【非法人组织的解散】 有下列情形之一的，非法人组织解散：

（一）章程规定的存续期间届满或者章程规定的其他解散事由出现；

（二）出资人或者设立人决定解散；

（三）法律规定的其他情形。

条文解读

本条规定，非法人组织解散的事由包括：一是非法人组织章程规定的存续期间届满。在非法人组织设立时，如果设立人或出资人在章程中明确规定了存续期间，存续期间届满后，设立人或出资人没有使非法人组织继续存续的意愿的，非法人组织就应当解散。二是非法人组织章程规定的其他解散事由出现。非法人组织作为出资人或设立人合意而形成的组织体，其出资人或设立人根据意思自治原则，完全可以在设立非法人组织时，在章程中约定出现特定事由，非法人组织将解散。一旦发生约定的解散事由，非法人组织则应解散。三是出资人或者设立人决定解散。非法人组织在存续期间，如果出资人或设立人发现设立非法人组织的目的已经实现或者无法实现，或者基于其他事由而不愿意让非法人组织继续存续，完全可以按照自己的意愿作出解散非法人组织的决定。四是法律规定的其他解散事由。

关联参见

《合伙企业法》第 85 条；《个人独资企业法》第 26 条

第一百零七条　【非法人组织的清算】非法人组织解散的，应当依法进行清算。

条文解读

非法人组织的清算 ➔ 出资人或设立人在非法人组织出现解散事由后，应当解散非法人组织，指定清算人开展清算活动。非法人组织的清算人可以由非法人组织的设立人或出资人确定，或者按照法律规定的方式确定。清算人可以由非法人组织的出资人或者设立人担任，也可以是设立人或出资人委托的人，还可能是法律规定的其他人员。清算期间，非法人组织不得开展与清算目的无关的活动。非法人组织清算完成后，依法需要登记的非法人组织，还需要到登记机关办理注销登记手续，完成注销登记手续后非法人组织终止。

关联参见

《个人独资企业法》第27—30条、第32条；《合伙企业法》第86—88条

第一百零八条　【非法人组织的参照适用规定】 非法人组织除适用本章规定外，参照适用本编第三章第一节的有关规定。

第五章　民事权利

第一百零九条　【一般人格权】 自然人的人身自由、人格尊严受法律保护。

条文解读

人身自由 人身自由是自然人自主参加社会各项活动、参与各种社会关系、行使其他人身权和财产权的基本保障，是自然人行使其他一切权利的前提和基础。

人格尊严 人格尊严是人身权的重要内容，涉及姓名权、名誉权、荣誉权、肖像权、隐私权等方面。人格尊严不受侵犯，是自然人作为人的基本条件之一，也是社会文明进步的一个基本标志。

关联参见

《宪法》第37条、第38条；《刑法》第238条

第一百一十条　【民事主体的人格权】 自然人享有生命权、身体权、健康权、姓名权、肖像权、名誉权、荣誉权、隐私权、婚姻自主权等权利。

法人、非法人组织享有名称权、名誉权和荣誉权。

条文解读

人格权 ➲ 人格权是存在于民事主体人格上的权利，是民事主体对其特定的人格利益享有的权利。

1. 自然人的人格权

本条第1款是对自然人人格权的规定。依据本款规定，自然人主要享有以下人格权：

（1）生命权。生命权是指以自然人的生命安全利益为内容的权利，它以生命安全和生命维持为客体，以维护人的生命活动延续为基本内容。生命权是自然人享有的最基本的人格权。

（2）身体权。身体权是指自然人保持其身体组织完整并支配其肢体、器官和其他身体组织的权利。作为生命的载体，自然人的身体受法律保护，任何人不得非法侵害。身体包括头颈、躯干、器官、四肢及毛发、指甲等。身体权与生命权、健康权密切相关，侵害自然人的身体往往导致对自然人健康的损害，甚至剥夺自然人的生命。但生命权、健康权和身体权所保护的自然人的具体人格利益有区别，生命权以保护自然人生命的延续为内容，健康权以保护身体各组织及整体功能正常为内容，身体权以保护身体组织的完整及对身体组织的支配为内容。当他人侵害自然人的身体已经达到使自然人的组织和功能不正常时，侵害的是自然人的健康权，而非身体权。当他人侵害自然人的身体，但未侵害自然人的组织和功能正常时，侵害的仅是自然人的身体权，而非健康权。如甲未经乙同意突然将乙的长头发剪断，此时乙的身体组织和功能正常并未受到侵害，但甲侵害了乙对自己身体组织完整及对身体组织的支配，侵害了乙的身体权。

（3）健康权。健康权是指自然人维护其机体生理机能正常运作和功能完善发挥为内容的权利。

（4）姓名权。姓名权是指自然人决定、使用和依照规定改变自己姓名的权利。《民法典》第1014条规定，任何组织或者个人不得以干涉、盗用、假冒等方式侵害他人的姓名权或者名称权。

（5）肖像权。肖像权是指自然人对在自己的肖像上体现的精神利益和物质利益所享有的权利。

（6）名誉权。名誉权是指自然人就其自身属性和价值所获得的社会评价，享有的保有和维护的权利。

（7）荣誉权。荣誉权是指自然人对其获得的荣誉及其利益所享有的保持、支配的权利。

（8）隐私权。隐私权是指自然人享有的私人生活安宁与私人生活信息依法受到保护，不受他人侵扰、知悉、使用、披露和公开的权利。隐私权有以下特点：一是隐私权的内容具有隐秘性，权利人不愿公开或者不希望他人非法干涉。二是隐私权的内容具有真实性，是客观存在的事实。这就把侵犯名誉权的行为和侵犯隐私权的行为区别开来。在隐私权侵权案件中，加害人不能因其所公开的事实为真而免责。捏造歪曲事实，损害他人形象属于侵犯名誉权。散布当事人不愿公开的属实情况，则属于侵犯隐私权。三是隐私权与其他民事权利一样，其保护要受公共利益的限制。主张隐私权不能违反法律的强制性规定，不能违背社会的公序良俗，不得损害他人的利益。

（9）婚姻自主权。婚姻自主权是指自然人享有的结婚、离婚自由，不受他人干涉的权利。《民法典》第1042条第1款规定，禁止包办、买卖婚姻和其他干涉婚姻自由的行为。禁止借婚姻索取财物。

2. 法人、非法人组织的人格权

本条第2款是对法人、非法人组织人格权的规定。依据本款规定，法人、非法人组织主要享有以下人格权：

（1）名称权。《民法典》第1013条规定，法人、非法人组织享有名称权，有权依法决定、使用、变更、转让或者许可他人使用自己的名称。第1014条规定，任何组织或者个人不得以干涉、盗用、假冒等方式侵害他人的姓名权或者名称权。

（2）名誉权。名誉权是指法人、非法人组织就其自身属性和价值所获得的社会评价，享有的保有和维护的权利。

（3）荣誉权。荣誉权是指法人、非法人组织对其获得的荣誉及其利益所享有的保持、支配的权利。

实务应用

29. 当姓名权和肖像权具有商业化使用权能时，能否对人格权的精神利益和财产价值一并保护，并将合理的律师费纳入人格权损害赔偿范围？

当姓名权和肖像权具有商业化使用权能时，当事人仅以侵权责任进行主张，该人格权的精神利益和财产价值可一并予以保护，包括属于合理开支的律师费在内均应纳入人格权损害的赔偿范围。人民法院在酌定赔偿数额时，应结合权利类型、侵权方式，从侵权程度、侵权人和侵权人的身份地位、职业状况、经济情况、获利情况、过错类型等方面予以综合考量。①

30. 偷拍、偷画他人肖像的行为是否构成对他人肖像权的侵犯？

肖像权是人格权的一种，所体现的人格利益包含精神利益和物质（财产）利益。公民的肖像权是公民享有的以其肖像所体现的人格利益为内容的专有民事权利。肖像权作为公民专有的民事权利，具体为形象再现的专有性和肖像使用的处分性。他人是否可以取得肖像权人的肖像，属于肖像权人的权利，以偷拍、偷画等方式取得他人的肖像，是对肖像专有权的侵犯。未经肖像权人许可，以营利为目的使用肖像权人的肖像的，构成对肖像权人的肖像权的侵犯。

---

① 参见最高人民法院公报2020年第2期。

案例指引

13. 在网站上发布诋毁同行的不实信息，是否侵犯了企业的名誉权？①

原告安徽某医疗科技公司与被告安徽某健康科技公司均生产防护口罩。2021 年 7 月，安徽某健康科技公司向安徽省商务厅投诉称，安徽某医疗科技公司盗取其公司防护口罩的产品图片等宣传资料，并冒用其公司名义在国际电商平台上公开销售产品。随后，安徽某医疗科技公司收到安徽省商务厅的约谈通知。与此同时，该公司不断接到客户电话反映称，安徽某健康科技公司在公司官网、微信公众号上发布指责其盗用防护口罩名称、包装的文章，被各大网络平台转载。经查，涉案国际电商平台设立在东南亚某国，安徽某医疗科技公司从未在该平台上注册企业用户信息，也不是该平台的卖家商户，虽然平台上确有安徽某健康科技公司防护口罩的产品信息，但网页配图中安徽某医疗科技公司的厂房和车间图片系被盗用和嫁接。为了维护自身合法权益，安徽某医疗科技公司诉至法院，请求判令安徽某健康科技公司立即停止侵犯名誉权行为并赔礼道歉。安徽某健康科技公司提起反诉，要求安徽某医疗科技公司立即停止在国际电商平台销售和宣传侵权产品，并赔礼道歉。

生效裁判认为，涉案国际电商平台上涉及两家公司的商品信息均为网站用户在其个人终端上自主上传，安徽某医疗科技公司没有在该平台上注册过企业用户信息，不具备在该电商平台上销售产品的前提条件，网页配图系被他人盗用。安徽某健康科技公司发现平台用户存在侵权行为后，应当第一时间向该电商平台要求采取删除、屏蔽、断开链接等必要措施，并查清实际侵权人。但安徽某健康科技公司未核实信息来源，

---

① 参见《人民法院贯彻实施民法典典型案例（第二批）》（2023 年 1 月 12 日发布），安徽某医疗科技公司诉安徽某健康科技公司名誉权纠纷案，载最高人民法院网 https：//www.court.gov.cn/zixun-xiangqing-386521.html，最后访问日期：2023 年 2 月 20 日。

仅凭配发的安徽某医疗科技公司图片即向有关部门投诉。在投诉尚无结论时，安徽某健康科技公司即在公司官网及微信公众号发布不实言论，主观认定安徽某医疗科技公司假冒、仿冒其公司产品，文章和声明被各大网络平台大量转载和传播，足以引导阅读者对安徽某医疗科技公司产生误解，致使公司的商业信誉降低，社会评价下降。安徽某健康科技公司的行为严重侵犯安徽某医疗科技公司的企业名誉，构成侵权，应当承担相应的民事责任。据此，依法判决安徽某健康科技公司停止侵害、删除发布在网站上的不实信息并登报赔礼道歉，驳回安徽某健康科技公司的反诉。

党的二十大报告强调要优化民营企业发展环境，依法保护民营企业产权和企业家权益，促进民营经济发展壮大。企业名誉是企业赖以生存和发展的重要基础，依法保护企业名誉权是构建法治化营商环境的应有之义。《民法典》第 110 条确认了法人、非法人组织享有名誉权，第 1024 条规定任何组织和个人不得以侮辱、诽谤等方式侵害他人名誉权。本案中，安徽某健康科技公司未经核实，采取投诉、公开发布指责声明的方式，侵犯同行业安徽某医疗科技公司名誉，致使其商业信誉降低，构成侵犯企业名誉权。人民法院依法判决安徽某健康科技公司停止侵害、删除发布在网站上的不实信息并登报赔礼道歉，既保护了被侵权企业的合法权益，也有利于维护市场竞争秩序，促进行业在良性竞争中发展。

14. 通信公司擅自多次向用户进行电话推销，是否侵犯了用户的隐私权？①

2011 年 7 月，原告孙某燕在被告某通信公司某市分公司处入网，办理了电话卡。2020 年 6 月至 12 月，孙某燕持续收到营销人员以某通信公司某市分公司工作人员名义拨打的推销电话，以“搞活动”“回馈老客户”“赠送”“升级”等为由数次向孙某燕推销套餐升级业务。期间，

① 参见《人民法院贯彻实施民法典典型案例（第二批）》（2023 年 1 月 12 日发布），孙某燕与某通信公司某市分公司等隐私权、个人信息保护纠纷案，载最高人民法院网 https://www.court.gov.cn/zixun-xiangqing-386521.html，最后访问日期：2023 年 2 月 20 日。

原告孙某燕两次拨打该通信公司客服电话进行投诉，该通信公司客服在投诉回访中表示会将原告的手机号加入“营销免打扰”，以后尽量避免再向原告推销。后原告孙某燕又接到了被告的推销电话，经拨打该通信公司客服电话反映沟通未得到回复，遂通过工业和信息化部政务平台“电信用户申诉受理平台”进行申诉。该平台回复“在处理过程中，双方未能达成一致意见，依据《电信用户申诉处理办法》第 17、19、20 条等规定，因调解不成，故视为办结，建议依照国家有关法律规定就申诉事项向仲裁机构申请仲裁或者向人民法院提起诉讼”。原告孙某燕遂向人民法院提起诉讼，请求被告承担侵权责任。

生效裁判认为，自然人的私人生活安宁不受侵扰和破坏。本案中，孙某燕与某通信公司某市分公司之间的电信服务合同依法成立生效。某通信公司某市分公司应当在服务期内为孙某燕提供合同约定的电信服务。孙某燕提交的证据能够证明某通信公司某市分公司擅自多次向孙某燕进行电话推销，侵扰了孙某燕的私人生活安宁，构成了对孙某燕隐私权的侵犯。故判决被告某通信公司某市分公司未经原告孙某燕的同意不得向其移动通信号码拨打营销电话，并赔偿原告孙某燕交通费用 782 元、精神损害抚慰金 3000 元。

民法典在总则编和人格权编对隐私权和个人信息保护作出专门规定，丰富和完善了隐私权和个人信息保护的规则。特别是第 1033 条第 1 项对群众反映强烈的以电话、短信、即时通信工具、电子邮件等方式侵扰他人私人生活安宁的行为进行了严格规制，回应了社会关切。本案中，原告孙某燕使用被告某通信公司某市分公司提供的移动通信号码，并向其支付费用，故原、被告之间存在电信服务合同关系。某通信公司某市分公司在孙某燕多次明确表示不接受电话推销业务后，仍继续向孙某燕进行电话推销，其行为构成对孙某燕隐私权的侵犯。本案虽系依据原《民法总则》作出裁判，但也充分体现了《民法典》第 1032 条、第 1033 条第 1 项的规定精神，其裁判结果不仅维护了当事人的隐私权，更对当前群众反映强烈的问题作出了回应，亮明了司法态度。

第一百一十一条　【个人信息受法律保护】自然人的个人信息受法律保护。任何组织或者个人需要获取他人个人信息的，应当依法取得并确保信息安全，不得非法收集、使用、加工、传输他人个人信息，不得非法买卖、提供或者公开他人个人信息。

条文解读

个人信息 ➔ 个人信息权利是公民在现代信息社会享有的重要权利，承载着信息主体的人格利益，也与信息主体的其他人身、财产利益密切相关。因此，明确对个人信息的保护，对于保护公民的人格尊严、人格自由，使公民免受非法侵扰，维护正常的社会秩序具有现实意义。《个人信息保护法》第4条第1款规定，个人信息是以电子或者其他方式记录的与已识别或者可识别的自然人有关的各种信息，不包括匿名化处理后的信息。

实务应用

31. 明知合同标的物系非法获取公民个人信息的工具仍予以买卖的，该买卖合同效力如何？

手机MAC地址虽非传统的能够直接识别特定自然人的信息，但与其他信息结合后就能识别出特定自然人的手机号码，属于未经用户同意即收集手机用户个人信息的行为，违反了《网络安全法》关于收集个人信息须经该自然人同意的法律规定。买卖双方当事人明知合同标的物系非法获取公民个人信息的工具，仍予以买卖，其买卖行为违反法律的强制性规定，并构成对社会公共利益的损害，该买卖合同无效。①

---

① 参见吴玉萍，刘文：《天津一中院宣判一起买卖非法获取个人信息案件》，载中国法院网 https://www.chinacourt.org/article/detail/2021/01/id/5787908.shtml，最后访问日期2023年4月3日。

关联参见

《个人信息保护法》第4条、第10条；《消费者权益保护法》第14条、第29条、第50条；《网络安全法》第42条、第76条；《商业银行法》第29条；《居民身份证法》第19条；《刑法》第253条之一；《最高人民法院、最高人民检察院关于办理侵犯公民个人信息刑事案件适用法律若干问题的解释》

第一百一十二条　【婚姻家庭关系等产生的人身权利】 自然人因婚姻家庭关系等产生的人身权利受法律保护。

实务应用

32. 自然人因婚姻、家庭关系等产生的人身权利主要包括哪些内容？

（1）自然人因婚姻关系产生的人身权利。男女双方通过结婚形成婚姻关系，夫妻之间因为婚姻关系产生一些人身权利，如夫妻双方的扶养权利和义务。《民法典》第1059条规定，夫妻有相互扶养的义务。需要扶养的一方，在另一方不履行扶养义务时，有要求其给付扶养费的权利。

（2）自然人因家庭关系产生的人身权利。自然人因家庭关系产生一些人身权利。如父母对子女的亲权和履行监护职责产生的权利。《民法典》第26条规定，父母对未成年子女负有抚养、教育和保护的义务。成年子女对父母负有赡养、扶助和保护的义务。第27条第1款规定，父母是未成年子女的监护人。第34条第2款规定，监护人依法履行监护职责产生的权利，受法律保护。第1058条规定，夫妻双方平等享有对未成年子女抚养、教育和保护的权利，共同承担对未成年子女抚养、教育和保护的义务。第1067条规定，父母不履行抚养义务的，未成年子女或者不能独立生活的成年子女，有要求父母给付抚养费的权利。成年子女不履行赡养义务的，缺乏劳动能力或者生活困难的父母，有要求成年子女给付赡养费的权利。

第一百一十三条　【财产权受法律平等保护】 民事主体的财产权利受法律平等保护。

条文解读

财产权利平等保护原则，是指不同的民事主体对其所享有的财产权利，享有平等地位，适用规则平等和法律保护平等的民法原则。其内容是：(1) 财产权利的地位一律平等，最主要的含义是强调自然人和其他权利人的财产权利受到平等保护。(2) 适用规则的平等，对于财产权利的取得、设定、移转和消灭，都适用共同规则，体现法律规则适用的平等性。(3) 保护的平等，在财产权利出现争议时，平等保护所有受到侵害的财产权利，不受任何歧视。

财产权利的内容是：(1) 物权；(2) 债权；(3) 知识产权；(4) 继承权；(5) 股权和其他投资性权利；(6) 其他财产权利与利益。

关联参见

《宪法》第 12 条、第 13 条

第一百一十四条　【物权的定义及类型】 民事主体依法享有物权。

物权是权利人依法对特定的物享有直接支配和排他的权利，包括所有权、用益物权和担保物权。

条文解读

物权 ➲ 物权，是对物的权利。物权是一种财产权，财产权主要有物权、债权、继承权和知识产权中的财产权。财产可分为有形财产和无形财产，物权是对有形财产的权利。

这种权利是权利人在法律规定的范围内对特定的物享有的直接支配和排他的权利。由于物权是直接支配物的权利，因而物权又被称为“绝对权”；物权的权利人享有物权，任何其他人都不得非法干预，物权的权利人以外的任何人都是物权的义务人，因此物权又被称为“对世权”。

物权的权利人对物享有直接支配的权利，是物权的主要特征之一。各种物权均以直接支配物作为其基本内容。“直接”即权利人实现其权利不必借助于他人，在法律规定的范围内，完全可以按照自己的意愿行使权利。“支配”有安排、利用的意思，包括占有、使用、收益和处分的权能总和。“直接支配”指的是对于物不需要他人的协助、配合，权利人就能对物自主利用。对所有权来说，权利人可以按照自己的意愿行使占有、使用、收益和处分的权利。直接支配还有排除他人干涉的含义，其他人负有不妨碍、不干涉物权人行使权利的义务。物权的排他性是指一物之上不能有相互冲突的物权，比如所有权，一物之上只能有一个所有权，此物是我的就不是你的（建筑物区分所有权等是特例）；即使一物之上可以设定若干个抵押权，但由于是按照抵押权设定的先后顺序优先受偿，其间也不存在冲突。

所有权 ➲ 所有权是指权利人依法对自己的不动产和动产享有全面支配的权利。所有权具有四项权能，即占有、使用、收益和处分。“占有”是对于财产的实际管领或控制，拥有一个物的一般前提就是占有，这是财产所有者直接行使所有权的表现。“使用”是权利主体对财产的运用，发挥财产的使用价值。拥有物的目的一般是使用。“收益”是通过财产的占有、使用等方式取得的经济效益。使用物并获益是拥有物的目的之一。“处分”是指财产所有人对其财产在事实上和法律上的最终处置。

用益物权 ➲ 用益物权是权利人对他人所有的不动产或者动产，依法享有占有、使用和收益的权利。《民法典》中规定了土地承包经营权、建设用地使用权、宅基地使用权、居住权和地役权这几种用益物权。用益物权是以对他人所有的不动产或者动产为使用、收益的目的而设立的，因而被称作“用益”物权。用益物权制度是物权法律制度中一项非常重要的制度，与所有权制度、担保物权制度一同构成了物权制度的完整体系。

担保物权 ➲ 担保物权是为了确保债务履行而设立的物权，当债务人不履行债务时，债权人就担保财产依法享有优先受偿的权利。担保物权对保证债权实现、维护交易秩序、促进资金融通，具有重要作用。担保物权包括抵押权、质权和留置权。

第一百一十五条　【物权的客体】物包括不动产和动产。法律规定权利作为物权客体的，依照其规定。

条文解读

物权的客体 ➲ 法律上所指的物，主要是不动产和动产。“不动产”是不可移动的物，比如土地以及房屋、林木等土地附着物。“动产”是不动产以外的可移动的物，比如机动车、电视机等。物权法上的物指有体物或者有形物，有体物或者有形物是物理上的物，包括固体、液体、气体，也包括电等没有形状的物。所谓有体物或者有形物主要是与精神产品相对而言的，著作、商标、专利等是精神产品，是无体物或者无形物，精神产品通常不是物权制度规范的对象。同时，并非所有的有体物或者有形物都是物权制度规范的对象，能够作为物权制度规范对象的还必须是人力所能控制、有利用价值的物。随着科学技术的发展，一些原来无法控制且无法利用的物也可以控制和利用了，也就纳入了物权制度的调整范围，物权制度规范的物的范围也在不断扩大。

精神产品不属于物权制度的调整范围，但是在有些情况下，财产权利可以作为担保物权的标的，比如可以转让的注册商标专用权、专利权、著作权等知识产权中的财产权，可以出质作为担保物权的标的，形成权利质权，由此权利也成为物权的客体。因此，本条规定，法律规定权利作为物权客体的，依照其规定。

第一百一十六条　【物权法定原则】 物权的种类和内容，由法律规定。

条文解读

物权法定 ➜ 物权法定中的“法”，是指法律，即全国人民代表大会及其常务委员会制定的法律，除法律明确规定可以由行政法规、地方性法规规定的外，一般不包括行政法规和地方性法规。需要说明的是，物权法定中的法律，除《民法典》物权编外，还包括其他法律，如《土地管理法》《城市房地产管理法》《矿产资源法》《草原法》《森林法》《海域使用管理法》《渔业法》《海商法》《民用航空法》等，这些法律中都有对物权的规定。

物权法定，有两层含义：一是物权由法律规定，当事人不能自由创设物权；二是违背物权法定原则，所设“物权”没有法律效力。“物权的种类和内容，由法律规定”，需要注意以下几点：(1) 设立哪些物权的种类，只能由法律规定，当事人之间不能创立。物权的种类分为所有权、用益物权和担保物权，用益物权中还可分为土地承包经营权、建设用地使用权、宅基地使用权和地役权；担保物权中还可分为抵押权、质权和留置权。(2) 物权的权利内容，一般也只能由法律规定，物权的内容指物权的权利义务，如土地承包经营权的承包期多长，承包经营权何时设立，承包经营权的流转权限，承包地的调整、收回、被征收中的权利义务等。有关物权的规定许多都是强制性规范，当事人应当严格遵守，不能由当事人约定排除，除非法律规定了“有约定的按照约定”“当事人另有约定的除外”这些例外情形。

第一百一十七条　【征收与征用】 为了公共利益的需要，依照法律规定的权限和程序征收、征用不动产或者动产的，应当给予公平、合理的补偿。

条文解读

征收与征用 征收是国家以行政权取得集体、单位和个人的财产所有权的行为。征收的主体是国家，通常是政府以行政命令的方式从集体、单位和个人手中取得土地、房屋等财产。在物权法上，征收是物权变动的一种特殊的情形，涉及所有权人的所有权丧失。征用是国家为了抢险、救灾等公共利益需要，在紧急情况下强制性地使用单位、个人的不动产或者动产。征用的目的旨在获得使用权，征用不导致所有权移转，被征用的不动产或者动产使用后，应当返还被征用人。征收、征用属于政府行使行政权，属于行政关系，不属于民事关系，但由于征收、征用是对所有权或者使用权的限制，同时又是国家取得所有权或者使用权的一种方式，因此民法通常从这一民事角度对此作原则规定。

需要说明的是，征收和征用是两个不同的法律概念。征收是指为了公共利益需要，国家将他人所有的财产强制地征归国有；征用是指为了公共利益需要而强制性地使用他人的财产。征收和征用共同之处在于，都是为了公共利益需要，都要经过法定程序，并都要给予补偿。不同之处在于，征收主要是所有权的改变，征用只是使用权的改变。征收是国家从被征收人手中直接取得所有权，其结果是所有权发生了移转；征用则主要是在紧急情况下对他人财产的强制使用，一旦紧急情况结束，被征用的财产应返还原权利人。

实务应用

33. 经营用房的承租人是否有资格与房屋征收部门签订补偿协议并取得相应补偿？

根据合法权益受到损害应得到赔偿的原则，经营用房的承租人有资格与房屋征收部门签订补偿协议并取得相应补偿。但承租人仅限于承租并实际经营人，即实际受到损失的经营者，出租人、转租人因无利益基础，不应认定其在房屋征收过程中具有独立之主张补偿权利。①

关联参见

《宪法》第10条、第13条；《土地管理法》第45—49条；《国有土地上房屋征收与补偿条例》第3条、第8—14条、第17—27条

第一百一十八条　【债权的定义】 民事主体依法享有债权。

债权是因合同、侵权行为、无因管理、不当得利以及法律的其他规定，权利人请求特定义务人为或者不为一定行为的权利。

条文解读

债 债是因合同、侵权行为、无因管理、不当得利以及法律的其他规定，在特定当事人之间发生的权利义务关系。首先，债是一种民事法律关系，是民事主体之间以权利义务为内容的法律关系。其次，债是特定当事人之间的法律关系。债的主体各方均为特定当事人。再次，债是特定当事人之间得请求为或者不为一定行为的法律关系。享有权利的人是债权人，负有义务的人是债务人。债是以请求权为特征的法律关系，债权人行使债权，只能通过请求债务人为或者不为一定行为得以实现。最后，债是因合同、侵权行为、无因管理、不当得利以及法律的其他规定而发生的法律关系。

合同 合同是民事主体之间设立、变更、终止民事法律关系的协议。合同依法成立后，即在当事人之间产生债权债务关系。基于合同所产生的债为合同之债。债权人有权按照合同约定，请求合同义务人履行

---

① 参见向阳：《某公司与某宾馆房屋租赁合同纠纷案》，载《人民法院报》2022年2月10日。

合同义务。合同之债是民事主体为自己利益依自己意思自行设定的，合同之债属于意定之债。

侵权行为 侵权行为，是指侵害他人民事权益的行为。《民法典》第 3 条规定，民事主体的人身权利、财产权利以及其他合法权益受法律保护，任何组织或者个人不得侵犯。在民事活动中，民事主体的合法权益受法律保护，任何人都负有不得侵害的义务。行为人侵害他人人身权利、财产权利以及其他合法权益的，应依法承担民事责任。民事权益受到侵害的，被侵权人有权请求侵权人承担侵权责任。因侵权行为，侵权人与被侵权人之间形成债权债务关系。侵权行为之债不是侵权人所愿意发生的法律后果，法律确认侵权行为之债的目的在于通过债权和民事责任使侵权行为人承担其不法行为所造成的不利后果，给被侵权人以救济，从而保护民事主体的合法民事权益。

无因管理 无因管理，是指没有法定的或者约定的义务，为避免他人利益受损失进行管理的行为。无因管理行为虽为干预他人事务，但却以避免他人利益受损失为目的，有利于社会的互助行为。法律为鼓励这一行为赋予管理人请求受益人偿还因管理行为支出的必要费用的权利。因无因管理产生的债称为无因管理之债。无因管理之债并不是基于当事人的意愿设定的，而是根据法律的规定，为法定之债。

不当得利 不当得利，是指没有法律根据，取得不当利益，造成他人损失的情形。在社会生活中，任何民事主体不得没有法律根据，取得利益而致他人损害，因此，法律规定受损失的人有权请求取得不当得利的人返还不当利益。不当得利为债的发生原因，基于不当得利而产生的债称为不当得利之债。不当得利之债既不同于合同之债，也不同于无因管理之债。不当得利不是当事人双方间的合意，并非当事人寻求的法律目的，也不以当事人的意志为转移，而是法律为纠正不当得利，直接赋予当事人的权利义务，也是法定之债。

合同、侵权行为、无因管理、不当得利是债的发生的主要原因，除此以外，法律的其他规定也会引起债的发生，民事主体依法享有债权。

如《民法典》第26条规定，父母对未成年子女负有抚养、教育和保护的义务。成年子女对父母负有赡养、扶助和保护的义务。父母不履行抚养义务时，未成年的或不能独立生活的子女，有要求父母付给抚养费的权利。子女不履行赡养义务时，无劳动能力的或生活困难的父母，有要求子女付给赡养费的权利。此时，未成年的或不能独立生活的子女和无劳动能力的或生活困难的父母依据法律的规定享有债权。

第一百一十九条　【合同之债】依法成立的合同，对当事人具有法律约束力。

条文解读

合同之债 合同是双方或多方的民事法律行为，只有各方的意思表示一致才能成立。合同之债是当事人在平等基础上自愿设定的，订不订合同、与谁订合同、合同的内容如何等，由当事人自愿约定。但是，合同依法成立以后，对当事人就具有法律约束力。所谓法律约束力，是指当事人应当按照合同的约定履行自己的义务，非依法律规定或者取得对方同意，不得擅自变更或者解除合同。如果不履行合同义务或者履行合同义务不符合约定，应当承担违约责任。只有依法成立的合同才能产生合同之债。

第一百二十条　【侵权之债】民事权益受到侵害的，被侵权人有权请求侵权人承担侵权责任。

条文解读

侵权之债 被侵权人在其民事权益被侵权人侵害构成侵权时，有权请求侵权人承担侵权责任。这种权利是一种请求权。所谓请求权，是指请求他人为一定行为或不为一定行为的权利。请求权人自己不能直接取得作为该权利内容的利益，必须通过他人的特定行为间接取得。在侵权人的行为构成侵权，侵害了被侵权人的民事权益时，被侵权人有权请求侵权人承担侵权责任。被侵权人可以直接向侵权人行使请求权，也可以向法院提起诉讼，请求法院保护自己的合法权益。

被侵权人可以是所有具有民事权利能力的民事主体，只要是具有实体法上的民事权利能力，又因侵权行为而使其民事权益受到侵害的人，就具有被侵权人的资格，包括自然人、法人和非法人组织。被侵权人的资格不在于其是否具有民事行为能力，但是有无民事行为能力关系到其是否可以自己行使请求侵权人承担侵权责任的权利。

第一百二十一条　【无因管理之债】没有法定的或者约定的义务，为避免他人利益受损失而进行管理的人，有权请求受益人偿还由此支出的必要费用。

条文解读

构成无因管理的要件有：(1) 管理他人事务。管理他人事务，即为他人进行管理，这是成立无因管理的首要条件。如将自己的事务误认为他人事务进行管理，即使目的是为他人避免损失，也不能构成无因管理。(2) 为避免他人利益受损失。一般来说，在既无法定义务又无约定义务的情况下，管理他人的事务，属于干预他人事务的范畴。而法律规定的无因管理，是为避免他人利益受损失而进行管理的行为。符合助人为乐、危难相助的道德准则的行为，应该得到鼓励和受到保护。(3) 没有法定的或者约定的义务。无因，指没有法定的或者约定的义务。没有法定的或者约定的义务是无因管理成立的重要条件。如果行为人负有法定的或者约定的义务进行管理，则不能构成无因管理。根据本条规定，符合以上三个要件，构成无因管理。无因管理发生后，管理人享有请求受益人偿还因管理行为支出的必要费用，受益人有偿还该项费用的义务。

第一百二十二条　【不当得利之债】因他人没有法律根据，取得不当利益，受损失的人有权请求其返还不当利益。

条文解读

构成不当得利的要件有：(1) 民事主体一方取得利益。取得利益，是指财产利益的增加。既包括积极的增加，即财产总额的增加，也包括消极的增加，即财产总额应减少而未减少，如本应支付的费用没有支付等。(2) 民事主体他方受到损失。受到损失，是指财产利益的减少。既包括积极损失，即财产总额的减少，也包括消极损失，即应当增加的利益没有增加。(3) 一方取得利益与他方受到损失之间有因果关系。一方取得利益与他方受到损失之间有因果关系，是指他方的损失是因一方获得利益造成的。(4) 没有法律根据。没有法律根据是构成不当得利的重要要件。如果一方取得利益和他方受到损失之间有法律根据，民事主体之间的关系就受到法律的认可和保护，不构成不当得利。

第一百二十三条　【知识产权及其客体】民事主体依法享有知识产权。

知识产权是权利人依法就下列客体享有的专有的权利：

（一）作品；

（二）发明、实用新型、外观设计；

（三）商标；

（四）地理标志；

（五）商业秘密；

（六）集成电路布图设计；

（七）植物新品种；

（八）法律规定的其他客体。

条文解读

知识产权 ➜ 知识产权是国际上广泛使用的一个法律概念，是民事主体对其创造性的客体依法享有的专有权利。知识产权有以下特征：(1) 知识产权是一种无形财产权。(2) 知识产权具有财产权和人身权的双重属性，如作者享有发表权、署名权、修改权等人身权。(3) 知识产权具有专有性。本条规定，知识产权是权利人依法就下列客体享有的专有的权利。法律规定知识产权为权利人专有，除权利人同意或法律规定外，权利人以外的第三人不得享有或者使用该项权利，否则为侵害他人的知识产权。(4) 知识产权具有地域性，法律确认和保护的知识产权，除该国与他国条约或参加国际公约外，只在一国领域内发生法律效力。(5) 知识产权具有时间性，各国法律对知识产权的保护都有严格的时间限制。丧失效力的知识产权客体进入公有领域，成为全人类共有的财富。

根据本条规定，知识产权是权利人依法就下列客体所享有的专有权利：

1. 作品。对作品的知识产权保护主要规定在著作权相关法律法规中。《著作权法》第3条规定，作品，是指文学、艺术和科学领域内具有独创性并能以一定形式表现的智力成果，包括：(1) 文字作品；(2) 口述作品；(3) 音乐、戏剧、曲艺、舞蹈、杂技艺术作品；(4) 美术、建筑作品；(5) 摄影作品；(6) 视听作品；(7) 工程设计图、产品设计图、地图、示意图等图形作品和模型作品；(8) 计算机软件；(9) 符合作品特征的其他智力成果。权利人依法就作品享有的专有权利是著作权。根据著作权法的规定，著作权，是指著作权人对其作品享有的人身权和财产权，包括发表权、署名权、修改权、保护作品完整权、复制权、发行权、出租权、展览权、表演权、放映权、广播权、信息网络传播权、摄制权、改编权、翻译权、汇编权和应当由著作权人享有的其他权利。

2. 发明、实用新型、外观设计。《专利法》第2条规定，发明创造是指发明、实用新型和外观设计。发明，是指对产品、方法或者其改进所提出的新的技术方案。实用新型，是指对产品的形状、构造或者其结合所提出的适于实用的新的技术方案。外观设计，是指对产品的整体或者局部的形状、图案或者其结合以及色彩与形状、图案的结合所作出的富有美感并适于工业应用的新设计。

3. 商标。《商标法》第 3 条规定，经商标局核准注册的商标为注册商标，包括商品商标、服务商标和集体商标、证明商标。集体商标，是指以团体、协会或者其他组织名义注册，供该组织成员在商事活动中使用，以表明使用者在该组织中的成员资格的标志。证明商标，是指由对某种商品或者服务具有监督能力的组织所控制，而由该组织以外的单位或者个人使用于其商品或者服务，用以证明该商品或者服务的原产地、原料、制造方法、质量或者其他特定品质的标志。

4. 地理标志。地理标志是指标示某商品来源于某地区，该商品的特定质量、信誉或者其他特征，主要由该地区的自然因素或者人文因素所决定的标志。权利人依法就地理标志享有专有权。

5. 商业秘密。商业秘密，是指不为公众所知悉、能为权利人带来经济利益、具有实用性并经权利人采取保密措施的技术信息和经营信息。权利人依法对商业秘密享有专有权。

6. 集成电路布图设计。集成电路布图设计，是指集成电路中至少有一个是有源元件的两个以上元件和部分或者全部互连线路的三维配置，或者为制造集成电路而准备的上述三维配置。权利人依法对集成电路布图设计享有专有权。

7. 植物新品种。植物新品种，是指植物品种保护名录内经过人工选育或者发现的野生植物加以改良，具备新颖性、特异性、一致性、稳定性和适当命名的植物品种。

8. 法律规定的其他客体。除了前述明确列举的知识产权的客体，本条第 2 款第 8 项规定了“法律规定的其他客体”，为未来知识产权客体的发展留出了空间。

关联参见

《著作权法》第3条；《专利法》第2条；《商标法》第3条、第16条、第57条；《商标法实施条例》第4条

第一百二十四条　【继承权及其客体】自然人依法享有继承权。

自然人合法的私有财产，可以依法继承。

第一百二十五条　【投资性权利】民事主体依法享有股权和其他投资性权利。

条文解读

股权➲股权是指民事主体因投资于公司成为公司股东而享有的权利。股权根据行使目的和方式的不同可分为自益权和共益权两部分。自益权指股东基于自身利益诉求而享有的权利，可以单独行使，包括资产收益权、剩余财产分配请求权、股份转让权、新股优先认购权等；共益权指股东基于全体股东或者公司的利益诉求而享有的权利，包括股东会表决权、股东会召集权、提案权、质询权、公司章程及账册的查阅权、股东会决议撤销请求权等。

其他投资性权利➲其他投资性权利是指民事主体通过投资享有的权利。如民事主体通过购买证券、基金、保险等进行投资，而享有的民事权利。根据本条规定，民事主体依法享有其他投资性权利。这些投资性权利的具体权利内容根据证券法等具体法律规定依法享有。

关联参见

《公司法》第4条

第一百二十六条　【其他民事权益】民事主体享有法律规定

的其他民事权利和利益。

第一百二十七条　【对数据和网络虚拟财产的保护】 法律对数据、网络虚拟财产的保护有规定的，依照其规定。

条文解读

数据 ➲ 数据可以分为原生数据和衍生数据。原生数据是指不依赖于现有数据而产生的数据，衍生数据是指原生数据被记录、存储后，经过算法加工、计算、聚合而成的系统的、可读取、有使用价值的数据，例如购物偏好数据、信用记录数据等。能够成为知识产权客体的数据是衍生数据。

网络虚拟财产 ➲ 网络虚拟财产是指虚拟的网络本身以及存在于网络上的具有财产性的电磁记录，是一种能够用现有的度量标准度量其价值的数字化的新型财产。网络虚拟财产作为一种新型的财产，具有不同于现有财产类型的特点。

案例指引

15. 网络虚拟财产被盗，网络平台与用户的责任如何划分？[①]

俞某是某公司运营的 YY 直播平台的实名认证消费者。2017 年 4 月 6 日上午 10 点，俞某账号显示在异地被登录并被盗刷了价值 1180 元的红钻券。账户被盗后，俞某立即联系某公司客服要求提供盗刷者的账户信息及采取相关冻结措施，某公司仅要求其向公安机关报案，未应允其要求。俞某主张 YY 软件的安全性存在问题，某公司没有履行妥善保管义务且未及时协助追回被盗的网络虚拟财产，故请求法院判令某公司赔偿其 1180000 红钻券折合人民币 1180 元等。

人民法院经审理认为，俞某在上述虚拟财产被盗前，密码比较简

① 参见《互联网十大典型案例》（2021 年 5 月 31 日发布），俞某诉广州某网络科技有限公司网络服务合同纠纷案，载最高人民法院网 https：//www. court. gov. cn/zixun-xiangqing-306391. html，最后访问日期：2023 年 2 月 20 日。

单，且未能充分选用某公司提供的更高等级的安全保障方案，其未能妥善地保管账号、密码并采取充分措施防止财产被盗，对上述被盗结果应负主要责任；某公司向用户提供的防盗措施特别是默认状态下的防盗措施不够周密，且在俞某通知其客服人员财产被盗后，未能提供或保存被盗财产的流向等信息，造成损失难以被追回，在技术和服务上存在一定疏漏，对俞某的损失负有次要的责任，故判令某公司向俞某赔偿被盗虚拟财产价值的40%即472元，驳回俞某的其他诉讼请求。

本案对网络环境下，如何合理分配用户与网络服务提供者对争议事实的举证责任进行详细论述，并结合网络服务合同中双方的权利义务内容，确立了用户和网络服务提供者均应负有网络虚拟财产安全保护义务的规则，提出双方应当根据在履约过程中的过错程度，衡量双方过错对损害后果的原因力大小，合理分配责任比例的处理原则。本案判决为妥善调处网络虚拟财产相关纠纷、确立网络平台责任规则、完善网络侵权责任制度提供了范例，有利于提高对网络虚拟财产的保护水平，亦有助于加强用户和网络服务提供者的安全意识和责任意识，促进互联网经济的健康发展。

关联参见

《网络安全法》第10条

第一百二十八条　【对弱势群体的特别保护】法律对未成年人、老年人、残疾人、妇女、消费者等的民事权利保护有特别规定的，依照其规定。

实务应用

34. 未成年人大额网络直播打赏后未经监护人追认的，能否要求返还？

司法实践中涉及的网络打赏、网络游戏纠纷主体多数是限制民事行为能力人，也就是8周岁以上的未成年人。这些人在进行网络游戏或者打赏时，有的几千元、几万元，这显然与其年龄和智力水平不相适应，在未得到法定代理人追认的情况下，其行为依法应当是无效的。《最高人民法院关于依法妥善审理涉新冠肺炎疫情民事案件若干问题的指导意见（二）》对未成年人参与网络付费游戏和网络打赏纠纷提供了更为明确的规则指引。该意见明确，限制民事行为能力人未经其监护人同意，参与网络付费游戏或者网络直播平台“打赏”等方式支出与其年龄、智力不相适应的款项，监护人请求网络服务提供者返还该款项的，人民法院应予支持。该规定更多地考量了对未成年人合法权益的保护，同时引导网络公司进一步强化社会责任，为未成年人健康成长创造良好网络环境。[①]

第一百二十九条　【民事权利的取得方式】 民事权利可以依据民事法律行为、事实行为、法律规定的事件或者法律规定的其他方式取得。

条文解读

民事权利的取得方式 ➜ 民事权利的取得是指民事主体依据合法的方式获得民事权利。根据本条规定，民事权利可以依据民事法律行为、事实行为、法律规定的事件或者法律规定的其他方式取得。

1. 民事法律行为。民事法律行为是指民事主体通过意思表示设立、变更、终止民事法律关系的行为，民法理论一般称为法律行为。例如，订立买卖合同的行为、订立遗嘱、放弃继承权、赠与等。《民法典》总则编第六章专章规定了民事法律行为，对民事法律行为的概念、成立、效力等作了规定。

---

① 参见《刘某诉某科技公司合同纠纷案——未成年人大额网络直播打赏应当依法返还》，载中国法院网 https://www.chinacourt.org/article/detail/2021/03/id/5828818.shtml，最后访问日期2023年4月3日。

2. 事实行为。事实行为是指行为人主观上没有引起民事法律关系发生、变更或者消灭的意思，而依照法律的规定产生一定民事法律后果的行为。例如，自建房屋、拾得遗失物、无因管理行为、劳动生产等。事实行为有合法的，也有不合法的。拾得遗失物等属于合法的事实行为，侵害他人的人身、财产的侵权行为是不合法的事实行为。民事权利可以依据事实行为取得，如民事主体因无因管理行为取得对他人的无因管理债权等。

3. 法律规定的事件。法律规定的事件是指与人的意志无关而根据法律规定能引起民事法律关系变动的客观情况。例如，自然人的出生、死亡，自然灾害，生产事故，果实自落等。民事权利可以依据法律规定的事件取得，如民事主体因出生取得继承权等。

4. 法律规定的其他方式。除了民事法律行为、事实行为、法律规定的事件，民事权利还可以依据法律规定的其他方式取得。如《民法典》第 229 条规定，因人民法院、仲裁机构的法律文书或者人民政府的征收决定等，导致物权设立、变更、转让或者消灭的，自法律文书或者征收决定等生效时发生效力。

第一百三十条　【权利行使的自愿原则】民事主体按照自己的意愿依法行使民事权利，不受干涉。

条文解读

本条是自愿原则在行使民事权利中的体现，民事主体按照自己的意愿依法行使民事权利，不受干涉。体现在：一是民事主体有权按照自己的意愿依法行使民事权利或者不行使民事权利。二是民事主体有权按照自己的意愿选择依法行使的民事权利内容。三是民事主体有权按照自己的意愿选择依法行使民事权利的方式。民事主体按照自己的意愿行使权利，任何组织和个人不得非法干涉。

第一百三十一条　【权利人的义务履行】民事主体行使权利时，应当履行法律规定的和当事人约定的义务。

实务应用

35. 物业公司能否依据业主委员会的决定拒绝业主将共享单车骑入小区？

业主委员会有权按照法定程序对小区公共区域的管理作出决定。在法律未对共享单车停放作出明确规定的前提下，业主委员会作出的不允许小区内部骑行、停放共享单车的决定对全体业主具有约束力，物业管理公司据此拒绝业主将共享单车骑入小区，不构成侵权。①

第一百三十二条　【禁止权利滥用】民事主体不得滥用民事权利损害国家利益、社会公共利益或者他人合法权益。

条文解读

禁止权利滥用 不得滥用民事权利，是指民事权利的行使不得损害国家利益、社会公共利益或者他人合法权益。权利的行使，有一定界限。行使民事权利损害国家利益、社会公共利益或者他人合法权益的，为滥用民事权利。滥用民事权利和侵权存在区别，权利滥用的前提是有正当权利存在，且是权利行使或与权利行使有关的行为，而侵权行为一般事先没有正当权利存在；权利不得滥用原则是对民事主体行使民事权利的一定限制，通过限制民事主体不得滥用权利损害国家利益、社会公共利益或者他人合法权益达到民事权利与国家利益、社会公共利益、他人合法权益的平衡，而侵权责任制度设置的目的是保护民事主体的权利。

---

① 参见最高人民法院公报2021年第9期。

实务应用

36. 利用管辖权异议达到拖延诉讼、妨碍诉讼程序正常进行的，是否构成诉讼权利滥用？

民事诉讼应当遵循诚信原则，当事人不得拖延或者干扰诉讼的有效进行。管辖权异议虽系当事人依法享有的诉讼权利之一，但当事人在提出管辖权异议时，应有合理的异议理由和依据，对法院移送管辖应有合理期待；若利用管辖权异议达到拖延诉讼、妨碍诉讼程序正常进行的，应认定为恶意滥用该项诉讼权利，人民法院有权对其予以罚款处罚。①

关联参见

《宪法》第 51 条；《民法典总则编解释》第 3 条

第六章　民事法律行为

第一节　一般规定

第一百三十三条　【民事法律行为的定义】 民事法律行为是民事主体通过意思表示设立、变更、终止民事法律关系的行为。

条文解读

民事法律行为 ➲ 民事法律行为是对合同行为、婚姻行为、遗嘱行为等一系列能够产生具体权利义务关系的行为的抽象和概括，是民事主体在民事活动中实现自己意图的一项重要民事制度。

相较于原《民法通则》，《民法典》对“民事法律行为”的内涵作了调整，使其既包括合法的法律行为，也包括无效、可撤销和效力待定

---

① 参见蒋紫薇、张玲玲：《陈某与某公司房屋租赁合同纠纷案》，载《人民法院报》2021 年 1 月 12 日。

的法律行为，同时强调了民事法律行为是民事主体通过意思表示设立、变更、终止民事法律关系的行为，突出了“意思表示”这一核心要素。

民事法律行为具有以下特征：

1. 民事法律行为是民事主体实施的行为。民事法律行为作为一种法律事实，其必须是由自然人、法人和非法人组织这些民事主体实施的行为，非民事主体实施的行为不是民事法律行为，如审判机关作出的裁决，行政机关作出的处罚决定等也会产生法律后果，但其不是以民事主体身份作出的行为，因而裁决和处罚决定不属于民事法律行为。但这些机关在履行公共管理职能过程中可能会进行一些民事活动，如行政机关购买办公用品、修建办公大楼等，这些行为属于民事法律行为。

2. 民事法律行为应当是以发生一定的法律效果为目的的行为。民事主体在社会生产生活中会从事各种各样的活动，但并非任何行为都是民事法律行为。根据本条的规定，只有以设立、变更、终止民事法律关系为目的的行为才是民事法律行为，其最终结果是让民事主体具体地享受民事权利、承担民事义务。所谓设立民事法律关系，是指民事主体通过民事法律行为形成某种法律关系，如在合同领域，双方当事人通过要约和承诺形成的买卖关系、租赁关系、委托关系等合同关系。所谓变更民事法律关系，是指民事主体在保持原有民事法律关系效力的基础上，通过民事法律行为对其内容作出一些调整。这里需要注意的是，如果民事主体改变了原有民事法律关系的效力，就不属于这里的变更，而是消灭了原有民事法律关系，设立了一个新的民事法律关系。所谓消灭民事法律关系，是指民事主体通过民事法律行为消灭原民事法律关系，终止其效力。这里需要强调的是，民事法律行为虽然是民事主体期望发生一定法律效果而实施的行为，但并非任何民事法律行为都能最终产生民事主体所期望的法律效果。民事主体所从事的民事法律行为既可能是合法的，也可能是非法的，这与原《民法通则》关于民事法律行为的规定有很大的不同。根据本章第三节关于民事法律行为效力的规定，合法有效的民事法律行为能产生民事主体所期望发生的法律效果，但是非法的民事法律行为则不一定能产生民事主体所期望的法律效果，如无效的民事法律行为就确定地不发生民事主体所期望发生的法律效果；如果当事人提出撤销的申请，可撤销的民事法律行为也不能实现民事主体所期望的法律效果。非法的民事法律行为虽然可能不能实现民事主体意欲实现的法律效果，但是都可能产生一定的法律后果，如根据本章的规定，欺诈、胁迫等民事法律行为是非法的，可能产生民事法律行为被撤销的法律后果；又如根据本章的规定，恶意串通损害他人合法权益的民事法律行为会产生无效的法律后果。

3. 民事法律行为是以意思表示为核心要素的行为。意思表示，是指民事主体意欲发生一定法律效果的内心意思的外在表达，是民事法律行为最为核心的内容。民事法律行为之所以能对民事主体产生法律约束力，就是因为其是民事主体按照自己的意思作出的。这也是民事法律行为与事实行为最根本的区别。

实务应用

37. 打印遗嘱中补写手书未经授权，录制视频中未出现见证人影像，是否符合打印遗嘱法定形式要件？

遗嘱是要式行为，即遗嘱除要符合民事法律行为一般的成立和生效实质要件外，还必须符合法律规定的形式要件。《民法典》第1136条规定，打印遗嘱应当有两个以上见证人在场见证。遗嘱人和见证人应当在遗嘱每一页签名，注明年、月、日。打印遗嘱在形式上必须符合上述法律规定，不符合上述要求的，会被认定无效。《民法典》之所以这样规定，是由打印遗嘱的性质所决定的。与传统意义上的自书遗嘱和代书遗嘱不同，打印遗嘱并不强调立遗嘱人或代书人必须在现场根据立遗嘱人的意愿当场订立遗嘱。所以，审查打印遗嘱是否有效的关键，并不在于遗嘱如何形成，而在于立遗嘱人对已打印好的遗嘱内容是否完全理解并确认，且见证人是否在场全程见证立遗嘱人确认遗嘱的过程。在这两个条件同时满足的情况下，打印遗嘱才能被认定有效。基于此，《民法典》

第1136条之所以这样规定，就是为了确保打印的遗嘱内容是立遗嘱人的真实意思表示，并且通过“时空同步”的见证活动，将立遗嘱人确认遗嘱的活动进行固定。故打印遗嘱中补写手书未经授权，录制视频中未出现见证人影像，不符合法定形式要件，该打印遗嘱无效。①

第一百三十四条　【民事法律行为的成立】民事法律行为可以基于双方或者多方的意思表示一致成立，也可以基于单方的意思表示成立。

法人、非法人组织依照法律或者章程规定的议事方式和表决程序作出决议的，该决议行为成立。

条文解读

本条第1款根据不同的民事法律行为类型对其不同的成立条件和成立时间作了规定：

1. 双方民事法律行为。双方民事法律行为是指双方当事人意思表示一致才能成立的民事法律行为。最为典型的双方民事法律行为是合同。双方民事法律行为与单方民事法律行为的最大区别是行为的成立需要双方的意思表示一致，仅凭一方的意思表示而没有经过对方的认可或者同意不能成立。

2. 多方民事法律行为。多方民事法律行为是指根据两个以上的民事主体的意思表示一致而成立的行为。订立公司章程的行为和签订合伙协议的行为就是较为典型的多方民事法律行为。

3. 单方民事法律行为。单方民事法律行为是指根据一方的意思表示就能成立的行为。与双方民事法律行为不同，单方民事法律行为不存在相对方，其成立不需要其他人的配合或者同意，而是依据行为人自己

---

① 参见陈云峰：《王某波与陈某飞遗嘱继承纠纷案》，载《人民法院报》2021年2月19日。

一方的意志就可以产生自己所期望的法律效果。在现实生活中单方民事法律行为也不少，这些民事法律行为从内容上划分，主要可以分为两类：(1) 行使个人权利而实施的单方行为，例如所有权人抛弃所有权的行为等，这些单方民事法律行为仅涉及个人的权利变动，不涉及他人的权利变动；(2) 涉及他人权利变动的单方民事法律行为，例如立遗嘱，授予代理权，行使撤销权、解除权、选择权等处分形成权的行为。

本条第2款规定了一种较为特殊的民事法律行为，即决议行为。决议行为是两个或者两个以上的当事人基于共同的意思表示、意图实现一定法律效果而实施的行为，其满足民事法律行为的所有条件，是一种民事法律行为。但是与多方民事法律行为、双方民事法律行为和单方民事法律行为相比，其又具有特殊性，这种特殊性体现在三个方面：(1) 双方民事法律行为或者多方民事法律行为需要所有当事人意思表示一致才能成立，决议行为一般并不需要所有当事人意思表示一致才能成立，而是多数人意思表示一致就可以成立。(2) 双方民事法律行为或者多方民事法律行为的设立过程一般不需要遵循特定的程序，而决议行为一般需要依据一定的程序才能设立，根据本条的规定，决议行为应当依照法律或者章程规定的议事方式和表决程序。(3) 双方民事法律行为或者多方民事法律行为适用的范围一般不受限制，而根据本条的规定，决议行为原则上仅适用于法人或者非法人组织内部的决议事项。

第一百三十五条　【民事法律行为的形式】民事法律行为可以采用书面形式、口头形式或者其他形式；法律、行政法规规定或者当事人约定采用特定形式的，应当采用特定形式。

条文解读

民事法律行为的形式 民事法律行为的形式是民事法律行为的核心要素意思表示的外在表现形式。

根据本条的规定，民事法律行为可以采用书面形式、口头形式或者其他形式。书面形式是指以文字等可以以有形形式再现民事法律行为内容的形式。书面形式的种类很多，根据《民法典》第469条的规定，书面形式是指合同书、信件、电报、电传、传真等可以有形地表现所载内容的形式。以电子数据交换、电子邮件等方式能够有形地表现所载内容，并可以随时调取查用的数据电文，视为书面形式。随着互联网技术的发展，微信等已成为人们社会交往的重要载体，也可以成为民事法律行为的载体，有的也属于书面形式的种类。所谓口头形式是指当事人以面对面的谈话或者以电话交流等方式形成民事法律行为的形式。口头形式的特点是直接、简便和快捷，在现实生活中数额较小或者现款交易的民事法律行为通常都采用口头形式，如在自由市场买菜、在商店买衣服等。除了书面形式和口头形式外，本条还规定民事法律行为可以采用其他形式。例如在合同领域，可以根据当事人的行为或者特定情形推定合同的成立，即默示合同。这类合同在现实生活中很多，如租房合同的期限届满后，出租人未提出让承租人退房，承租人也未表示退房而是继续交房租，出租人接受了租金。根据双方的行为，可以推定租赁合同继续有效。对于民事法律行为是采用书面形式、口头形式还是其他形式，由当事人自主选择，法律原则上不干涉。

关联参见

《民法典总则编解释》第18条

第一百三十六条　【民事法律行为的生效】 民事法律行为自成立时生效，但是法律另有规定或者当事人另有约定的除外。

行为人非依法律规定或者未经对方同意，不得擅自变更或者解除民事法律行为。

条文解读

民事法律行为的生效 ➲ 民事法律行为的生效是指民事法律行为产

生法律约束力。

根据本条规定，民事法律行为从成立时具有法律拘束力。也就是说，民事法律行为自成立时生效，但是，民事法律行为成立和生效的时间，既有相一致的情形，也有不一致的情形：1. 民事法律行为的成立和生效处于同一个时间点，依法成立的民事法律行为，具备法律行为生效要件的，即时生效。2. 民事法律行为的成立和生效并非同一个时间，有三种情形：（1）法律规定民事法律行为须批准、登记生效的，成立后须经过批准、登记程序才能发生法律效力。（2）当事人约定民事法律行为生效条件的，约定的生效条件成就的，才能发生法律效力。（3）附生效条件、附生效期限的民事法律行为，其所附条件成就，或者所附期限到来时，该民事法律行为才能生效，其成立和生效也并非同一时间。

第二节　意思表示

第一百三十七条　【有相对人的意思表示的生效时间】 以对话方式作出的意思表示，相对人知道其内容时生效。

以非对话方式作出的意思表示，到达相对人时生效。以非对话方式作出的采用数据电文形式的意思表示，相对人指定特定系统接收数据电文的，该数据电文进入该特定系统时生效；未指定特定系统的，相对人知道或者应当知道该数据电文进入其系统时生效。当事人对采用数据电文形式的意思表示的生效时间另有约定的，按照其约定。

条文解读

意思表示 ➲ 意思表示是指行为人为了产生一定民法上的效果而将其内心意思通过一定方式表达于外部的行为。意思是指设立、变更、终止民事法律关系的内心意图；表示是指将内心意思以适当方式向适当对象表示出来的行为。意思表示具有如下特征：（1）意思表示的表意人具有使民事法律关系发生变动的意图。通过这种意图，表意人可以依据自己的主观意志发生法律关系，所以从这种角度讲，意思表示是实现意思自治的工具。(2) 意思表示是一个将意思由内到外的表示过程。一个人内心可能有很多的主观意思，但是若不通过适当的方式表示出来，让他人知晓，其内心意思就没有任何法律意义。(3) 意思表示可以产生一定的法律效果。符合法定生效要件的意思表示可以发生当事人预期的法律效果。意思表示作为民事法律行为中最为核心的要素，对于确定民事法律行为的效力具有重要作用。

有相对人的意思表示的生效时间 ➲ 本条是对有相对人的意思表示生效时间的规定。对于此类情况，本条根据是否采用对话方式作了不同规定：

1. 以对话方式作出的意思表示。所谓以对话方式作出的意思表示是指采取使相对方可以同步受领的方式进行的意思表示，如面对面交谈、电话等方式。在以这种方式进行的意思表示中，表意人作出意思表示和相对人受领意思表示是同步进行的，没有时间差，因此，表意人作出意思表示并使相对人知道时即发生效力。基于此，本条第 1 款规定，以对话方式作出的意思表示，相对人知道其内容时生效。

2. 以非对话方式作出的意思表示。以非对话方式作出的意思表示，是指表意人作出意思表示的时间与相对人受领意思表示的时间不同步，二者之间存在时间差。非对话的意思表示在现实生活中存在的形式多样，如传真、信函等。对于非对话的意思表示的生效时间，我国采用到达主义，规定意思表示到达相对人时生效。需要强调的是，这里“到达”并不意味着相对人必须亲自收到，只要进入相对人通常的地址、住所或者能够控制的地方（如信箱）即可视为到达，意思表示被相对人的代理人收到也可以视为到达。送达相对人时生效还意味着即使在意思表示送达相对人前相对人已经知道该意思表示内容的，该意思表示也不生效。

3. 以非对话方式作出的采用数据电文形式的意思表示。数据电文系指经由电子手段、电磁手段、光学手段或类似手段生成、发送、接收或存储的信息，这些手段包括但不限于电子数据交换、电子邮件、电报、电传或传真。采用数据电文方式作出的意思表示虽然也是以非对话方式进行的，但由于其发出和到达具有自动性、实时性等特点，意思表示发出即到达，其生效时间也与一般的非对话方式作出的意思表示的生效时间有所区别。采用数据电文形式订立合同，收件人指定特定系统接收数据电文的，该数据电文进入该特定系统的时间，视为到达时间；未指定特定系统的，该数据电文进入收件人的任何系统的首次时间，视为到达时间。当事人对采用数据电文形式的意思表示的生效时间另有约定的，按照其约定。这主要是为了尊重当事人对意思表示生效时间的约定，体现意思自治。在现实生活中，当事人可以约定数据电文形式意思表示的生效时间不是该意思表示进入特定系统的时间。有这种约定的，从其约定。

关联参见

《电子签名法》第 11 条

第一百三十八条　【无相对人的意思表示的生效时间】 无相对人的意思表示，表示完成时生效。法律另有规定的，依照其规定。

条文解读

无相对人的意思表示的生效时间 ➜ 本条对无相对人的意思表示的生效时间作了规定。无相对人的意思表示在完成时生效，这是无相对人意思表示生效的一般性规则。但有时法律对无相对人的意思表示的生效时间会作出特别规定，如《民法典》继承编部分就明确规定，遗嘱这种无相对人的意思表示自遗嘱人死亡时发生效力。所以，本条还规定，法律对无相对人意思表示的生效时间另有规定的，依照其规定。

第一百三十九条　【公告的意思表示的生效时间】 以公告方式作出的意思表示，公告发布时生效。

条文解读

公告的意思表示的生效时间 ➔ 实践中，在意思表示有相对人的情况下，可能会发生意思表示的表意人不知道相对人的具体地址、相对人下落不明的情形。对表意人来说，要通过信函、邮件等方式送达相对人是困难的，其意思表示就有可能迟迟不能生效，影响其利益。对此，必须允许表意人采取特殊方式送达其意思表示。本条明确规定了表意人在这种情况下可以以公告方式作出意思表示。本条规定，对于以公告方式作出的意思表示，公告发布时生效。这里的公告方式既可以是在有关机构的公告栏，如人民法院的公告栏，也可以是在报纸上刊登公告的方式。以公告方式作出的意思表示，表意人一旦发出公告能够为社会公众所知道，就认为意思表示已经到达，即发生效力。理解本条还需要注意两点：本条所规定的表意人并不是在任何情况下都可以采用公告方式作出意思表示，只有在表意人非因自己的过错而不知相对人的下落或者地址的情况下才可以采用公告方式作出意思表示，否则对相对人很不公平。在表意人知道相对人下落的情况下，表意人不得采用公告方式作出意思表示，除非相对人同意。

第一百四十条　【意思表示的方式】 行为人可以明示或者默示作出意思表示。

沉默只有在有法律规定、当事人约定或者符合当事人之间的交易习惯时，才可以视为意思表示。

条文解读

意思表示的方式 ➔ 意思表示可以明示的方式或者默示的方式作出。所谓明示的意思表示就是行为人以作为的方式，使得相对人能够直接了解到意思表示的内容。以明示方式作出的意思表示具有直接、明确、不易产生纠纷等特征。所以，实践中，明示的意思表示是运用得最为广泛的一种形式。比较典型的是表意人采用口头、书面方式直接向相对人进行的意思表示。以默示方式作出的意思表示，又称为行为默示，是指行为人虽没有以语言或文字等明示方式作出意思表示，但以行为的方式作出了意思表示。这种方式虽不如明示方式那么直接表达出了意思表示的内容，但通过其行为可以推定出其作出一定的意思表示。在现实生活中，以默示方式作出的意思表示也比较常见。例如，某人向自动售货机投入货币的行为即可推断其作出了购买物品的意思表示。又如，某人乘坐无人售票的公交车时，其投币行为就可以视为其具有缔结运输合同的意思表示。

在现实生活中也会出现一种特殊情形，即行为人以沉默的方式作出意思表示。沉默是一种既无语言表示也无行为表示的纯粹的缄默，是一种完全的不作为。沉默原则上不得作为意思表示的方式。只有在有法律规定、当事人约定或者符合当事人之间的交易习惯时，才可以视为意思表示。例如《民法典》合同编第638条第1款规定，试用买卖的买受人在试用期内可以购买标的物，也可以拒绝购买。试用期间届满，买受人对是否购买标的物未作表示的，视为购买。在这条规定中，试用期间届满后，买受人对是否购买标的物未作表示就是一种沉默，但这种沉默就可以视为买受人作出了购买的意思表示。

第一百四十一条　【意思表示的撤回】行为人可以撤回意思表示。撤回意思表示的通知应当在意思表示到达相对人前或者与意思表示同时到达相对人。

条文解读

意思表示的撤回 ➜ 意思表示的撤回，是指在意思表示作出之后但在发生法律效力之前，意思表示的行为人欲使该意思表示不发生效力而作出的意思表示。意思表示之所以可以撤回，是因为意思表示生效才能发生法律约束力，在其尚未生效之前，不会对意思表示的相对人产生任何影响，也不会对交易秩序产生任何影响。

行为人可以撤回意思表示，但不是在任何情况下都可以，而是有条件的。根据本条的规定，撤回意思表示的通知应当在意思表示到达相对人前或者与意思表示同时到达相对人。如果撤回意思表示的通知在意思表示到达相对人之后到达的，该意思表示已经生效，是否能够使其失效，则取决于相对人是否同意。因此，行为人若要撤回意思表示，必须选择以快于意思表示作出的方式发出撤回的通知，使之能在意思表示到达之前到达相对人。如果意思表示的行为人作出意思表示以后又立即以比作出意思表示更快的方式发出撤回通知，按照通常情况，撤回的通知应当先于或者最迟会与意思表示同时到达相对人，但因为其他原因耽误了，撤回的通知在意思表示到达相对人后才到达相对人，在这种情况下，相对人应当根据诚信原则及时通知意思表示的行为人，告知其撤回的通知已经迟到，意思表示已经生效；如果相对人怠于通知行为人，行为人撤回意思表示的通知视为未迟到，仍发生撤回表示的效力。

理解本条需要注意两点：

1. 意思表示的撤回原则上只有在该意思表示有相对人的情况下才有意义，若是无相对人的意思表示，在表示作出时就发生效力，不可能撤回，只可能撤销。

2. 意思表示的撤回与意思表示的撤销是不同的。根据本条的规定，意思表示的撤回是在意思表示未生效前使其不发生效力，而意思表示的撤销是指在意思表示作出并生效之后，行为人又作出取消其意思表示的表示。由于意思表示在到达后已经生效，相对人已知悉了意思表示的内容，甚至可能已经对该意思表示产生了合理的信赖，因此，行为人能否在意思表示生效后取消其意思表示，需要考虑保障相对人合理信赖的问题。这与意思表示撤回中仅考虑保护意思表示行为人对其意思表示的自由处分权利存在较大区别。考虑到意思表示生效后，已经对行为人产生了法律约束力，能否撤销，要平衡行为人和相对人的利益，不宜泛泛规定行为人可以撤销意思表示，基于此，合同编规定，要约可以撤销，但撤销要约的通知应当在受要约人发出承诺通知之前到达受要约人。同时还规定，有下列情形之一的，要约不得撤销：(1) 要约人确定了承诺期限或者以其他形式明示要约不可撤销；(2) 受要约人有理由认为要约是不可撤销的，并已经为履行合同作了准备工作。所以，本条只规定了意思表示的撤回，未规定意思表示的撤销。

第一百四十二条　【意思表示的解释】 有相对人的意思表示的解释，应当按照所使用的词句，结合相关条款、行为的性质和目的、习惯以及诚信原则，确定意思表示的含义。

无相对人的意思表示的解释，不能完全拘泥于所使用的词句，而应当结合相关条款、行为的性质和目的、习惯以及诚信原则，确定行为人的真实意思。

条文解读

意思表示的解释 ➲ 所谓意思表示的解释是指因意思表示不清楚或者不明确发生争议时，由人民法院或者仲裁机构对意思表示进行的解释。解释的目的就是明确意思表示的真实含义。意思表示的解释具有以下特征：(1) 意思表示解释的对象是当事人已经表示出来的、确定的意思，而非深藏于当事人内心的意思。深藏于当事人内心的意思无法作为认识的对象，是无法解释的。(2) 对意思表示进行解释的主体是人民法院或者仲裁机构，并不是任何机构或者个人都可以对意思表示作出有权解释。只有人民法院或者仲裁机构对意思表示作出的解释才是有权解释，才会对当事人产生法律约束力。(3) 人民法院或者仲裁机构对意思表示的解释不是任意的主观解释，而是必须遵循一定的规则进行解释，这些规则就是解释意思表示的方法。

本条区分有相对人的意思表示和无相对人的意思表示，分别规定了不同的解释规则，主要基于以下考虑：有相对人的意思表示中，需要有意思表示的受领人，意思表示一旦为相对人所受领，相对人就会对此产生合理信赖。如果出现表意人的内心真实意思和外在表示出来的意思不一致的情况，就需要平衡保护相对人的信赖利益与保护表意人的内心真实意思；同时，在这种情况下还需要考虑相对人对意思表示的理解水平。而在无相对人的意思表示的情况下，因不存在受领人，则不需要考虑受领人的理解水平问题。因此，对无相对人的意思表示的解释就是主要探究表意人的内心真实意思。这里需要强调一点，对无相对人的意思表示的解释，不能完全拘泥于意思表示所使用的词句，但不是完全抛开意思表示所使用的词句，这主要是为了防止在解释这类意思表示时自由裁量权过大，影响当事人的利益。例如，在对遗嘱进行解释时，虽说主要是探究遗嘱人作遗嘱的真实意思，但也不能完全不考虑遗嘱本身的词句。

第三节　民事法律行为的效力

第一百四十三条　【民事法律行为的有效条件】 具备下列条件的民事法律行为有效：

（一）行为人具有相应的民事行为能力；

（二）意思表示真实；

（三）不违反法律、行政法规的强制性规定，不违背公序良俗。

条文解读

根据本条规定，民事法律行为应当具备的有效条件包括：

1. 行为人具有相应的民事行为能力。民事行为能力是行为人通过自己行为参与民事活动，享有权利和承担义务的能力。与作为法律资格的民事权利能力相比，民事行为能力是行为人实施民事法律行为的相应保证。

2. 意思表示真实。意思表示作为民事法律行为的核心要素，其真实性对保证行为人正确实现行为目的至关重要。应当注意，此处的真实应作扩大解释，实际上还包含了传统民法理论意思表示自由的含义。比如，在因欺诈、胁迫实施民事法律行为的情形，受欺诈人、受胁迫人的意思表示虽然从表面看是真实的，但实际上并非其内心自由意志的体现。在意思表示不真实的情况下，民事法律行为不具有完全的效力。

3. 不违反法律、行政法规的强制性规定，不违背公序良俗。

关联参见

《消费者权益保护法》第26条；《最高人民法院关于国有土地开荒后用于农耕的土地使用权转让合同纠纷案件如何适用法律问题的批复》

第一百四十四条　【无民事行为能力人实施的民事法律行为】 无民事行为能力人实施的民事法律行为无效。

第一百四十五条　【限制民事行为能力人实施的民事法律行为】 限制民事行为能力人实施的纯获利益的民事法律行为或者与其年龄、智力、精神健康状况相适应的民事法律行为有效；实施的其他民事法律行为经法定代理人同意或者追认后有效。

相对人可以催告法定代理人自收到通知之日起三十日内予以追认。法定代理人未作表示的，视为拒绝追认。民事法律行为被追认前，善意相对人有撤销的权利。撤销应当以通知的方式作出。

条文解读

限制民事行为能力人所从事的民事法律行为，须经法定代理人同意或者追认才能有效。如果没有经过同意或者追认，民事法律行为即使成立，也并不实际生效，而是处于效力待定状态。这里对法定代理人补正限制民事行为能力人的行为能力规定了两种方式：一种是同意，指的是法定代理人事先对限制民事行为能力人实施某种民事法律行为予以明确认可；另一种是追认，指的是法定代理人事后明确无误地对限制民事行为能力人实施某种民事法律行为表示同意。无论是事先的同意还是事后的追认，都是法定代理人的单方意思表示，无须行为相对人的同意即可发生效力。需要说明的是，法定代理人对限制民事行为能力人行为的同意或者追认应当采用明示的方式作出，同时应当为行为相对人所知晓才能发生效力。

限制民事行为能力人实施民事法律行为后，与其从事民事法律行为的相对人可以催告限制民事行为能力人的法定代理人在30日内予以追认。法定代理人未作表示的，视为拒绝追认。所谓催告，是指民事法律行为的相对人要求法定代理人在一定期限内就是否认可限制民事行为能力人所实施民事法律行为的效力作出表示，逾期不作表示的，视为法定代理人拒绝承认行为的效力。催告在民法理论上被称为“准法律行为”，因为尽管催告具有类似意思表示的行为外观，但其最终效力的发生却仍然来自法律规定。限制民事行为能力人在其行为能力范围之外实施的民事法律行为属于效力待定，此种效力不确定的状态不应一直持续。立法赋予相对人以催告权，可以避免这种效力不确定的状态长期持续，从而保护相对人权益，维护交易安全。在相对人催告法定代理人对行为是否予以追认的期间内，如果法定代理人不对此作出表示，意味着法定代理人对通过追认补足行为效力的态度是消极的、放任的，此时应视为其拒绝追认，因此该行为不发生效力。需要说明的是，相对人的催告应当以明示方式作出，此期间也应从法定代理人收到通知之日起算。本条确定的期间为30日，法定代理人超过30日未作表示的，视为拒绝追认。

本条第2款除规定相对人的催告权外，还规定了善意相对人的撤销权，即民事法律行为被追认前，善意相对人有撤销的权利。此处的撤销权在性质上属于形成权，即相对人可以直接通过自己的行为而无须借助他人即可行使的权利。本条撤销权的行使应注意以下几点：(1) 相对人撤销权的行使须在法定代理人追认之前，法定代理人一经追认，相对人不得再行使这一权利。(2) 仅善意相对人可行使撤销权。所谓善意，是指相对人实施民事法律行为时并不知晓对方为限制民事行为能力人，且此种不知晓不构成重大过失。（3）相对人行使撤销权时，应当通过通知的方式作出，这种通知必须是明示的、明确的，不得通过默示的方式作出。

案例指引

16. 未成年人实施与其年龄、智力不相符的支付行为效力如何？①

14周岁的原告李某某在父母不知情的情况下，通过某平台先后七次从被告经营的网店“X游戏”购买374个游戏账号，共计支付36652元，上述游戏账号内的装备都是皮肤、面具、小花裙子等。原告父母次日发现后，及时与被告经营网店的客服人员联系，表示对原告购买游戏账号及付款行为不予追认并要求被告退款，被告不同意全额退款。

法院经审理认为，原告李某某案发时未成年，属于限制民事行为能力人，购买游戏账号支付36652元的行为，显然与其年龄、智力不相适应，李某某的法定代理人亦明确表示对该行为不予追认，故原告李某某实施的购买行为无效，判决被告向原告全额返还购买游戏账号款36652元。

本案主要涉及未成年人实施与其年龄、智力不相适应的支付行为的效力问题。根据《民法典》的规定，8周岁以上未成年人实施与其年龄、智力不相适应的购买支付行为，在未得到其家长或者其他法定代理人追认的情况下，其购买支付行为无效，经营者应当依法返还价款。本案提醒广大家长，作为未成年人的监护人，应当加强对孩子的引导、监督，并应保管好自己的手机、银行卡密码，防止孩子用来绑定进行大额支付。网络公司应当进一步强化法律意识和社会责任，依法处理因未成年人实施与其年龄、智力不相符的支付行为所引发的纠纷。

① 参见《未成年人权益司法保护典型案例》（2022年3月2日发布），李某某诉某电子商务有限公司网络服务合同纠纷案，载最高人民法院网 https://www.court.gov.cn/zixun-xiangqing-347931.html，最后访问日期：2023年2月20日。

关联参见

《票据法》第6条

第一百四十六条　【虚假表示与隐藏行为效力】行为人与相对人以虚假的意思表示实施的民事法律行为无效。

以虚假的意思表示隐藏的民事法律行为的效力，依照有关法律规定处理。

条文解读

虚假意思表示 ➲ 虚假意思表示又称虚伪表示，是指行为人与相对人都知道自己所表示的意思并非真意，通谋作出与真意不一致的意思表示。虚伪表示的特征在于，双方当事人都知道自己所表示出的意思不是真实意思，民事法律行为本身欠缺效果意思，双方均不希望此行为能够真正发生法律上的效力。一般而言，虚伪表示在结构上包括内外两层行为：外部的表面行为是双方当事人共同作出与真实意思不一致的行为，也可称作伪装行为；内部的隐藏行为则是被隐藏于表面行为之下，体现双方真实意思的行为，也可称作非伪装行为。比如，双方名为买卖实为赠与，买卖并非双方的真实意思表示，属于表面行为或伪装行为；赠与是双方的真实意思表示，属于隐藏行为或者非伪装行为。尽管隐藏行为的存在与虚伪表示联系在一起，但虚伪表示与隐藏行为并不总是一一对应。具体而言，无虚伪表示就无所谓隐藏行为，有隐藏行为也就存在虚伪表示，但存在虚伪表示，并不一定有隐藏行为。比如，以逃避债务为目的假装财产赠与，赠与行为是虚伪表示，但并不存在隐藏行为。

本条第1款是对双方以虚假意思表示作出的民事法律行为效力的规定，即行为人与相对人以虚假的意思表示实施的民事法律行为无效。这一规定的含义是：双方通过虚假的意思表示实施的民事法律行为是无效的。之所以对通过虚伪表示实施的民事法律行为的效力予以否定，是因为这一意思表示所指向的法律效果并非双方当事人的内心真意，双方对此相互知晓，如果认定其为有效，有悖于意思自治的原则。本款虽未明确规定行为人与相对人须通谋而为虚假的意思表示，实际上双方对虚假意思表示达成一致的结果反映出二者必须有一个意思联络的过程。这也是虚伪表示区别于真意保留的重要一点，真意保留的相对人并不知晓行为人表示的是虚假意思。

本条第 2 款是对隐藏行为效力的规定。行为人以虚假的意思表示隐藏的民事法律行为的效力，依照有关法律规定处理。当同时存在虚伪表示与隐藏行为时，虚伪表示无效，隐藏行为并不因此无效，其效力如何，应当依据有关法律规定处理。具体来说，如果这种隐藏行为本身符合该行为的生效要件，那么就可以生效。例如，在名为赠与实为买卖的行为中，赠与行为属于双方共同以虚假意思表示实施的民事法律行为，无效；而隐藏于赠与形式之下的买卖则是双方共同的真实意思表示，其效力能否成就取决于其是否符合买卖合同有关的法律规定：如果符合买卖合同生效要件的法律规定，则为有效；反之，则为无效。

实务应用

38. 当事人以签订股权转让协议方式为借贷进行担保的行为是否有效？

民间借贷合同是否已成立、生效并全面实际履行，应从签约和履约两个方面来判断，出借人应举示借款合同、银行交易记录、对账记录等证据证明，且相关证据应能相互印证。当事人以签订股权转让协议方式为民间借贷债权进行担保，此种非典型担保方式为让与担保。在不违反法律、行政法规效力性强制性规定的情况下，相关股权转让协议有效。签订股权让与担保协议并依约完成股权登记变更后，因借款人未能按期还款，当事人又约定对目标公司的股权及资产进行评估、抵销相应数额债权、确认此前的股权变更有效，并实际转移目标公司控制权的，应认定此时当事人就真实转让股权达成合意并已实际履行。

对于股权让与担保是否具有物权效力，应以是否已按照物权公示原则进行公示作为核心判断标准。在股权质押中，质权人可就已办理出质登记的股权优先受偿。在已将作为担保财产的股权变更登记到担保权人名下的股权让与担保中，担保权人形式上已经是作为担保标的物的股份持有者，其就作为担保的股权享有优先受偿的权利，更应受到保护，原则上享有对抗第三人的物权效力。①

第一百四十七条　【重大误解】 基于重大误解实施的民事法律行为，行为人有权请求人民法院或者仲裁机构予以撤销。

条文解读

重大误解 ➲ 重大误解，是指行为人因对行为的性质、对方当事人、标的物的品种、质量、规格和数量等的错误认识，使行为的后果与自己的意思相悖，并造成较大损失的，为重大误解。其中，对行为性质的重大误解，如把借用理解成赠与；对当事人的重大误解，如把张三误认成李四而与之订立合同；但是对市场预测错误、对当事人信用的错误判断不构成重大误解。

本条是关于基于重大误解实施的民事法律行为的效力规定。传统民法理论中，与重大误解相关的概念是错误。错误是指表意人非故意地使意思与表示不一致。按照意思表示本身的两个阶段，可以划分为意思形成阶段的错误和意思表达阶段的错误。其中，意思表达阶段的错误，是错误制度的主要规范对象，又可细分为表示错误与内容错误。所谓表示错误，是指表意人错误使用表示符号，该表示符号所表达的法律后果并非表意人内心的真实想法，典型的如将合同价款 10000 元写成 1000 元、

---

① 参见最高人民法院公报 2020 年第 1 期。

误将A画当作B画取走等。所谓内容错误，不同于表示错误，它是指表意人使用的表示符号并没有错，但对该符号所表示的内容产生理解错误。典型的内容错误又可细分为同一性错误和行为类型错误。同一性错误如甲想和乙订立合同，却误将丙当作乙。行为类型错误如甲想把画卖给乙，对乙说："我有一幅画，你要不要？"由于没有约定价格，乙理解为赠与而予以接受。此时，买卖合同因未形成合意而不成立，赠与因符合表示主义而成立。甲可以基于行为类型错误而主张撤销赠与合同。意思形成阶段的错误，是指表意人在形成意思表示时所产生的错误，也称为动机错误。原则上，法律行为的效力与动机错误无关。比如，当事人对相对人的履约能力是否符合自己需求产生错误认识，不应作为错误主张撤销。但是，动机错误一律不得作为错误予以撤销的原则也有例外，当有关人或物的性质错误被视为对交易具有重要作用时，这种情形下的动机错误视为内容错误，同样可以适用错误规则。性质错误典型的例子如，甲以为A赛马赢得过竞赛冠军，故以重金买下，但实际上赢得竞赛冠军的是B赛马。此时甲对A赛马是否赢得过竞赛冠军的能力产生错误认识，属于性质错误。

实务应用

39. 网购平台在优惠活动或促销期间标价错误出现低价商品，是否构成重大误解？

网购平台在优惠活动或促销期间出现的低价商品，能够使消费者产生合理信赖的，应当认定消费者属于善意交易相对人，双方当事人应当继续履行合同，经营者主张是基于重大误解导致出现低于成本价格出售商品的，法院应不予支持。[①]

---

① 参见《赵某圳与某珠宝公司网络购物合同纠纷案》，载《人民司法·案例》2020年第26期。

关联参见

《民法典总则编解释》第19条、第20条

第一百四十八条 【欺诈】一方以欺诈手段，使对方在违背真实意思的情况下实施的民事法律行为，受欺诈方有权请求人民法院或者仲裁机构予以撤销。

条文解读

欺诈 ➲ 欺诈，是指一方当事人故意告知对方虚假情况，或者故意隐瞒真实情况，诱使对方当事人作出错误意思表示的行为。

欺诈的构成要件一般包括四项：一是行为人须有欺诈的故意。这种故意既包括使对方陷入错误判断的故意，也包括诱使对方基于此错误判断而作出意思表示的故意。二是行为人须有欺诈的行为。这种行为既可以是故意虚构虚假事实，也可以是故意隐瞒应当告知的真实情况等。三是受欺诈人因行为人的欺诈行为陷入错误判断，即欺诈行为与错误判断之间存在因果关系。四是受欺诈人基于错误判断作出意思表示。

欺诈的构成并不需要受欺诈人客观上遭受损害后果的事实，只要受欺诈人因欺诈行为作出了实施民事法律行为的意思表示，即可成立欺诈。欺诈的法律后果为可撤销，享有撤销权的是受欺诈人。

关于撤销权，应通过人民法院或者仲裁机构行使。此处需要注意的是，《民法典》没有延续原《合同法》对欺诈行为可变更的规定，仅规定了可撤销。

实务应用

40. 隐瞒重大事故信息诱使买主基于错误意思表示购买含重大事故的二手机动车的，是否构成欺诈？

在买卖二手车时需注意，卖方根据诚信原则应将车辆的状况、性能、是否发生重大事故等重要信息，向买方如实、完整地告知，在出售过程中对足以影响买方购买决定的重要信息予以隐瞒或者未如实告知的，当属对买方的欺诈。①

关联参见

《民法典总则编解释》第 21 条

第一百四十九条　【第三人欺诈】第三人实施欺诈行为，使一方在违背真实意思的情况下实施的民事法律行为，对方知道或者应当知道该欺诈行为的，受欺诈方有权请求人民法院或者仲裁机构予以撤销。

条文解读

第三人欺诈 本条中的第三人，一般是指民事法律行为的双方当事人之外、与一方存在某种关系的特定人。当事人之外的第三人对其中一方当事人实施欺诈，有可能是仅仅为了帮助对方当事人达成交易，也有可能是最终为实现自己的目的。但其根本目的在于使受欺诈人陷入错误认识，作出"若了解真实情况便不会作出的"意思表示。此时，受欺诈人享有对民事法律行为的撤销权，但该撤销权行使须满足一定条件。具体来说，第三人实施欺诈行为，只有在受欺诈人的相对方非属于善意时，受欺诈人才能行使撤销权。相对方的这种非善意表现为，对于第三人的欺诈行为，其知道或者应当知道。撤销权的行使仍须通过人民法院或者仲裁机构行使。

需注意的是，在第三人欺诈而相对人是善意的情况下，受欺诈人尽管不能通过行使撤销权的方式保护其自身权益，但如果其权益因此受损，并不妨碍其向实施欺诈的第三人主张赔偿。

---

① 参见张意格：《张某与周某买卖合同纠纷案》，载《人民法院报》2021 年 1 月 23 日。

实务应用

41. 中介人为赚租金差价骗取出租人低价对外出租，承租人高价承租的行为，是否构成第三人欺诈？

中介人为赚取租金差价，虚构事实以骗取出租人与其控制的公司签订租金较低的租赁合同，再以出租人代理人的身份与实际承租人签订租金较高的租赁合同，构成第三人欺诈的可撤销事由，出租人可主张撤销该租赁合同。①

关联参见

《民法典总则编解释》第21条

第一百五十条 【胁迫】 一方或者第三人以胁迫手段，使对方在违背真实意思的情况下实施的民事法律行为，受胁迫方有权请求人民法院或者仲裁机构予以撤销。

条文解读

胁迫 所谓胁迫，是指行为人通过威胁、恐吓等不法手段对他人思想上施加强制，由此使他人产生恐惧心理并基于恐惧心理作出意思表示的行为。在民法理论中，胁迫与欺诈一样，都属于意思表示不自由的情形。当事人因受胁迫而作出意思表示，其意思表示并没有产生错误，受胁迫人在作出符合胁迫人要求的意思表示时，清楚地意识到自己意思表示的法律后果，只是这种意思表示的作出并非基于受胁迫人的自由意志。胁迫的构成要件一般应当包括：（1）胁迫人主观上有胁迫的故意，即故意实施胁迫行为使他人陷入恐惧以及基于此恐惧心理作出意思表

---

① 参见王长鹏：《李某与倪某房屋租赁合同纠纷案》，载《人民法院报》2019年10月15日。

示。(2)胁迫人客观上实施了胁迫的行为，即以将要实施某种加害行为威胁受胁迫人，以此使受胁迫人产生心理恐惧。这种加害既可以是对受胁迫人自身的人身、财产权益的加害，也可以是对受胁迫人的亲友甚至与之有关的其他人的人身、财产权益的加害，客观上使受胁迫人产生了恐惧心理。(3)胁迫须具有不法性，包括手段或者目的的不法性，反之则不成立胁迫。(4)受胁迫人基于胁迫产生的恐惧心理作出意思表示。换言之，意思表示的作出与胁迫存在因果关系。此处因果关系的判断，应以受胁迫人自身而非其他人为标准。由于胁迫侵害了被胁迫人的自由意志，法律对通过胁迫手段实施的民事法律行为加以规制。

从民法理论上讲，胁迫行为具有不法性，且构成对受胁迫人利益的侵害，应当认定因胁迫实施的民事法律行为无效。但考虑到民事活动的复杂性以及意思自治的民事基本原则，受胁迫人在其权益受损时，有权基于自身的利益衡量对民事法律行为的效力作出选择。因此，本条将因胁迫实施的民事法律行为效力规定为可撤销，同时赋予受胁迫人以撤销权。

需要注意的是，根据本条规定，无论是一方胁迫还是第三人胁迫，受胁迫人均享有对民事法律行为的撤销权。

案例指引

17. 受胁迫签订的行政协议能否撤销？①

为加快某小镇项目建设，改善农民居住环境，推进城乡一体化建设和某地旅游产业的发展，2017年，原仪征市某办事处（现隶属于省政府批准成立的江苏省仪征某地旅游度假区管理办公室）决定对包括某村在内的部分民居实施协议搬迁，王某某所有的位于某村的房屋在本次搬迁范围内。2017年8月4日早晨，仪征市某某房屋拆迁服务有限公司工

---

① 参见《行政协议案件典型案例》(2019年12月12日发布)，王某某诉江苏省仪征某地旅游度假区管理办公室房屋搬迁协议案，载最高人民法院网 https://www.court.gov.cn/zixun-xiangqing-208691.html，最后访问日期：2023年2月20日。

作人员一行到王某某家中商谈搬迁补偿安置事宜。2017 年 8 月 5 日凌晨约一点三十分，王某某在本案被诉的《某体育建设特色镇项目房屋搬迁协议》上签字，同时在《房屋拆除通知单》上签字。2017 年 8 月 5 日凌晨五点二十分，王某某被送至南京鼓楼医院集团仪征医院直至 8 月 21 日出院，入院诊断为“1. 多处软组织挫伤……”。因认为签订协议时遭到了胁迫，王某某于 2017 年 9 月 19 日向扬州市中级人民法院提起诉讼。

扬州市中级人民法院一审认为，行政协议兼具单方意思与协商一致的双重属性，对行政协议的效力审查自然应当包含合法性和合约性两个方面。根据原《合同法》第 54 条第 2 款①规定，一方以欺诈、胁迫的手段或者乘人之危，使对方在违背真实意思的情况下订立的合同，受损害方有权请求人民法院或者仲裁机构予以变更或撤销。在签订本案被诉的搬迁协议过程中，虽无直接证据证明相关拆迁人员对王某某采用了暴力、胁迫等手段，但考虑到协商的时间正处于盛夏的 8 月 4 日，王某某的年龄已近 70 岁，协商的时间跨度从早晨一直延续至第二日凌晨一点三十分左右等，综合以上因素，难以肯定王某某在签订搬迁协议时系其真实意思表示，亦有违行政程序正当原则。据此，判决撤销本案被诉的房屋搬迁协议。双方当事人未上诉。

关联参见

《民法典总则编解释》第 22 条

第一百五十一条　【乘人之危导致的显失公平】一方利用对方处于危困状态、缺乏判断能力等情形，致使民事法律行为成立时显失公平的，受损害方有权请求人民法院或者仲裁机构予以撤销。

---

① 现为《民法典》第 150 条。

条文解读

显失公平 ➲ 显失公平，是指一方当事人利用优势或者利用对方没有经验，致使双方的权利与义务明显违反公平、等价有偿原则。例如，一老农于深山采的珍贵人参，由于缺乏市场经验被人以极不合理价格购买的行为即属显失公平的行为。

本条所规定的显失公平须包括两项要件：

1. 主观上，民事法律行为的一方当事人利用了对方处于危困状态、缺乏判断能力等情形。这意味着，一方当事人主观上意识到对方当事人处于不利情境，且有利用这一不利情境之故意。所谓危困状态，一般指因陷入某种暂时性的急迫困境而对于金钱、物的需求极为迫切等，如一方利用对方家有重病患者、为治疗病患出卖房产之机，以远低于市场价格购买该房产。所谓缺乏判断能力，是指缺少基于理性考虑而实施民事法律行为或对民事法律行为的后果予以评估的能力，如金融机构的从业人员向文化水平较低的老年人兜售理财产品，由于缺少判断能力，这些老年人以高昂价格购买了实际收益率较低的理财产品。

2. 客观上，民事行为成立时显失公平。此处的显失公平是指双方当事人在民事法律行为中的权利义务明显失衡、显著不相称。至于“失衡”“不相称”的具体标准，则需要结合民事法律行为的具体情形，如市场风险、交易行情、通常做法等加以判断。同时，需要说明的是，对于显失公平的判断时点，应以民事法律行为成立时为限。由于民事法律行为从成立到实际履行往往有一个过程，这一过程中的许多因素都可能对双方当事人的权利义务产生影响，如果不限定判断的时点，对于显失公平的判定将会缺少客观标准，也无法将原已存在的“权利义务失衡”结果与民事法律行为成立后当事人以外因素对权利义务产生的影响相区分。

实务应用

42. 如何判断以租抵债协议是否显失公平？

以租抵债协议是否显失公平，应当从原债与新债两个方面进行衡量，结合原债的性质及数额、租赁物的使用价值、协议签订的背景等因素综合判断。以租抵债协议中被抵偿之原债权可能基于不同给付而产生，用于抵偿之给付为租赁物使用权的让渡，金钱给付变更为非金钱给付，对此类协议公平性的判断缺乏自带的参照。①

第一百五十二条　【撤销权的消灭期间】 有下列情形之一的，撤销权消灭：

（一）当事人自知道或者应当知道撤销事由之日起一年内、重大误解的当事人自知道或者应当知道撤销事由之日起九十日内没有行使撤销权；

（二）当事人受胁迫，自胁迫行为终止之日起一年内没有行使撤销权；

（三）当事人知道撤销事由后明确表示或者以自己的行为表明放弃撤销权。

当事人自民事法律行为发生之日起五年内没有行使撤销权的，撤销权消灭。

条文解读

民事法律行为因不同事由被撤销的，其撤销权应当在一定期间内行使。这一点是由撤销权的性质决定的。在民法理论上，撤销权属于形成权，行为人可以通过自己的行为直接行使权利，实现权利目的。

---

① 参见罗正环：《甲公司等与乙公司等合同纠纷案》，载《人民法院报》2020 年 11 月 12 日。

但是，撤销权的行使将使得可撤销的民事法律行为效力终局性地归于无效，这将对相对人的利益产生重大影响。因此，享有撤销权的权利人必须在一定期间内决定是否行使这一权利，从而保护相对人的利益，维护交易安全。这一期间被称为除斥期间，除斥期间经过，撤销权终局性地归于消灭，可撤销的民事法律行为自此成为完全有效的民事法律行为。

由于导致民事法律行为可撤销的事由多样，因此不同情况下除斥期间的起算以及期间的长短也应有所不同。本条在原《民法通则》和《合同法》规定的基础上，对撤销权的除斥期间作了以下规定：(1) 撤销权原则上应在权利人知道或者应当知道撤销事由之日起 1 年内行使，但自民事法律行为发生之日起 5 年内没有行使的，撤销权消灭。将期间起算的标准规定为“当事人自知道或者应当知道撤销事由之日”，有利于撤销权人的利益保护，防止其因不知撤销事由存在而错失撤销权的行使。同时，辅之以“自民事法律行为发生之日起五年”的客观期间，有助于法律关系的稳定，稳定交易秩序，维护交易安全。(2) 对于因重大误解享有撤销权的，权利人应在知道或者应当知道撤销事由之日起 90 日内行使，否则撤销权消灭。同欺诈、胁迫、显失公平等影响意思表示自由的情形相比，重大误解权利人的撤销事由系自己造就，不应赋予其与其他撤销事由同样的除斥期间。(3) 对于因胁迫享有撤销权的，应自胁迫行为终止之日起 1 年内行使，否则撤销权消灭。同欺诈、重大误解等其他撤销事由相比，胁迫具有特殊性。受胁迫人在胁迫行为终止前，即使知道胁迫行为的存在，事实上仍然无法行使撤销权。考虑到这一特殊情况，本条将因胁迫享有撤销权的除斥期间起算规定为“自胁迫行为终止之日起”，期间仍为 1 年。(4) 对于权利人知道撤销事由后明确表示或者以自己的行为表明放弃撤销权的，撤销权消灭，不受 1 年期间的限制。权利人无论是明确表示还是通过行为表示对撤销权的放弃，均属于对自己权利的处分，依据意思自治的原则，法律予以准许。

第一百五十三条　【违反强制性规定及违背公序良俗的民事法律行为的效力】 违反法律、行政法规的强制性规定的民事法律行为无效。但是，该强制性规定不导致该民事法律行为无效的除外。

违背公序良俗的民事法律行为无效。

条文解读

民事法律行为虽然是彰显意思自治、保障权利实现的主要制度，但这种自由必须限定在不损害国家利益、社会公共利益的范围之内。民事主体的民事法律行为一旦超越法律和道德所容许的限度，构成对国家利益、社会公共利益的侵害，其效力就必须被否定。而法律、行政法规的强制性规定以及公共秩序和善良习俗，即是对民事主体意思自治施加的限制。《民法典》第 143 条规定了民事法律行为的有效要件，属于对民事法律行为有效的一般性要求，而本条则属于可以直接判定行为效力的裁判性规范。

本条第 1 款规定，违反法律、行政法规的强制性规定的民事法律行为无效。但是，该强制性规定不导致该民事法律行为无效的除外。法律规范分为强制性规范与任意性规范。任意性规范的目的是引导、规范民事主体的行为，并不具备强制性效力，民事法律行为与任意性规范不一致的，并不影响其效力。任意性规范体现的是法律对主体实施民事法律行为的一种指引，当事人可以选择适用，也可以选择不适用。与任意性规范相对的是强制性规范，后者体现的是法律基于对国家利益、社会公共利益等的考量，对私人意思自治领域所施加的一种限制。民事主体在实施民事法律行为时，必须服从这种对行为自由的限制，否则会因对国家利益、社会公共利益等的侵害而被判定无效。但是，民事法律行为违反强制性规定无效有一种例外，即当该强制性规定本身并不导致民事法律行为无效时，民事法律行为并不无效。这里实际上涉及对具体强制性规定的性质判断问题。某些强制性规定尽管要求民事主体不得违反，但其并不导致民事法律行为无效。违反该法律规定的后果应由违法一方承担，没有违法的当事人不应承受一方违法的后果。比如，一家经营水果的商店出售种子，农户购买了该种子，该商店违法经营种子，必须承担相应违法责任，但出于保护农户的目的，不宜认定该买卖行为无效。

本条第2款规定，违背公序良俗的民事法律行为无效。公序良俗是公共秩序和善良习俗的简称，属于不确定概念。民法学说一般采取类型化研究的方式，将裁判实务中依据公序良俗裁判的典型案件，区别为若干公序良俗违反的行为类型。人民法院或者仲裁机构在审理案件时，如果发现待决案件事实与其中某一个类型相符，即可判定行为无效。这些类型包括但不限于：(1) 危害国家政治、经济、财政、税收、金融、治安等秩序类型；(2) 危害家庭关系行为类型；(3) 违反性道德行为类型；(4) 违反人权和人格尊重行为类型；(5) 限制经济自由行为类型；(6) 违反公正竞争行为类型；(7) 违反消费者保护行为类型；(8) 违反劳动者保护行为类型等。同强制性规定一样，公序良俗也体现了国家对民事领域意思自治的一种限制。因此，对公序良俗的违背也构成民事法律行为无效的理由。

实务应用

43. 将存在严重结构隐患或将造成重大安全事故的危房出租用于经营酒店的，租赁合同效力如何？

违反行政规章一般不影响合同效力，但违反行政规章签订租赁合同，将经鉴定机构鉴定存在严重结构隐患，或将造成重大安全事故应当尽快拆除的危房出租用于经营酒店，危及不特定公众人身及财产安全，属于损害社会公共利益、违背公序良俗的行为，应当依法认定租赁合同无效，按照合同双方的过错大小确定各自应当承担的法律责任。[①]

① 参见最高人民法院指导案例170号。

案例指引

18. 国家发布明确禁止“挖矿”活动的监管政策后，当事人签订的比特币“矿机”买卖合同是否有效？①

2021年10月18日，胡某与王某通过微信方式达成买卖协议：胡某向王某购买三台神马M20S型机器，又名“矿机”，特指在网络上挖比特币的专用计算机设备。2021年10月19日，胡某通过微信、支付宝向王某转款共计62220元。当天，胡某通过微信指定交货地点为四川省某村、收货人为唐某，同时王某通过微信将上游卖家的货物快递单号发送给胡某。2021年10月23日，胡某以微信电话方式欲告知王某机器无法使用，但最终没有联系上王某，胡某随即对机器进行了拆机检查。2021年10月24日，胡某联系上王某后将机器的测试视频、SN码及设备照片发送给王某，要求协商处理。2021年10月25日之后，胡某无法再联系上王某。胡某遂诉请解除合同并返还设备款。四川省乐山市井研县人民法院认定，双方就“矿机”买卖形成的合同无效，设备款和设备由双方互相返还。宣判后，双方当事人均未提起上诉，该判决已发生法律效力。

对于比特币等虚拟财产及相关经济活动，虽然监管部门近年来发布多份文件予以规制，但在法律层面没有明确规定。这也导致司法实务中对此类纠纷的裁判标准有所不一。2021年9月，中国人民银行等10部门发布《关于进一步防范和处置虚拟货币交易炒作风险的通知》、国家发展改革委等11部门发布《关于整治虚拟货币“挖矿”活动的通知》，明确虚拟货币相关业务活动属于非法金融活动，严禁新增虚拟货币“挖矿”活动。上述通知表明，对于事关国家金融管理制度、事关金融安全的虚拟货币相关活动，国家采取严格监管态度。市场主体如有违反，相关交易合同的效力应当依据《民法典》第153条第2款关于“违背公序良俗的民事法律行

---

① 参见《最高法民二庭发布2022年度全国法院十大商事案件》（2023年1月19日发布），胡某诉王某买卖合同纠纷案，载最高人民法院网 https://www.court.gov.cn/zixun-xiangqing-387081.html，最后访问日期：2023年2月20日。

为无效”的规定，给予否定性评价，并对各方权利义务作出妥善处理。

第一百五十四条 【恶意串通】行为人与相对人恶意串通，损害他人合法权益的民事法律行为无效。

条文解读

恶意串通 所谓恶意串通，是指行为人与相对人互相勾结，为牟取私利而实施的损害他人合法权益的民事法律行为。恶意串通的民事法律行为在主观上要求双方有互相串通、为满足私利而损害他人合法权益的目的，客观上表现为实施了一定形式的行为来达到这一目的。尽管民法的基本原则中包含自愿原则，即当事人可以按照自己的意思设立、变更、终止民事法律关系，但民事主体却不得滥用民事权利损害国家利益、社会公共利益或者他人合法权益。

需注意的是，在虚伪表示的民事法律行为中，行为人与相对人所表示出的意思均非真意，而恶意串通的双方当事人所表达的都是内心真意，二者尽管在法律后果上相同，但不可混淆。尽管在某些情况下，双方通谋的虚伪表示也表现为主观上的恶意，且同时损害了他人的合法权益，但二者的侧重点不同，不能相互替代。

案例指引

19. 民事案件当事人存在虚构事实、恶意串通、规避法律或国家政策以谋取非法利益，进行虚假民事诉讼情形的，是否应当依法制裁？①

上海欧宝生物科技有限公司诉辽宁特莱维置业发展有限公司企业借贷纠纷案

（最高人民法院审判委员会讨论通过2016年9月19日发布）

关键词 民事诉讼/企业借贷/虚假诉讼

---

① 最高人民法院指导案例68号。

裁判要点

人民法院审理民事案件中发现存在虚假诉讼可能时，应当依职权调取相关证据，详细询问当事人，全面严格审查诉讼请求与相关证据之间是否存在矛盾，以及当事人诉讼中言行是否违背常理。经综合审查判断，当事人存在虚构事实、恶意串通、规避法律或国家政策以谋取非法利益，进行虚假民事诉讼情形的，应当依法予以制裁。

相关法条

《中华人民共和国民事诉讼法》第112条①

基本案情

上海欧宝生物科技有限公司（以下简称欧宝公司）诉称：欧宝公司借款给辽宁特莱维置业发展有限公司（以下简称特莱维公司）8650万元，用于开发辽宁省东港市特莱维国际花园房地产项目。借期届满时，特莱维公司拒不偿还。故请求法院判令特莱维公司返还借款本金8650万元及利息。

特莱维公司辩称：对欧宝公司起诉的事实予以认可，借款全部投入到特莱维国际花园房地产项目，房屋滞销，暂时无力偿还借款本息。

一审申诉人谢涛述称：特莱维公司与欧宝公司，通过虚构债务的方式，恶意侵害其合法权益，请求法院查明事实，依法制裁。

法院经审理查明：2007年7月至2009年3月，欧宝公司与特莱维公司先后签订9份《借款合同》，约定特莱维公司向欧宝公司共借款8650万元，约定利息为同年贷款利率的4倍。约定借款用途为：只限用于特莱维国际花园房地产项目。借款合同签订后，欧宝公司先后共汇款10笔，计8650万元，而特莱维公司却在收到汇款的当日或数日后立即将其中的6笔转出，共计转出7050万余元。其中5笔转往上海翰皇实业发展有限公司（以下简称翰皇公司），共计6400万余元。此外，欧宝公司在提起一审诉讼要求特莱维公司还款期间，仍向特莱维公司转款3

① 现为《民事诉讼法》第115条。

笔，计360万元。

欧宝公司法定代表人为宗惠光，该公司股东曲叶丽持有73.75%的股权，姜雯琪持有2%的股权，宗惠光持有2%的股权。特莱维公司原法定代表人为王作新，翰皇公司持有该公司90%股权，王阳持有10%的股权，2010年8月16日法定代表人变更为姜雯琪。工商档案记载，该公司在变更登记时，领取执照人签字处由刘静君签字，而刘静君又是本案原一审诉讼期间欧宝公司的委托代理人，身份系欧宝公司的员工。翰皇公司2002年3月26日成立，法定代表人为王作新，前身为上海特莱维化妆品有限公司，王作新持有该公司67%的股权，曲叶丽持有33%的股权，同年10月28日，曲叶丽将其持有的股权转让给王阳。2004年10月10日该公司更名为翰皇公司，公司登记等手续委托宗惠光办理，2011年7月5日该公司注销。王作新与曲叶丽系夫妻关系。

本案原一审诉讼期间，欧宝公司于2010年6月22日向辽宁省高级人民法院（以下简称辽宁高院）提出财产保全申请，要求查封、扣押、冻结特莱维公司5850万元的财产，王阳以其所有的位于辽宁省沈阳市和平区澳门路、建筑面积均为236.4平方米的两处房产为欧宝公司担保。王作鹏以其所有的位于沈阳市皇姑区宁山中路的建筑面积为671.76平方米的房产为欧宝公司担保，沈阳沙琪化妆品有限公司（以下简称沙琪公司，股东为王振义和修桂芳）以其所有的位于沈阳市东陵区白塔镇小羊安村建筑面积分别为212平方米、946平方米的两处厂房及使用面积为4000平方米的一块土地为欧宝公司担保。

欧宝公司与特莱维公司的《开立单位银行结算账户申请书》记载地址均为东港市新兴路1号，委托经办人均为崔秀芳。再审期间谢涛向辽宁高院提供上海市第一中级人民法院（2008）沪一中民三（商）终字第426号民事判决书一份，该案系张娥珍、贾世克诉翰皇公司、欧宝公司特许经营合同纠纷案，判决所列翰皇公司的法定代表人为王作新，欧宝公司和翰皇公司的委托代理人均系翰皇公司员工宗惠光。

二审审理中另查明：

（一）关于欧宝公司和特莱维公司之间关系的事实

工商档案表明，沈阳特莱维化妆品连锁有限责任公司（以下简称沈阳特莱维）成立于2000年3月15日，该公司由欧宝公司控股（持股96.67%），设立时的经办人为宗惠光。公司登记的处所系向沈阳丹菲专业护肤中心承租而来，该中心负责人为王振义。2005年12月23日，特莱维公司原法定代表人王作新代表欧宝公司与案外人张娥珍签订连锁加盟（特许）合同。2007年2月28日，霍静代表特莱维公司与世安建设集团有限公司（以下简称世安公司）签订关于特莱维国际花园项目施工的《补充协议》。2010年5月，魏亚丽经特莱维公司授权办理银行账户的开户，2011年9月又代表欧宝公司办理银行账户开户。两账户所留联系人均为魏亚丽，联系电话均为同一号码，与欧宝公司2010年6月10日提交辽宁高院的民事起诉状中所留特莱维公司联系电话相同。

2010年9月3日，欧宝公司向辽宁高院出具《回复函》称：同意提供位于上海市青浦区苏虹公路332号的面积12026.91平方米、价值2亿元的房产作为保全担保。欧宝公司庭审中承认，前述房产属于上海特莱维护肤品股份有限公司（以下简称上海特莱维）所有。上海特莱维成立于2002年12月9日，法定代表人为王作新，股东有王作新、翰皇公司的股东王阳、邹艳，欧宝公司的股东宗惠光、姜雯琪、王奇等人。王阳同时任上海特莱维董事，宗惠光任副董事长兼副总经理，王奇任副总经理，霍静任董事。

2011年4月20日，欧宝公司向辽宁高院申请执行（2010）辽民二初字第15号民事判决，该院当日立案执行。同年7月12日，欧宝公司向辽宁高院提交书面申请称："为尽快回笼资金，减少我公司损失，经与被执行人商定，我公司允许被执行人销售该项目的剩余房产，但必须由我公司指派财务人员收款，所销售的房款须存入我公司指定账户。"2011年9月6日，辽宁高院向东港市房地产管理处发出《协助执行通知书》，以相关查封房产已经给付申请执行人抵债为由，要求该处将前述房产直接过户登记到案外买受人名下。

欧宝公司申请执行后，除谢涛外，特莱维公司的其他债权人世安公司、江西临川建筑安装工程总公司、东港市前阳建筑安装工程总公司也先后以提交执行异议等形式，向辽宁高院反映欧宝公司与特莱维公司虚构债权进行虚假诉讼。

翰皇公司的清算组成员由王作新、王阳、姜雯琪担任，王作新为负责人；清算组在成立之日起10日内通知了所有债权人，并于2011年5月14日在《上海商报》上刊登了注销公告。2012年6月25日，王作新将翰皇公司所持特莱维公司股权中的1600万元转让于王阳，200万元转让于邹艳，并于2012年7月9日办理了工商变更登记。

沙琪公司的股东王振义和修桂芳分别是王作新的父亲和母亲；欧宝公司的股东王阁系王作新的哥哥王作鹏之女；王作新与王阳系兄妹关系。

（二）关于欧宝公司与案涉公司之间资金往来的事实

欧宝公司尾号为8115的账户（以下简称欧宝公司8115账户），2006年1月4日至2011年9月29日的交易明细显示，自2006年3月8日起，欧宝公司开始与特莱维公司互有资金往来。其中，2006年3月8日欧宝公司该账户汇给特莱维公司尾号为4891账户（以下简称特莱维公司4891账户）300万元，备注用途为借款，2006年6月12日转给特莱维公司801万元。2007年8月16日至23日从特莱维公司账户转入欧宝公司8115账户近70笔款项，备注用途多为货款。该账户自2006年1月4日至2011年9月29日与沙琪公司、沈阳特莱维、翰皇公司、上海特莱维均有大笔资金往来，用途多为货款或借款。

欧宝公司在中国建设银行东港支行开立的账户（尾号0357）2010年8月31日至2011年11月9日的交易明细显示：该账户2010年9月15日、9月17日由欧宝公司以现金形式分别存入168万元、100万元；2010年9月30日支付东港市安邦房地产开发有限公司工程款100万元；2010年9月30日自特莱维公司账户（尾号0549）转入100万元，2011年8月22日、8月30日、9月9日自特莱维公司账户分别转入欧宝公司该账户71.6985万元、51.4841万元、62.3495万元，2011年11月4日特莱维公司尾号为5555账户（以下简称特莱维公司5555账户）以法院扣款的名义转入该账户84.556787万元；2011年9月27日以“往来款”名义转入欧宝公司8115账户193.5万元，2011年11月9日转入欧宝公司尾号4548账户（以下简称欧宝公司4548账户）157.995万元。

欧宝公司设立在中国工商银行上海青浦支行的账户（尾号5617）显示，2012年7月12日该账户以“借款”名义转入特莱维公司50万元。

欧宝公司在中国建设银行沈阳马路湾支行的4548账户2013年10月7日至2015年2月7日期间的交易明细显示，自2014年1月20日起，特莱维公司以“还款”名义转入该账户的资金，大部分又以“还款”名义转入王作鹏个人账户和上海特莱维的账户。

翰皇公司建设银行上海分行尾号为4917账户（以下简称翰皇公司4917账户）2006年1月5日至2009年1月14日的交易明细显示，特莱维公司4891账户2008年7月7日转入翰皇公司该账户605万元，同日翰皇公司又从该账户将同等数额的款项转入特莱维公司5555账户，但自翰皇公司打入特莱维公司账户的该笔款项计入了特莱维公司的借款数额，自特莱维公司打入翰皇公司的款项未计入该公司的还款数额。该账户同时间段还分别和欧宝公司、沙琪公司以“借款”“往来款”的名义进行资金转入和转出。

特莱维公司5555账户2006年6月7日至2015年9月21日的交易明细显示，2009年7月2日自该账户以“转账支取”的名义汇入欧宝公司的账户（尾号0801）600万元；自2011年11月4日起至2014年12月31日止，该账户转入欧宝公司资金达30多笔，最多的为2012年12月20日汇入欧宝公司4548账户的一笔达1800万元。此外，该账户还有多笔大额资金在2009年11月13日至2010年7月19日期间以“借款”的名义转入沙琪公司账户。

沙琪公司在中国光大银行沈阳和平支行的账户（尾号6312）2009

年11月13日至2011年6月27日的交易明细显示，特莱维公司转入沙琪公司的资金，有的以“往来款”或者“借款”的名义转回特莱维公司的其他账户。例如，2009年11月13日自特莱维公司5555账户以“借款”的名义转入沙琪公司3800万元，2009年12月4日又以“往来款”的名义转回特莱维公司另外设立的尾号为8361账户（以下简称特莱维公司8361账户）3800万元；2010年2月3日自特莱维公司8361账户以“往来款”的名义转入沙琪公司账户的4827万元，同月10日又以“借款”的名义转入特莱维公司5555账户500万元，以“汇兑”名义转入特莱维公司4891账户1930万元，2010年3月31日沙琪公司又以“往来款”的名义转入特莱维公司8361账户1000万元，同年4月12日以系统内划款的名义转回特莱维公司8361账户1806万元。特莱维公司转入沙琪公司账户的资金有部分流入了沈阳特莱维的账户。例如，2010年5月6日以“借款”的名义转入沈阳特莱维1000万元，同年7月29日以“转款”的名义转入沈阳特莱维2272万元。此外，欧宝公司也以“往来款”的名义转入该账户部分资金。

欧宝公司和特莱维公司均承认，欧宝公司4548账户和在中国建设银行东港支行的账户（尾号0357）由王作新控制。

裁判结果

辽宁高院2011年3月21日作出（2010）辽民二初字第15号民事判决：特莱维公司于判决生效后10日内偿还欧宝公司借款本金8650万元及借款实际发生之日起至判决确定给付之日止的中国人民银行同期贷款利息。该判决发生法律效力后，因案外人谢涛提出申诉，辽宁高院于2012年1月4日作出（2012）辽立二民监字第8号民事裁定再审本案。辽宁高院经再审于2015年5月20日作出（2012）辽审二民再字第13号民事判决，驳回欧宝公司的诉讼请求。欧宝公司提起上诉，最高人民法院第二巡回法庭经审理于2015年10月27日作出（2015）民二终字第324号民事判决，认定本案属于虚假民事诉讼，驳回上诉，维持原判。同时作出罚款决定，对参与虚假诉讼的欧宝公司和特莱维公司各罚款50万元。

裁判理由

法院生效裁判认为：人民法院保护合法的借贷关系，同时对于恶意串通进行虚假诉讼意图损害他人合法权益的行为，应当依法制裁。本案争议的焦点问题有两个，一是欧宝公司与特莱维公司之间是否存在关联关系；二是欧宝公司和特莱维公司就争议的8650万元是否存在真实的借款关系。

一、欧宝公司与特莱维公司是否存在关联关系的问题

《中华人民共和国公司法》第二百一十七条[①]规定，关联关系，是指公司控股股东、实际控制人、董事、监事、高级管理人员与其直接或间接控制的企业之间的关系，以及可能导致公司利益转移的其他关系。可见，公司法所称的关联公司，既包括公司股东的相互交叉，也包括公司共同由第三人直接或者间接控制，或者股东之间、公司的实际控制人之间存在直系血亲、姻亲、共同投资等可能导致利益转移的其他关系。

本案中，曲叶丽为欧宝公司的控股股东，王作新是特莱维公司的原法定代表人，也是案涉合同签订时特莱维公司的控股股东翰皇公司的控股股东和法定代表人，王作新与曲叶丽系夫妻关系，说明欧宝公司与特莱维公司由夫妻二人控制。欧宝公司称两人已经离婚，却未提供民政部门的离婚登记或者人民法院的生效法律文书。虽然辽宁高院受理本案诉讼后，特莱维公司的法定代表人由王作新变更为姜雯琪，但王作新仍是特莱维公司的实际控制人。同时，欧宝公司股东兼法定代表人宗惠光、王奇等人，与特莱维公司的实际控制人王作新、法定代表人姜雯琪、目前的控股股东王阳共同投资设立了上海特莱维，说明欧宝公司的股东与特莱维公司的控股股东、实际控制人存在其他的共同利益关系。另外，沈阳特莱维是欧宝公司控股的公司，沙琪公司的股东是王作新的父亲和母亲。可见，欧宝公司与特莱维公司之间、前述两公司与沙琪公司、上海特莱维、沈阳特莱维之间均存在关联关系。

---

① 现为《公司法》第216条。

欧宝公司与特莱维公司及其他关联公司之间还存在人员混同的问题。首先，高管人员之间存在混同。姜雯琪既是欧宝公司的股东和董事，又是特莱维公司的法定代表人，同时还参与翰皇公司的清算。宗惠光既是欧宝公司的法定代表人，又是翰皇公司的工作人员，虽然欧宝公司称宗惠光自 2008 年 5 月即从翰皇公司辞职，但从上海市第一中级人民法院（2008）沪一中民三（商）终字第 426 号民事判决载明的事实看，该案 2008 年 8 月至 12 月审理期间，宗惠光仍以翰皇公司工作人员的身份参与诉讼。王奇既是欧宝公司的监事，又是上海特莱维的董事，还以该公司工作人员的身份代理相关行政诉讼。王阳既是特莱维公司的监事，又是上海特莱维的董事。王作新是特莱维公司原法定代表人、实际控制人，还曾先后代表欧宝公司、翰皇公司与案外第三人签订连锁加盟（特许）合同。其次，普通员工也存在混同。霍静是欧宝公司的工作人员，在本案中作为欧宝公司原一审诉讼的代理人，2007 年 2 月 23 日代表特莱维公司与世安公司签订建设施工合同，又同时兼任上海特莱维的董事。崔秀芳是特莱维公司的会计，2010 年 1 月 7 日代特莱维公司开立银行账户，2010 年 8 月 20 日本案诉讼之后又代欧宝公司开立银行账户。欧宝公司当庭自述魏亚丽系特莱维公司的工作人员，2010 年 5 月魏亚丽经特莱维公司授权办理银行账户开户，2011 年 9 月诉讼之后又经欧宝公司授权办理该公司在中国建设银行沈阳马路湾支行的开户，且该银行账户的联系人为魏亚丽。刘静君是欧宝公司的工作人员，在本案原一审和执行程序中作为欧宝公司的代理人，2009 年 3 月 17 日又代特莱维公司办理企业登记等相关事项。刘洋以特莱维公司员工名义代理本案诉讼，又受王作新的指派代理上海特莱维的相关诉讼。

上述事实充分说明，欧宝公司、特莱维公司以及其他关联公司的人员之间并未严格区分，上述人员实际上服从王作新一人的指挥，根据不同的工作任务，随时转换为不同关联公司的工作人员。欧宝公司在上诉状中称，在 2007 年借款之初就派相关人员进驻特莱维公司，监督该公司对投资款的使用并协助工作，但早在欧宝公司所称的向特莱维公司转入首笔借款之前5个月，霍静即参与该公司的合同签订业务。而且从这些所谓的“派驻人员”在特莱维公司所起的作用看，上述人员参与了该公司的合同签订、财务管理到诉讼代理的全面工作，而不仅是监督工作，欧宝公司的辩解，不足为信。辽宁高院关于欧宝公司和特莱维公司系由王作新、曲叶丽夫妇控制之关联公司的认定，依据充分。

二、欧宝公司和特莱维公司就争议的8650万元是否存在真实借款关系的问题

根据《最高人民法院关于适用〈中华人民共和国民事诉讼法〉的解释》第九十条规定，当事人对自己提出的诉讼请求所依据的事实或者反驳对方诉讼请求所依据的事实，应当提供证据加以证明；当事人未能提供证据或者证据不足以证明其事实主张的，由负有举证证明责任的当事人承担不利的后果。第一百零八条规定：“对负有举证证明责任的当事人提供的证据，人民法院经审查并结合相关事实，确信待证事实的存在具有高度可能性的，应当认定该事实存在。对一方当事人为反驳负有举证责任的当事人所主张的事实而提供的证据，人民法院经审查并结合相关事实，认为待证事实真伪不明的，应当认定该事实不存在。”在当事人之间存在关联关系的情况下，为防止恶意串通提起虚假诉讼，损害他人合法权益，人民法院对其是否存在真实的借款法律关系，必须严格审查。

欧宝公司提起诉讼，要求特莱维公司偿还借款8650万元及利息，虽然提供了借款合同及转款凭证，但其自述及提交的证据和其他在案证据之间存在无法消除的矛盾，当事人在诉讼前后的诸多言行违背常理，主要表现为以下7个方面：

第一，从借款合意形成过程来看，借款合同存在虚假的可能。欧宝公司和特莱维公司对借款法律关系的要约与承诺的细节事实陈述不清，尤其是作为债权人欧宝公司的法定代表人、自称是合同经办人的宗惠光，对所有借款合同的签订时间、地点、每一合同的己方及对方经办人等细节，语焉不详。案涉借款每一笔均为大额借款，当事人对所有合同

的签订细节、甚至大致情形均陈述不清，于理不合。

第二，从借款的时间上看，当事人提交的证据前后矛盾。欧宝公司的自述及其提交的借款合同表明，欧宝公司自 2007 年 7 月开始与特莱维公司发生借款关系。向本院提起上诉后，其提交的自行委托形成的审计报告又载明，自 2006 年 12 月份开始向特莱维公司借款，但从特莱维公司和欧宝公司的银行账户交易明细看，在 2006 年 12 月之前，仅欧宝公司 8115 账户就发生过两笔高达 1100 万元的转款，其中，2006 年 3 月 8 日以“借款”名义转入特莱维公司账户 300 万元，同年 6 月 12 日转入 801 万元。

第三，从借款的数额上看，当事人的主张前后矛盾。欧宝公司起诉后，先主张自 2007 年 7 月起累计借款金额为 5850 万元，后在诉讼中又变更为 8650 万元，上诉时又称借款总额 1.085 亿元，主张的借款数额多次变化，但只能提供 8650 万元的借款合同。而谢涛当庭提交的银行转账凭证证明，在欧宝公司所称的 1.085 亿元借款之外，另有 4400 多万元的款项以“借款”名义打入特莱维公司账户。对此，欧宝公司自认，这些多出的款项是受王作新的请求帮忙转款，并非真实借款。该自认说明，欧宝公司在相关银行凭证上填写的款项用途极其随意。从本院调取的银行账户交易明细所载金额看，欧宝公司以借款名义转入特莱维公司账户的金额远远超出欧宝公司先后主张的上述金额。此外，还有其他多笔以“借款”名义转入特莱维公司账户的巨额资金，没有列入欧宝公司所主张的借款数额范围。

第四，从资金往来情况看，欧宝公司存在单向统计账户流出资金而不统计流入资金的问题。无论是案涉借款合同载明的借款期间，还是在此之前，甚至诉讼开始以后，欧宝公司和特莱维公司账户之间的资金往来，既有欧宝公司转入特莱维公司账户款项的情况，又有特莱维公司转入欧宝公司账户款项的情况，但欧宝公司只计算己方账户转出的借方金额，而对特莱维公司转入的贷方金额只字不提。

第五，从所有关联公司之间的转款情况看，存在双方或多方账户循环转款问题。如上所述，将欧宝公司、特莱维公司、翰皇公司、沙琪公司等公司之间的账户对照检查，存在特莱维公司将己方款项转入翰皇公司账户过桥欧宝公司账户后，又转回特莱维公司账户，造成虚增借款的现象。特莱维公司与其他关联公司之间的资金往来也存在此种情况。

第六，从借款的用途看，与合同约定相悖。借款合同第二条约定，借款限用于特莱维国际花园房地产项目，但是案涉款项转入特莱维公司账户后，该公司随即将大部分款项以“借款”“还款”等名义分别转给翰皇公司和沙琪公司，最终又流向欧宝公司和欧宝公司控股的沈阳特莱维。至于欧宝公司辩称，特莱维公司将款项打入翰皇公司是偿还对翰皇公司借款的辩解，由于其提供的翰皇公司和特莱维公司之间的借款数额与两公司银行账户交易的实际数额互相矛盾，且从流向上看大部分又流回了欧宝公司或者其控股的公司，其辩解不足为凭。

第七，从欧宝公司和特莱维公司及其关联公司在诉讼和执行中的行为来看，与日常经验相悖。欧宝公司提起诉讼后，仍与特莱维公司互相转款；特莱维公司不断向欧宝公司账户转入巨额款项，但在诉讼和执行程序中却未就还款金额对欧宝公司的请求提出任何抗辩；欧宝公司向辽宁高院申请财产保全，特莱维公司的股东王阳却以其所有的房产为本应是利益对立方的欧宝公司提供担保；欧宝公司在原一审诉讼中另外提供担保的上海市青浦区房产的所有权，竟然属于王作新任法定代表人的上海特莱维；欧宝公司和特莱维公司当庭自认，欧宝公司开立在中国建设银行东港支行、中国建设银行沈阳马路湾支行的银行账户都由王作新控制。

对上述矛盾和违反常理之处，欧宝公司与特莱维公司均未作出合理解释。由此可见，欧宝公司没有提供足够的证据证明其就案涉争议款项与特莱维公司之间存在真实的借贷关系。且从调取的欧宝公司、特莱维公司及其关联公司账户的交易明细发现，欧宝公司、特莱维公司以及其他关联公司之间、同一公司的不同账户之间随意转款，款项用途随意填写。结合在案其他证据，法院确信，欧宝公司诉请之债权系截取其与特莱维公司之间的往来款项虚构而成，其以虚构债权为基础请求特莱维公司返还8650万元借款及利息的请求不应支持。据此，辽宁高院再审判决驳回其诉讼请求并无不当。

至于欧宝公司与特莱维公司提起本案诉讼是否存在恶意串通损害他人合法权益的问题。首先，无论欧宝公司，还是特莱维公司，对特莱维公司与一审申诉人谢涛及其他债权人的债权债务关系是明知的。从案涉判决执行的过程看，欧宝公司申请执行之后，对查封的房产不同意法院拍卖，而是继续允许该公司销售，特莱维公司每销售一套，欧宝公司即申请法院解封一套。在接受法院当庭询问时，欧宝公司对特莱维公司销售了多少查封房产，偿还了多少债务陈述不清，表明其提起本案诉讼并非为实现债权，而是通过司法程序进行保护性查封以阻止其他债权人对特莱维公司财产的受偿。虚构债权，恶意串通，损害他人合法权益的目的明显。其次，从欧宝公司与特莱维公司人员混同、银行账户同为王作新控制的事实可知，两公司同属一人，均已失去公司法人所具有的独立人格。《中华人民共和国民事诉讼法》第一百一十二条[①]规定："当事人之间恶意串通，企图通过诉讼、调解等方式侵害他人合法权益的，人民法院应当驳回其请求，并根据情节轻重予以罚款、拘留；构成犯罪的，依法追究刑事责任。"一审申诉人谢涛认为欧宝公司与特莱维公司之间恶意串通提起虚假诉讼损害其合法权益的意见，以及对有关当事人和相关责任人进行制裁的请求，于法有据，应予支持。

关联参见

《拍卖法》第65条；《企业国有资产法》第72条；《海事诉讼特别程序法》第41条

第一百五十五条　【无效或者被撤销民事法律行为自始无效】

无效的或者被撤销的民事法律行为自始没有法律约束力。

---

① 现为《民事诉讼法》第115条。

条文解读

无效和被撤销的民事法律行为是自始无效的，具有溯及力，即民事法律行为一旦无效或者被撤销后，双方的权利义务状态应当恢复到这一行为实施之前的状态，已经履行的，应当恢复原状。关于本条，还有两点需要进一步说明：(1) 无效的民事法律行为除自始无效外，还应当是当然无效、绝对无效。所谓当然无效，是指只要民事法律行为具备无效条件，其便当然产生无效的法律后果，无须经过特定程序的确认才无效。所谓绝对无效，是指这种民事法律行为的无效是绝对而非相对的，对包括当事人在内的其他任何人而言均是无效的。(2) 对于诸如劳动关系、合伙关系等特别领域中存在的某些持续性民事法律行为无效以及被撤销的效力问题，可以考虑在具体单行法中作出特别规定。

第一百五十六条　【民事法律行为部分无效】民事法律行为部分无效，不影响其他部分效力的，其他部分仍然有效。

条文解读

民事法律行为的无效事由既可以导致其全部无效，也可以导致其部分无效。在部分无效时，如果不影响其他部分的效力，其他部分仍可有效。这意味着，只有在民事法律行为的内容效力可分且相互不影响的情况下，部分无效才不会导致其他部分同时无效。反之，当部分无效的民事法律行为会影响其他部分效力的，其他部分也应无效。

本条所规定的“民事法律行为部分无效，不影响其他部分效力”的情形，主要包括以下几种：(1) 民事法律行为的标的数量超过国家法律许可的范围。比如，在借贷合同中，双方当事人约定的利息高于国家限定的最高标准，则超过部分无效，不受法律保护，但在国家所限定的最高标准以内的利息仍然有效。又如，在遗嘱继承中，被继承人将其全部遗产均遗赠他人，并未给胎儿保留必要的遗产份额，违反了继承法律相关规定。因此，在遗产的应继份额范围内的那部分遗赠是无效的，但其他部分的遗赠仍然有效。(2) 民事法律行为的标的可分，其中一项或数项无效。比如，同一买卖合同的标的物有多个，其中一个或数个标的物因属于国家禁止流通物而无效，其他标的物的买卖仍为有效。(3) 民事法律行为的非根本性条款因违法或违背公序良俗而无效。比如，雇佣合同中有条款约定“工作期间发生的一切人身伤害，雇主概不负责”。这一条款因违反相关劳动法律以及公序良俗原则而无效，但雇佣合同的其他权利义务条款并不因此无效。

关联参见

《劳动法》第 18 条；《劳动合同法》第 27 条

第一百五十七条　【民事法律行为无效、被撤销、不生效力的法律后果】民事法律行为无效、被撤销或者确定不发生效力后，行为人因该行为取得的财产，应当予以返还；不能返还或者没有必要返还的，应当折价补偿。有过错的一方应当赔偿对方由此所受到的损失；各方都有过错的，应当各自承担相应的责任。法律另有规定的，依照其规定。

条文解读

民事行为无效或者被撤销的法律后果 ➲ 民事行为无效或者被撤销的法律后果，是指无效民事行为或者可撤销民事行为的当事人，基于行为无效或者被撤销的法律事实，依法应承担的返还财产、赔偿损失和追缴财产等民事责任。民事行为被确认无效或者被撤销的，从行为成立时起就没有法律效力，但是这种无效只是不产生当事人预期的法律效果，而仍会产生法律直接规定的效果。

民事法律行为确定不发生效力 ➲ 民事法律行为确定不发生效力，是指民事法律行为虽已成立，但由于生效条件确定无法具备而不能生效的情况。典型的情形包括两种：一是法律、行政法规规定须经批准生效的民事法律行为，因未经批准而无法生效；二是附条件生效民事法律行为，生效条件确定无法具备。这两种情况下，民事法律行为因双方合意一致已经成立，但却不能生效，属于确定不生效。

返还财产 ➲ 返还财产，是指民事行为被确认为无效或者被撤销后，当事人因该行为取得的财产，应当返还给受损失的一方。如果一方取得，取得方应该将该财产返还给对方；如果双方取得，双方相互返还。返还财产的范围，以全部返还为原则。这意味着，对方给付的财产，无论返还时是否存在，原则上返还义务人须按原数或者原价返还。

折价补偿 ➲ 对于不能返还财产，或者没有必要返还的，应当折价补偿。民事法律行为无效、被撤销或者确定不发生效力后，返还财产应当作为恢复原状的原则做法。但是，在有些情况下，返还财产并不具备现实条件或者没有必要，此时应当通过折价补偿的方式达到使财产关系恢复原状的目的。所谓财产不能返还，包括法律上的不能返还和事实上的不能返还。法律上的不能返还主要是指财产返还受到善意取得制度的影响。一方当事人将通过民事法律行为取得的财产转让给第三人，第三人取得财产时符合善意取得制度的各项要件，此时该第三人因善意取得制度成为财产的所有权人，该财产又是不可替代的。民事法律行为虽事后被确认无效、被撤销或者确定不发生效力，当事人也不能实际返还财产，只能依当时市价折价补偿给对方当事人。事实上的不能返还主要是指因标的物已经灭失，造成客观上无法返还，且原物又是不可替代物。此时，取得该财产的当事人应当依据原物的市价进行折价补偿。所谓没有必要返还财产的，主要包括以下两种情况：（1）如果当事人接受的财产是劳务或者利益，在性质上不能恢复原状，应以国家规定的价格计算，以金钱返还；没有国家规定的，按照市价或者同类劳务的报酬标准计算返还。（2）如果一方当事人是通过使用对方的知识产权获得的利益，因知识产权属于无形财产，此时应折价补偿对方当事人。

赔偿损失 ➲ 赔偿损失，是指民事行为被确认无效或者被撤销后，有过错的当事人应当赔偿对方的损失；双方都有过错的，则应各自承担相应的责任。其中“过错”包括故意和过失，无论是故意还是过失，只要给对方当事人造成损失，均要承担赔偿责任。所谓各自承担相应的责任，是指按照双方各自过错的程度以及对造成民事行为无效或撤销所起作用的大小，来确定他们所应承担的份额。在实践中，通常是将依双方过错确定的损失承担额与各自的损失相抵后，对仍有损失的一方进行赔偿。

本条除规定以上内容外，还在条文最后作了“法律另有规定的，依照其规定”的除外规定。这种情况主要是指民事法律行为效力被否定后，并非在任何情况下都存在返还财产、折价补偿或者赔偿损失的责任问题。如在民事法律行为因违法被宣告无效后，并不存在双方当事人相互返还财产的问题，而是需要根据相关法律、行政法规的规定对其予以没收、收缴等。

案例指引

20. 合同因损害社会公共利益、违背公序良俗被认定无效后，双方责任如何划分？①

饶国礼诉某物资供应站等房屋租赁合同纠纷案

（最高人民法院审判委员会讨论通过 2021 年 11 月 9 日发布）

关键词 民事/房屋租赁合同/合同效力/行政规章/公序良俗/危房

裁判要点

违反行政规章一般不影响合同效力，但违反行政规章签订租赁合同，约定将经鉴定机构鉴定存在严重结构隐患，或将造成重大安全事故的应当尽快拆除的危房出租用于经营酒店，危及不特定公众人身及财产安全，属于损害社会公共利益、违背公序良俗的行为，应当依法认定租赁合同无效，按照合同双方的过错大小确定各自应当承担的法律责任。

---

① 最高人民法院指导案例 170 号。

相关法条

《中华人民共和国民法总则》第153条、《中华人民共和国合同法》第52条、第58条（注：现行有效的法律为《中华人民共和国民法典》第153条、第157条）

基本案情

南昌市青山湖区晶品假日酒店（以下简称晶品酒店）组织形式为个人经营，经营者系饶国礼，经营范围及方式为宾馆服务。2011年7月27日，晶品酒店通过公开招标的方式中标获得租赁某物资供应站所有的南昌市青山南路1号办公大楼的权利，并向物资供应站出具《承诺书》，承诺中标以后严格按照加固设计单位和江西省建设工程安全质量监督管理局等权威部门出具的加固改造方案，对青山南路1号办公大楼进行科学、安全的加固，并在取得具有法律效力的书面文件后，再使用该大楼。同年8月29日，晶品酒店与物资供应站签订《租赁合同》，约定：物资供应站将南昌市青山南路1号（包含房产证记载的南昌市东湖区青山南路1号和东湖区青山南路3号）办公楼4120平方米建筑出租给晶品酒店，用于经营商务宾馆。租赁期限为十五年，自2011年9月1日起至2026年8月31日止。除约定租金和其他费用标准、支付方式、违约赔偿责任外，还在第五条特别约定：1. 租赁物经有关部门鉴定为危楼，需加固后方能使用。晶品酒店对租赁物的前述问题及瑕疵已充分了解。晶品酒店承诺对租赁物进行加固，确保租赁物达到商业房产使用标准，晶品酒店承担全部费用。2. 加固工程方案的报批、建设、验收（验收部门为江西省建设工程安全质量监督管理局或同等资质的部门）均由晶品酒店负责，物资供应站根据需要提供协助。3. 晶品酒店如未经加固合格即擅自使用租赁物，应承担全部责任。合同签订后，物资供应站依照约定交付了租赁房屋。晶品酒店向物资供应站给付20万元履约保证金，1000万元投标保证金。中标后物质供应站退还了800万元投标保证金。

2011年10月26日，晶品酒店与上海永祥加固技术工程有限公司签订加固改造工程《协议书》，晶品酒店将租赁的房屋以包工包料一次包干（图纸内的全部土建部分）的方式发包给上海永祥加固技术工程有限公司加固改造，改造范围为主要承重柱、墙、梁板结构加固新增墙体全部内粉刷，图纸内的全部内容，图纸、电梯、热泵。开工时间2011年10月26日，竣工时间2012年1月26日。2012年1月3日，在加固施工过程中，案涉建筑物大部分垮塌。

江西省建设业安全生产监督管理站于2007年6月18日出具《房屋安全鉴定意见》，鉴定结果和建议是：1. 该大楼主要结构受力构件设计与施工均不能满足现行国家设计和施工规范的要求，其强度不能满足上部结构承载力的要求，存在较严重的结构隐患。2. 该大楼未进行抗震设计，没有抗震构造措施，不符合《建筑抗震设计规范》（GB50011-2001）的要求。遇有地震或其他意外情况发生，将造成重大安全事故。3. 根据《危险房屋鉴定标准》（GB50292-1999），该大楼按房屋危险性等级划分，属D级危房，应予以拆除。4. 建议：（1）应立即对大楼进行减载，减少结构上的荷载。（2）对有问题的结构构件进行加固处理。（3）目前，应对大楼加强观察，并应采取措施，确保大楼安全过渡至拆除。如发现有异常现象，应立即撤出大楼的全部人员，并向有关部门报告。（4）建议尽快拆除全部结构。

饶国礼向一审法院提出诉请：一、解除其与物资供应站于2011年8月29日签订的《租赁合同》；二、物资供应站返还其保证金220万元；三、物资供应站赔偿其各项经济损失共计281万元；四、本案诉讼费用由物资供应站承担。

物资供应站向一审法院提出反诉诉请：一、判令饶国礼承担侵权责任，赔偿其2463.5万元；二、判令饶国礼承担全部诉讼费用。

再审中，饶国礼将其上述第一项诉讼请求变更为：确认案涉《租赁合同》无效。物资供应站亦将其诉讼请求变更为：饶国礼赔偿物资供应站损失418.7万元。

裁判结果

江西省南昌市中级人民法院于2017年9月1日作出（2013）洪民

一初字第 2 号民事判决：一、解除饶国礼经营的晶品酒店与物资供应站 2011 年 8 月 29 日签订的《租赁合同》；二、物质供应站应返还饶国礼投标保证金 200 万元；三、饶国礼赔偿物资供应站 804.3 万元，抵扣本判决第二项物资供应站返还饶国礼的 200 万元保证金后，饶国礼还应于本判决生效后十五日内给付物资供应站 604.3 万元；四、驳回饶国礼其他诉讼请求；五、驳回物资供应站其他诉讼请求。一审判决后，饶国礼提出上诉。江西省高级人民法院于 2018 年 4 月 24 日作出（2018）赣民终 173 号民事判决：一、维持江西省南昌市中级人民法院（2013）洪民一初字第 2 号民事判决第一项、第二项；二、撤销江西省南昌市中级人民法院（2013）洪民一初字第 2 号民事判决第三项、第四项、第五项；三、物资供应站返还饶国礼履约保证金 20 万元；四、饶国礼赔偿物资供应站经济损失 182.4 万元；五、本判决第一项、第三项、第四项确定的金额相互抵扣后，物资供应站应返还饶国礼 375.7 万元，该款项限物资供应站于本判决生效后 10 日内支付；六、驳回饶国礼的其他诉讼请求；七、驳回物资供应站的其他诉讼请求。饶国礼、物资供应站均不服二审判决，向最高人民法院申请再审。最高人民法院于 2018 年 9 月 27 日作出（2018）最高法民申 4268 号民事裁定，裁定提审本案。2019 年 12 月 19 日，最高人民法院作出（2019）最高法民再 97 号民事判决：一、撤销江西省高级人民法院（2018）赣民终 173 号民事判决、江西省南昌市中级人民法院（2013）洪民一初字第 2 号民事判决；二、确认饶国礼经营的晶品酒店与物资供应站签订的《租赁合同》无效；三、物资供应站自本判决发生法律效力之日起 10 日内向饶国礼返还保证金 220 万元；四、驳回饶国礼的其他诉讼请求；五、驳回物资供应站的诉讼请求。

裁判理由

最高人民法院认为：根据江西省建设业安全生产监督管理站于 2007 年 6 月 18 日出具的《房屋安全鉴定意见》，案涉《租赁合同》签订前，该合同项下的房屋存在以下安全隐患：一是主要结构受力构件设计与施工均不能满足现行国家设计和施工规范的要求，其强度不能满足上部结构承载力的要求，存在较严重的结构隐患；二是该房屋未进行抗震设计，没有抗震构造措施，不符合《建筑抗震设计规范》国家标准，遇有地震或其他意外情况发生，将造成重大安全事故。《房屋安全鉴定意见》同时就此前当地发生的地震对案涉房屋的结构造成了一定破坏、应引起业主及其上级部门足够重视等提出了警示。在上述认定基础上，江西省建设业安全生产监督管理站对案涉房屋的鉴定结果和建议是，案涉租赁房屋属于应尽快拆除全部结构的D级危房。据此，经有权鉴定机构鉴定，案涉房屋已被确定属于存在严重结构隐患、或将造成重大安全事故的应当尽快拆除的D级危房。根据中华人民共和国住房和城乡建设部《危险房屋鉴定标准》（2016年12月1日实施）第6.1条规定，房屋危险性鉴定属D级危房的，系指承重结构已不能满足安全使用要求，房屋整体处于危险状态，构成整幢危房。尽管《危险房屋鉴定标准》第7.0.5条规定，对评定为局部危房或整幢危房的房屋可按下列方式进行处理：1. 观察使用；2. 处理使用；3. 停止使用；4. 整体拆除；5. 按相关规定处理。但本案中，有权鉴定机构已经明确案涉房屋应予拆除，并建议尽快拆除该危房的全部结构。因此，案涉危房并不具有可在加固后继续使用的情形。《商品房屋租赁管理办法》第六条规定，不符合安全、防灾等工程建设强制性标准的房屋不得出租。《商品房屋租赁管理办法》虽在效力等级上属部门规章，但是，该办法第六条规定体现的是对社会公共安全的保护以及对公序良俗的维护。结合本案事实，在案涉房屋已被确定属于存在严重结构隐患、或将造成重大安全事故、应当尽快拆除的D级危房的情形下，双方当事人仍签订《租赁合同》，约定将该房屋出租用于经营可能危及不特定公众人身及财产安全的商务酒店，明显损害了社会公共利益、违背了公序良俗。从维护公共安全及确立正确的社会价值导向的角度出发，对本案情形下合同效力的认定应从严把握，司法不应支持、鼓励这种为追求经济利益而忽视公共安全的有违社会公共利益和公序良俗的行为。故依照《中华人民共和国民法总则》第一百五十三条第二款关于违背公序良俗的民事法律行为无效的规定，以及《中华人民共和国合同法》第五十二条第四项关于损害社会公共利益的合同无效的规定，确认《租赁合同》无效。关于案涉房屋倒塌后物资供应站支付给他人的补偿费用问题，因物资供应站应对《租赁合同》的无效承担主要责任，根据《中华人民共和国合同法》第五十八条“合同无效后，双方都有过错的，应当各自承担相应的责任”的规定，上述费用应由物资供应站自行承担。因饶国礼对于《租赁合同》无效亦有过错，故对饶国礼的损失依照《中华人民共和国合同法》第五十八条的规定，亦应由其自行承担。饶国礼向物资供应站支付的220万元保证金，因《租赁合同》系无效合同，物资供应站基于该合同取得的该款项依法应当退还给饶国礼。

关联参见

《民法典总则编解释》第23条

第四节　民事法律行为的附条件和附期限

第一百五十八条　【附条件的民事法律行为】 民事法律行为可以附条件，但是根据其性质不得附条件的除外。附生效条件的民事法律行为，自条件成就时生效。附解除条件的民事法律行为，自条件成就时失效。

条文解读

附条件的民事法律行为 ➲ 民事法律行为中所附的条件，是指当事人以未来客观上不确定发生的事实，作为民事法律行为效力的附款。所附条件具有以下特点：（1）条件系当事人共同约定，并作为民事法律行为的一部分内容。条件体现的是双方约定一致的意思，这是与法定条件最大的不同之处，后者是指由法律规定的、不由当事人意思决定并具有普遍约束力的条件。当事人不得以法定条件作为其所附条件。（2）条件是未来可能发生的事实。这意味着，已经过去的、现在的以及将来确定不会发生的事实不能作为民事法律行为的所附条件。如果是将来必然发生的事实，应当作为附期限。应当注意，这种条件事实发生的不确定性应当是客观存在的，如果仅仅是当事人认为事实发生与否不确定，但实际上必然发生或者不发生的，也不能作为所附条件。(3) 所附条件是当事人用以限定民事法律行为效力的附属意思表示。应当将所附条件与民事法律行为中的供货条件、付款条件等相互区分，后者是民事法律行为自身内容的一部分而非决定效力的附属意思表示。(4) 所附条件中的事实应为合法事实，违法事实不能作为民事法律行为的附条件，如不能约定以故意伤害他人作为合同生效的条件。

以所附条件决定民事法律行为效力发生或消灭为标准，条件可以分为生效条件和解除条件。所谓生效条件，是指使民事法律行为效力发生或者不发生的条件。生效条件具备之前，民事法律行为虽已成立但未生效，其效力是否发生处于不确定状态。条件具备，民事法律行为生效；条件不具备，民事法律行为就不生效。比如，甲乙签订房屋买卖合同，同意甲将所居住的房产出卖给乙，但条件是甲出国定居，不在国内居住。在条件具备时，此房屋买卖合同才生效。所谓解除条件，又称消灭条件，是指对已经生效的民事法律行为，当条件具备时，该民事法律行为失效；如果该条件确定不具备，则该民事法律行为将继续有效。

在附条件的民事法律行为中，所附条件的出现与否将直接决定民事法律行为的效力状态。附生效条件的民事法律行为，自条件成就时生效。附解除条件的民事法律行为，自条件成就时失效。需要特别指出的是，附条件的民事法律行为虽然在所附条件出现时才生效或失效，但在条件尚未具备时，民事法律行为对于当事人仍然具有法律约束力，当事人不得随意变更或者撤销。因此，可以将附条件的民事法律行为的效力分为条件成就前效力和条件成就后效力。

对于附生效条件的民事法律行为来说，条件成就前的效力表现为当事人不得随意变更、撤销民事法律行为以及对于民事法律行为生效的期待权；对于附解除条件的民事法律行为来说，条件成就前的效力表现为条件具备后民事法律行为效力归于消灭的期待权。民事法律行为以可以附条件为原则，这是意思自治原则的体现，但对于某些行为而言，则依其性质不得附条件。这主要是指某些民事法律行为的性质要求其应当即时、确定地发生效力，不允许效力处于不确定状态，因此不得附条件。比如，票据行为，为保障其流通性，不得附条件；撤销权、解除权等形成权的行使，本身就是为了使不确定的法律关系尽快确定，如果允许其附条件，会使本不确定的法律关系更加不确定，因此不得附条件。

关联参见

《保险法》第 13 条；《票据法》第 33 条；《民法典总则编解释》第 24 条

第一百五十九条 【条件成就或不成就的拟制】 附条件的民事法律行为，当事人为自己的利益不正当地阻止条件成就的，视为条件已经成就；不正当地促成条件成就的，视为条件不成就。

条文解读

条件的成就 在附条件的民事法律行为中，条件的成就或不成就直接关系到民事法律行为的效力状况。对附生效条件的民事法律行为来说，条件成就，民事法律行为就开始生效；条件不成就，民事法律行为就确定不发生效力。对附解除条件的民事法律行为来说，条件成就，民事法律行为就失效，反之民事法律行为继续有效。根据本条规定，当事人为自己的利益不正当地阻止条件成就的，视为条件已经成就；不正当地促成条件成就的，视为条件不成就。对本条的把握应当注意以下几点：第一，当事人主观上有为自己利益人为改变条件状态的故意。换言之，当事人从自己利益角度考虑，主观上具有使条件成就或者不成就的故意。第二，当事人为此实施了人为改变条件成就状态的行为。民事法律行为中所附条件，其成就与否本不确定。当事人为自己利益实施了促成或阻止条件成就的行为。第三，该行为具有不正当性。这主要是指当事人的此种行为违反了诚信原则，不符合事先约定。

第一百六十条　【附期限的民事法律行为】 民事法律行为可以附期限，但是根据其性质不得附期限的除外。附生效期限的民事法律行为，自期限届至时生效。附终止期限的民事法律行为，自期限届满时失效。

条文解读

附期限的民事法律行为 ➲ 当事人除可以通过附条件决定民事法律行为效力状态之外，还可通过对民事法律行为附期限的方式来决定民事法律行为的效力发生与终止。这同样体现了当事人意思自治的民事基本原则。与所附条件相比，民事法律行为所附期限具有以下特点：第一，条件的发生与否属于不确定的事实，但期限的到来则是确定发生的事实。因此，对附期限的民事法律行为来说，其生效或失效本身并不具有或然性，是将来一定能够发生的事实。第二，附期限的民事法律行为体现了当事人对民事法律行为生效或失效的期限约定，所附期限属于民事法律行为的附属意思表示，体现了双方的意思自治。第三，期限的到来是必然确定的，但到来的具体时日却未必十分确定。

根据所附期限决定民事法律行为的生效或失效，期限可以分为生效期限和终止期限。所谓生效期限，是指决定民事法律行为效力发生的期限。期限届至，民事法律行为生效；期限届至前，民事法律行为虽已成立但并未生效。所谓终止期限，是指决定民事法律行为效力消灭的期限。期限届至，民事法律行为失效；期限届至前，民事法律行为始终有效。

关联参见

《保险法》第 13 条

第七章 代 理

第一节 一般规定

第一百六十一条 【代理的适用范围】 民事主体可以通过代理人实施民事法律行为。

依照法律规定、当事人约定或者民事法律行为的性质，应当由本人亲自实施的民事法律行为，不得代理。

条文解读

代理 ➲ 代理是代理人在代理权限内，以被代理人的名义独立与第三人进行法律行为，由此产生的权利和义务直接归属于被代理人的法律制度。代理有广义与狭义之分。狭义的代理指直接代理，即以被代理人的名义进行的民事法律行为，后果直接归属于被代理人。广义的代理包括直接代理和间接代理。间接代理又称隐名代理，是指代理人以自己的名义进行民事法律行为，而使其后果间接地归属于被代理人。

代理的适用范围原则上限于民事法律行为。但一般认为，一些与合同密切相关的准民事法律行为、事实行为和程序行为，如要约邀请、要约撤回、订约时样品的交付和受领、办理合同公证等，也允许代理。但不是所有民事法律行为都允许代理。根据本条第 2 款的规定，下列三类民事法律行为不得代理：(1) 依照法律规定应当由本人亲自实施的民事法律行为。(2) 依照当事人约定应当由本人亲自实施的民事法律行为。当事人双方基于某种原因，约定某一民事法律行为必须由本人亲自实施的，当事人自然应当遵守这一约定，不得通过代理人实施该民事法律行为。(3) 依照民事法律行为的性质，应当由本人亲自实施的民事法律行为。这主要是指具有人身性质的身份行为，如结婚、离婚、收养、遗嘱、遗赠等。

关联参见

《海关法》第 11 条；《保险法》第 117 条；《拍卖法》第 26 条、第 34 条

第一百六十二条　【代理的效力】代理人在代理权限内，以被代理人名义实施的民事法律行为，对被代理人发生效力。

条文解读

代理的效力 根据本条规定，代理人在代理权限内，以被代理人名义实施的民事法律行为，对被代理人发生效力。这里所说的“对被代理人发生效力”，是指民事法律行为产生的法律效果归属于被代理人，即代理人实施的民事法律行为所设立、变更、终止民事法律关系的一切结果都归属于被代理人。一方面，代理的民事法律行为有效时，形成的权利义务应当由被代理人承受；另一方面，代理的民事法律行为无效时，引起的赔偿损失等民事责任也应当由被代理人承担。但代理人实施的民事法律行为并不都能发生代理的效力，根据本条规定，必须符合下列两个条件：

一是代理人在代理权限内实施民事法律行为。代理人超越代理权限实施民事法律行为的，除符合《民法典》第 172 条规定的表见代理的构成要件外，为无权代理，须经被代理人追认才能对被代理人产生效力。代理分为法定代理和指定代理，法定代理中代理人的代理权限由法律直接作出规定，比如《民法典》第 34 条第 1 款规定：“监护人的职责是代理被监护人实施民事法律行为，保护被监护人的人身权利、财产权利以及其他合法权益等。”这一条就是对监护人作为法定代理人时代理权限的规定。《民法典》第 43 条第 1 款规定：“财产代管人应当妥善管理失踪人的财产，维护其财产权益。”这一条是对失踪人的财产代管人作为法定代理人时代理权限的规定。

委托代理中代理人的权限则由被代理人在授予代理人时确定，该权限的范围原则上由被代理人自由决定。委托代理权限分为两类，即特别代理权和概括代理权。特别代理权是指授权代理人为一项或者一类特定行为，如授权代理人转让或者出租某物，授权代理人在一定数额内买卖股票等。概括代理权是指授权代理人为被代理人处理一切民事法律行为，如《民法典》第920条规定："委托人可以特别委托受托人处理一项或者数项事务，也可以概括委托受托人处理一切事务。"划分特别代理权和概括代理权的意义在于，使代理人能够明确自己可以从事哪些代理活动，也使第三人知道代理人的身份和权限，使之有目的、有选择地与其共同实施订立合同等民事法律行为，以防止因代理权限不明确而引起不必要的纠纷。如果发生了纠纷，也便于根据代理权限确定当事人之间的相互责任。

二是代理人必须以被代理人的名义实施民事法律行为。代理在实施民事法律行为时，必须以被代理人的名义进行，即明确向相对人表明是替被代理人来实施该民事法律行为。

第一百六十三条　【代理的类型】代理包括委托代理和法定代理。

委托代理人按照被代理人的委托行使代理权。法定代理人依照法律的规定行使代理权。

条文解读

委托代理 委托代理是指按照代理人的委托来行使代理权的代理，有的学者也将其称为"意定代理""授权代理"等。

法定代理 法定代理是指依照法律的规定来行使代理权的代理。法定代理人的代理权来自法律的直接规定，无须被代理人的授权，也只有在符合法律规定条件的情况下才能取消决定代理人的代理权。

第一百六十四条　【不当代理的民事责任】代理人不履行或者不完全履行职责，造成被代理人损害的，应当承担民事责任。

代理人和相对人恶意串通，损害被代理人合法权益的，代理人和相对人应当承担连带责任。

第二节　委托代理

第一百六十五条　【授权委托书】委托代理授权采用书面形式的，授权委托书应当载明代理人的姓名或者名称、代理事项、权限和期限，并由被代理人签名或者盖章。

条文解读

授权委托书 ➲ 根据《民法典》第135条的规定，在法律、行政法规没有特别规定或者当事人没有约定的情况下，委托代理授权可以采取书面形式、口头形式或者其他形式中的任何一种。其中，书面形式是最主要的一种授权形式，称为授权委托书。根据本条规定，授权委托书的内容包括代理人的姓名或者名称、代理事项、代理权限、代理期间等，被代理人还应当在授权委托书上签名或者盖章。本条规定是对授权委托书应当包括的内容的提示性规定，目的是减少实践中的纠纷。

第一百六十六条　【共同代理】数人为同一代理事项的代理人的，应当共同行使代理权，但是当事人另有约定的除外。

条文解读

共同代理 ➲ 共同代理是指数个代理人共同行使一项代理权的代理。共同代理有几个特征：（1）有数个代理人。如果只有一个代理人，属于单独代理，而不是共同代理。（2）只有一个代理权。如果数个代理人有数个代理权，属于集合代理，而不是共同代理。比如，被代理人授权甲为其购买一台电视机、授权乙为其购买一台电冰箱，即为集合代理。被代理人授权甲、乙一起为其购买一台电视机和一台电冰箱，才属于共同代理。(3) 共同行使代理权。共同行使是指只有经过全体代理人的共同同意才能行使代理权，即数人应当共同实施代理行为，享有共同的权利义务。任何一个代理人单独行使代理权，均属于无权代理。如果数个代理人对同一个代理权可以单独行使，也属于单独代理，而不是共同代理。比如，被代理人授权甲、乙一起为其购买一台电视机和一台电冰箱，但谁买都可以，也不是共同代理。

关联参见

《信托法》第31条

第一百六十七条　【违法代理的责任承担】代理人知道或者应当知道代理事项违法仍然实施代理行为，或者被代理人知道或者应当知道代理人的代理行为违法未作反对表示的，被代理人和代理人应当承担连带责任。

实务应用

44. 代理违法造成第三人损害的，被代理人或者代理人承担责任的情形有哪些？

第一，代理事项违法，但代理人不知道或者不应当知道该代理事项违法，此时应由被代理人承担民事责任。例如，甲将假冒伪劣产品委托乙代为销售，但乙不知道该产品为假冒伪劣产品，则甲应承担民事责任，乙不承担民事责任。

第二，代理事项违法，代理人知道或者应当知道该代理事项违法仍然实施了代理行为，此时代理人与被代理人应当承担连带责任。例如，甲将假冒伪劣产品委托乙代为销售，乙知道该产品为假冒伪劣产品仍然对外销售，则甲和乙承担连带责任。

第三，代理事项不违法，但代理人实施了违法的代理行为，被代理人不知道或者不应当知道该行为违法，或者知道后表示反对的，此时应由代理人承担民事责任。例如，甲委托乙销售合法产品，乙将该产品贴上假冒商标进行销售，甲对此毫不知情，则乙应承担民事责任，甲不承担民事责任。

第四，代理事项不违法，但代理人实施了违法的代理行为，被代理人知道或者应当知道该行为违法但未作反对表示的，此时被代理人应与代理人承担连带责任。例如，甲委托乙销售合法产品，乙将该产品贴上假冒商标进行销售，甲知道后装作不知情，则甲和乙承担连带责任。

第一百六十八条　【禁止自己代理和双方代理】 代理人不得以被代理人的名义与自己实施民事法律行为，但是被代理人同意或者追认的除外。

代理人不得以被代理人的名义与自己同时代理的其他人实施民事法律行为，但是被代理的双方同意或者追认的除外。

条文解读

自己代理 ➔ 自己代理是指代理人以被代理人的名义与自己实施民事法律行为。在实践中，自己代理主要有两种情况：一是代理人以自己的名义向被代理人发出要约且代理人以被代理人的名义予以承诺；二是代理人以被代理人的名义向自己发出要约且以自己的名义予以承诺。比如，甲授权乙销售一吨钢材，乙以甲的名义将钢材卖给自己，便构成自己代理。又如，甲授权乙购买一吨钢材，乙以甲的名义向自己购买钢材，也构成自己代理。

双方代理 ➔ 双方代理是指代理人同时代理被代理人和相对人实施同一民事法律行为。构成双方代理，必须符合两个条件：一是代理人必须既获得被代理人的委托代理授权，又获得相对人的委托代理授权。二是代理人同时代理双方为同一民事法律行为的当事人。比如，甲授权乙销售一吨钢材，丙授权乙购买一吨钢材，乙作为两方的代理人以甲和丙的名义签署一份钢材买卖合同，便构成双方代理。

第一百六十九条　【复代理】代理人需要转委托第三人代理的，应当取得被代理人的同意或者追认。

转委托代理经被代理人同意或者追认的，被代理人可以就代理事务直接指示转委托的第三人，代理人仅就第三人的选任以及对第三人的指示承担责任。

转委托代理未经被代理人同意或者追认的，代理人应当对转委托的第三人的行为承担责任；但是，在紧急情况下代理人为了维护被代理人的利益需要转委托第三人代理的除外。

条文解读

复代理 复代理，又称再代理、转代理或者次代理，是指代理人为了实施其代理权限内的行为，而以自己的名义为被代理人选任代理人的代理。与复代理相对的是本代理，或者称原代理，是指被代理人直接选任代理人而成立的代理。在复代理关系中，存在原代理人和复代理人两个代理人，存在原代理人对被代理人的代理和复代理人对被代理人的代理两层代理。

复代理主要有以下特征：(1) 以本代理的存在为前提。必须有一个本代理，才能在其基础上产生复代理。没有本代理，复代理就无从谈起。(2) 复代理人是原代理人以自己的名义选任的代理人。原代理人以自己的名义选任复代理人是复代理的重要特征。如果是被代理人自己选任，当然就是本代理。如果复代理人以被代理人的名义选任另一个代理人，则不属于复代理，而是在该代理人与被代理人之间直接产生一个新的代理关系。(3) 复代理人行使的代理权是原代理人的代理权，但原代理人的代理权并不因此丧失。复代理人是由原代理人以自己名义选任的，其代理权直接来源于原代理人的代理权，而且权限范围不得大于原代理权的权限范围。同时，原代理人选任复代理人后，其代理权并不因此而消灭，仍然保有其代理人地位，其与被代理人之间的代理法律关系没有发生变化。如果代理人失去其代理权，而向被代理人推介他人接替自己担任代理人的，是向被代理人推介新代理人的行为，而不是选任复代理人的行为。（4）复代理人是被代理人的代理人，而不是代理人的代理人。复代理人以被代理人的名义实施民事法律行为，其法律效果直接归属于被代理人。如果复代理人以代理人的名义实施民事法律行为，就不是复代理，而属于一般代理。

关联参见

《信托法》第 30 条；《民法典总则编解释》第 26 条

第一百七十条　【职务代理】执行法人或者非法人组织工作任务的人员，就其职权范围内的事项，以法人或者非法人组织的名义实施的民事法律行为，对法人或者非法人组织发生效力。

法人或者非法人组织对执行其工作任务的人员职权范围的限制，不得对抗善意相对人。

条文解读

职务代理 ➲ 职务代理，顾名思义，是指根据代理人所担任的职务而产生的代理，即执行法人或者非法人组织工作任务的人员，就其职权范围内的事项，以法人或者非法人组织的名义实施的民事法律行为，无须法人或者非法人组织的特别授权，对法人或者非法人组织发生效力。职务代理能够弥补商事交易中法定代表人制度的不足，满足法人对外交易的需求，也能够增强交易结果的确定性和可预见性，使交易相对人能够迅速、准确地判断代理人是否有代理权，是否能够维护正常的交易秩序、降低交易成本、提高交易效率。

第一百七十一条　【无权代理】行为人没有代理权、超越代理权或者代理权终止后，仍然实施代理行为，未经被代理人追认的，对被代理人不发生效力。

相对人可以催告被代理人自收到通知之日起三十日内予以追认。被代理人未作表示的，视为拒绝追认。行为人实施的行为被追认前，善意相对人有撤销的权利。撤销应当以通知的方式作出。

行为人实施的行为未被追认的，善意相对人有权请求行为人履行债务或者就其受到的损害请求行为人赔偿。但是，赔偿的范围不得超过被代理人追认时相对人所能获得的利益。

相对人知道或者应当知道行为人无权代理的，相对人和行为人按照各自的过错承担责任。

条文解读

无权代理 广义上的无权代理，是指行为人（无权代理人）没有代理权仍以被代理人名义实施民事法律行为。代理权的存在是代理法律关系成立的前提，行为人只有基于代理权才能以被代理人的名义从事代理行为。一般来说，行为人没有代理权，其实施的民事法律行为对被代理人而言就应当不产生代理的效力。但实践情况错综复杂，无权代理发生的原因多种多样，简单地一概否定无权代理的效力，一方面，未必完全符合被代理人的利益；另一方面，也不能置善意地相信代理人有代理权的相对人的利益不顾，否则将对交易安全、便捷造成较大冲击。因此，各国、各地区一般都区分情况，以有无代理权表象为标准，将无权代理分为表见代理和狭义的无权代理两类，赋予其不同的法律效果。本条规定的就是狭义的无权代理，即指行为人没有代理权，也不具有使相对人有理由相信其有代理权的外部表象的代理。下文提到的无权代理，如无特别指出，都仅指狭义的无权代理。

催告权 所谓催告权，是指相对人催促被代理人在一定期限内明确答复是否承认无权代理行为。根据本条第 2 款的规定，催告权的行使一般具有以下要件：一是要求被代理人在一定的期限内作出答复，本条第 2 款规定的期限为 30 日；二是催告应当以通知的方式作出；三是催告的意思必须向被代理人作出。

撤销权 ➲ 为了维护当事人之间的利益平衡，本条第 2 款还规定相对人享有撤销权。这里的撤销权，是指相对人在被代理人未追认无权代理行为之前，可撤回其对行为人所作的意思表示。相对人撤销权的行使必须满足以下条件：一是必须在被代理人作出追认之前作出，如果被代理人已经对无权代理行为作出了追认，该民事法律行为就对被代理人产生了效力，相对人就不能再撤销其意思表示了。二是相对人在行为人实施民事法律行为时必须是善意的，也就是说，相对人在作出意思表示时，并不知道对方是无权代理的。如果明知对方是无权代理而仍与对方共同实施民事法律行为，那么相对人就无权撤销其意思表示。三是撤销应当以通知的方式作出。

实务应用

45. 无权代理的类型有哪些？

本条将无权代理分为三种类型：

（1）没有代理权的无权代理。其是指行为人根本没有得到被代理人的授权，就以被代理人名义从事的代理。比如，行为人伪造他人的公章、合同书或者授权委托书等，假冒他人的名义实施民事法律行为，就是典型的无权代理。

（2）超越代理权的无权代理。其是指行为人与被代理人之间有代理关系存在，行为人有一定的代理权，但其实施的代理行为超出了代理权范围的代理。比如，甲委托乙购买 300 台电视机，但是乙擅自与他人签订了购买 500 台电视机的合同，或者甲委托乙购买电视机，但是乙购买了电冰箱，这些都是超越代理权的无权代理。

（3）代理权终止后的无权代理。其是指行为人与被代理人之间原本有代理关系，由于法定情形的出现使得代理权终止，但是行为人仍然从事的代理。法定情形主要指《民法典》第 173 条规定的情形，包括代理期限届满、代理事务完成和被代理人取消委托等。

46. 无权代理行为的效力如何?

行为人没有代理权却以被代理人的名义实施民事法律行为，不合被代理人意愿，法律效果不能直接及于被代理人，本当无效。但是，考虑到行为人实施的民事法律行为并非都对被代理人不利，有些对被代理人可能是有利的；而且，既然代理行为已经完成，行为人有为被代理人实施民事法律行为的意思表示，相对人有意与被代理人缔约，如果被代理人愿意事后承认，从鼓励交易、维护交易秩序稳定以及更好地保护各方当事人利益的角度出发，也没有必要一概否定其效力。因此，法律规定了一定条件，如果符合法定条件的，允许行为人实施的民事法律行为对被代理人发生效力。

根据本条规定，对于无权代理行为，被代理人可以追认该行为，使之确定地发生法律效力，也可以拒绝追认使之确定地不发生法律效力；善意相对人可以在被代理人追认前行使撤销权使之确定地不发生法律效力，如果相对人希望尽早确定其效力，可以催告被代理人予以追认。

47. 行为人（无权代理人）的责任是什么?

行为人实施的行为未被被代理人追认时，则其实施的民事法律行为的效力不能对被代理人发生效力，此时，行为人对相对人应当承担责任。根据本条第 3 款、第 4 款的规定，行为人承担的责任基于相对人是否善意而有所区别。

（1）相对人为善意时。本条第 3 款规定：“行为人实施的行为未被追认的，善意相对人有权请求行为人履行债务或者就其受到的损害请求行为人赔偿。但是，赔偿的范围不得超过被代理人追认时相对人所能获得的利益。”根据本款规定，行为人实施的无权代理行为未被被代理人追认时，允许相对人选择，或者让行为人直接承担行为后果，或者让行为人承担损害赔偿责任。

要注意的是，如果善意相对人要求行为人承担损害赔偿责任，本款对赔偿责任的范围作了一定的限制，即“赔偿的范围不得超过被代理人追认时相对人所能获得的利益”。也就是说，赔偿的范围不得超过履行利益。这主要考虑到善意相对人对因无权代理而遭受损害也有一定的过失，不能因此而多获利益，应当对行为人的赔偿责任适当加以限制。

（2）相对人为恶意时。根据本条第 4 款的规定，相对人知道或者应当知道行为人无权代理的，相对人和行为人按照各自的过错承担责任。此时，行为人和相对人对无权代理都心知肚明，法律自无对哪一方加以保护的必要，双方应当根据各自的过错来确定相应的责任。

关联参见

《民法典总则编解释》第 27 条、第 29 条

第一百七十二条　【表见代理】 行为人没有代理权、超越代理权或者代理权终止后，仍然实施代理行为，相对人有理由相信行为人有代理权的，代理行为有效。

条文解读

表见代理 所谓表见代理，是指行为人虽无代理权但实施代理行为，如果相对人有理由相信其有代理权，该代理行为有效。如前所述，无权代理非经被代理人追认，不对被代理人发生效力，这是为了保护被代理人的合法权益，维护其意思自治，不让其承担不测之损害。但在某些情况下，相对人是善意的且无过失，如果完全尊重被代理人的意思，强令代理行为无效，置善意相对人利益于不顾，势必影响交易安全。要求相对人在任何情况下都必须详细考察被代理人的真正意思，不仅要花费很大的成本，实际中也很难做到。因此，只要相对人对行为人有代理权形成了合理信赖，即使实际情况相反，也应保护这种信赖利益，在一定程度上牺牲被代理人的利益，而将无权代理的效果归属于被代理人，以维护交易安全。本条便是基于以上理由，规定了表见代理制度。

构成表见代理需要满足以下条件：（1）行为人并没有获得被代理人的授权就以被代理人的名义与相对人实施民事法律行为。本条规定了没有代理权、超越代理权或者代理权终止三种情形。（2）相对人在主观上必须是善意、无过失的。所谓善意，是指相对人不知道或者不应当知道行为人实际上是无权代理；所谓无过失，是指相对人的这种不知道不是因为其疏忽大意造成的。

实务应用

48. 在银行工作人员实施犯罪行为引发民事责任的情形下，如何判断银行工作人员是否构成表见代理？

银行工作人员在从事业务活动中实施犯罪行为，如果其行为构成表见代理，则应认定银行与相对人之间的合同成立；反之，不能认定银行与相对人之间存在合同关系，银行不应承担合同责任。在银行工作人员实施的犯罪活动中，如果相对人存在过错，则不能认定银行工作人员的行为构成表见代理。对于相对人是否存在过错，可从其是否尽到适当的注意义务、其行为对银行工作人员实施犯罪所起的作用等方面加以综合判断。在银行正常业务中，基于对银行的信赖，相对人只需要尽一般注意义务即可。但在非正常业务中，相对人应尽充分的注意义务。①

关联参见

《民法典总则编解释》第28条

第三节　代理终止

第一百七十三条　【委托代理的终止】有下列情形之一的，委托代理终止：

① 参见冒金山：《高某钰与某银行泰兴广源支行、某银行泰兴支行金融委托理财合同纠纷案》，载杜万华主编：《商事审判指导》（总第45辑），人民法院出版社2019年版，第140页。

（一）代理期限届满或者代理事务完成；

（二）被代理人取消委托或者代理人辞去委托；

（三）代理人丧失民事行为能力；

（四）代理人或者被代理人死亡；

（五）作为代理人或者被代理人的法人、非法人组织终止。

第一百七十四条　【委托代理终止的例外】被代理人死亡后，有下列情形之一的，委托代理人实施的代理行为有效：

（一）代理人不知道且不应当知道被代理人死亡；

（二）被代理人的继承人予以承认；

（三）授权中明确代理权在代理事务完成时终止；

（四）被代理人死亡前已经实施，为了被代理人的继承人的利益继续代理。

作为被代理人的法人、非法人组织终止的，参照适用前款规定。

第一百七十五条　【法定代理的终止】有下列情形之一的，法定代理终止：

（一）被代理人取得或者恢复完全民事行为能力；

（二）代理人丧失民事行为能力；

（三）代理人或者被代理人死亡；

（四）法律规定的其他情形。

第八章　民事责任

第一百七十六条　【民事责任】民事主体依照法律规定或者按照当事人约定，履行民事义务，承担民事责任。

条文解读

民事责任 ➜ 民事责任的基本特征有两个方面：

1. 民事责任是民事主体违反民事义务所应承担的责任，是以民事义务为基础的。法律规定或者当事人约定民事主体应当做什么和不应当做什么，即要求应当为一定的行为或者不为一定的行为，这就是民事主体的义务。法律也同时规定了违反民事义务的后果，即应当承担的责任，这就是民事责任。民事责任不同于民事义务，民事责任是违反民事义务的后果，而不是民事义务本身。本条规定民事主体依照法律规定或者按照当事人约定履行民事义务，根据这一规定，民事义务包括法律直接规定的义务和在法律允许的范围内民事主体自行约定的义务。

2. 民事责任具有强制性。强制性是法律责任的重要特征。民事责任的强制性表现在对不履行民事义务的行为予以制裁，要求民事主体承担民事责任。

关联参见

《建筑法》第 15 条

第一百七十七条　【按份责任】 二人以上依法承担按份责任，能够确定责任大小的，各自承担相应的责任；难以确定责任大小的，平均承担责任。

条文解读

按份责任 按份责任，是指责任人为多人时，各责任人按照一定的份额向权利人承担民事责任，各责任人之间无连带关系。也就是说，责任人各自承担不同份额的责任，不具有连带性，权利人只能请求属于按份责任人的责任份额。按份责任产生的前提，是二个以上的民事主体不依照法律规定或者当事人约定履行民事义务，产生的民事责任。

第一百七十八条　【连带责任】 二人以上依法承担连带责任的，权利人有权请求部分或者全部连带责任人承担责任。

连带责任人的责任份额根据各自责任大小确定；难以确定责任大小的，平均承担责任。实际承担责任超过自己责任份额的连带责任人，有权向其他连带责任人追偿。

连带责任，由法律规定或者当事人约定。

条文解读

连带责任 ➔ 连带责任，是指依照法律规定或者当事人的约定，两个或者两个以上当事人对共同产生的不履行民事义务的民事责任承担全部责任，并因此引起内部债务关系的一种民事责任。连带责任是一项重要的责任承担方式。连带责任可能基于合同产生，也可能基于侵权行为导致。在司法实践中，连带责任是不履行义务的行为人承担责任的一种重要方式。连带责任的意义在于增加责任主体的数量，加强对受损害人的保护，确保受损害人获得赔偿。

连带责任对外是一个整体的责任。连带责任中的每个主体都需要对被损害者承担全部责任。被请求承担全部责任的连带责任主体，不得因自己的过错程度而只承担自己的责任。连带责任给了被损害者更多的选择权，被损害者可以请求一个或者数个连带责任人承担全部或者部分的赔偿责任。连带责任是法定责任，连带责任人之间不能约定改变责任的性质，对于内部责任份额的约定对外不发生效力。在一个或者数个连带责任人清偿了全部责任后，实际承担责任的人有权向其他连带责任人追偿。行使追偿权的前提是连带责任人实际承担了超出自己责任的份额。

实务应用

49. 网店售卖“年检神器”帮助尾气不合格的车辆规避年度检测，是否需与车主承担连带责任？

网店售卖“年检神器”帮助尾气不合格的车辆规避年度检测，构成以弄虚作假的方式教唆或协助机动车车主实施大气污染行为，应当与环境侵权行为实施人机动车车主承担连带侵权责任。依据《民法典》第 178 条之规定，原告有权请求部分连带责任人承担全部赔偿责任；

网络平台服务未违反《民法典》第 1195 条第 1 款和第 2 款规定的“通知—删除”义务或者不具有显而易见违法情形的，可排除网络信息平台服务提供者连带责任的适用。①

第一百七十九条　【民事责任的承担方式】承担民事责任的方式主要有：

（一）停止侵害；

（二）排除妨碍；

（三）消除危险；

（四）返还财产；

（五）恢复原状；

（六）修理、重作、更换；

（七）继续履行；

（八）赔偿损失；

（九）支付违约金；

（十）消除影响、恢复名誉；

（十一）赔礼道歉。

法律规定惩罚性赔偿的，依照其规定。

本条规定的承担民事责任的方式，可以单独适用，也可以合并适用。

条文解读

本条规定了 11 种承担民事责任的方式，各有特点，可以单独采用一种方式，也可以采用多种方式。具体适用民事责任的方式掌握的原则是，如果一种方式不足以救济权利人的，就应当同时适用其他方式。据

① 参见《中国生物多样性保护与绿色发展基金会诉深圳市某环保有限公司、浙江某网络有限公司大气污染责任纠纷案》，载中国法院网 https：//www.chinacourt.org/article/detail/2020/05/id/5195797.shtml，最后访问日期 2023 年 4 月 3 日。

此，本条第3款规定，本条规定的承担民事责任的方式，可以单独适用，也可以合并适用。

停止侵害 ➲ 停止侵害主要是要求行为人不实施某种侵害。这种责任方式能够及时制止侵害，防止侵害后果的扩大。例如，某人正在散布谣言诽谤他人，受害人有权请求其停止侵害。采用这种责任方式以不履行民事义务正在进行或者仍在延续为条件，对于未发生或者已经终止的不履行义务的情形不适用。人民法院根据受害人的请求，依据案件的具体情况，可以在审理案件之前发布停止侵害令，或者在审理过程中发布停止侵害令，也可以在判决中责令行为人停止侵害。

排除妨碍 ➲ 排除妨碍是指行为人实施的行为使他人无法行使或者不能正常行使人身、财产权益，受害人可以要求行为人排除妨碍权益实施的障碍。例如，某人在他人家门口堆放垃圾，妨碍他人通行，同时污染了他人的居住环境，受害人有权请求行为人将垃圾清除。受害人也可以自己排除妨碍，但排除妨碍的费用由行为人承担。

消除危险 ➲ 消除危险是指行为人的行为对他人人身、财产权益造成现实威胁，他人有权要求行为人采取有效措施消除这种现实威胁。例如，某人的房屋由于受到大雨冲刷随时有倒塌可能，危及邻居的人身、财产安全，但房屋的所有人不采取措施。此时，邻居可以请求该房屋的所有人采取措施消除这种危险。适用这种责任方式必须是危险确实存在，对他人人身、财产安全造成现实威胁，但尚未发生实际损害。

返还财产 ➲ 返还财产责任是因行为人无权占有他人财产而产生。没有法律或者合同根据占有他人财产，就构成无权占有，侵害了他人财产权益，行为人应当返还该财产。例如，某人借用他人的电脑到期不还据为已有，构成了无权占有，电脑所有人有权要求无权占有人返还电脑。适用返还财产责任方式的前提是该财产还存在，如果该财产已经灭失，就不可能适用该责任方式，受害人只能要求赔偿损失；该财产虽然存在，但已经损坏的，权利人可以根据自己的意愿，请求返还财产、恢复原状或者赔偿损失等。

恢复原状 ➡ 恢复原状是指行为人通过修理等手段使受到损坏的财产恢复到损坏发生前的状况的一种责任方式。采取恢复原状责任方式要符合以下条件：一是受到损坏的财产仍然存在且有恢复原状的可能性。受到损坏的财产不存在或者恢复原状是不可能的，受害人可以请求选择其他责任方式如赔偿损失。二是恢复原状有必要，即受害人认为恢复原状是必要的且具有经济上的合理性。恢复原状若没有经济上的合理性，就不宜适用该责任方式。如果修理后不能或者不能完全达到受损前状况的，义务人还应当对该财产价值贬损的部分予以赔偿。

修理、重作、更换 ➡ 修理、重作、更换主要是违反合同应当承担的民事责任形式，是违反合同后所采取的补救措施。修理包括对产品、工作成果等标的物质量瑕疵的修补，也包括对服务质量瑕疵的改善，这是最为普遍的补救方式。在存在严重的质量瑕疵，以致不能通过修理达到约定的或者法定的质量情形下，受损害方可以选择更换或者重作的补救方式。例如，修建的房屋不符合要求，义务人应当无偿地进行修理；加工制作的产品不符合约定，虽经修理也不能使用，义务人就应当重作。修理、重作、更换不是恢复原状。如果违法行为将损坏的财产修理复原，则是承担恢复原状的责任。

继续履行 ➡ 继续履行就是按照合同的约定继续履行义务。当事人订立合同都是追求一定的目的，这一目的直接体现在对合同标的的履行，义务人只有按照合同约定的标的履行，才能实现权利人订立合同的目的。所以，继续履行合同是当事人一方违反合同后，应当负的一项重要的民事责任。对合同一方当事人不能自觉履行合同的，另一方当事人有权请求违约方继续履行合同或者请求人民法院、仲裁机构强制违约当事人继续履行合同。

赔偿损失 ➡ 赔偿损失是指行为人向受害人支付一定数额的金钱以弥补其损失的责任方式，是运用较为广泛的一种责任方式。赔偿的目的，最基本的是补偿损害，使受到损害的权利得到救济，使受害人恢复到未受到损害前的状态。

支付违约金 ➲ 违约金是当事人在合同中约定的或者由法律直接规定的一方违反合同时应向对方支付一定数额的金钱，这是违反合同可以采用的承担民事责任的方式，只适用于合同当事人有违约金约定或者法律规定违反合同应支付违约金的情形。违约金的标的物通常是金钱，但是当事人也可以约定违约金标的物为金钱以外的其他财产。违约金按照产生的根据可以分为法定违约金和约定违约金。法定违约金是由法律直接规定违约的情形和应当支付违约金的数额。只要当事人一方发生法律规定的违约情况，就应当按照法律规定的数额向对方支付违约金。如果违约金是由当事人约定的，为约定违约金。约定违约金是一种合同关系，有的称为违约金合同。约定违约金又被看成一种附条件合同，只有在违约行为发生的情况下，违约金合同生效；违约行为不发生，违约金合同不生效。当事人约定违约金的，一方违约时，应当按照该约定支付违约金。如果约定的违约金低于造成的损失的，当事人可以请求人民法院或者仲裁机构予以增加；约定的违约金过分高于造成的损失的，当事人可以请求人民法院或者仲裁机构予以适当减少。如果当事人专门就迟延履行约定违约金的，该种违约金仅是违约方对其迟延履行所承担的违约责任，因此，违约方支付违约金后还应当继续履行义务。

消除影响、恢复名誉 ➲ 消除影响、恢复名誉是指人民法院根据受害人的请求，责令行为人在一定范围内采取适当方式消除对受害人名誉的不利影响，以使其名誉得到恢复的一种责任方式。具体适用消除影响、恢复名誉，要根据侵害行为所造成的影响和受害人名誉受损的后果决定。处理的原则是，行为人应当根据造成不良影响的大小，采取程度不同的措施给受害人消除不良影响，如在报刊上或者网络上发表文章损害他人名誉权的，就应当在该报刊或者网站上发表书面声明，对错误内容进行更正。消除影响、恢复名誉主要适用于侵害名誉权等情形，一般不适用侵犯隐私权的情形，因为消除影响、恢复名誉一般是公开进行的，如果适用于隐私权的保护，有可能进一步披露受害人的隐私，造成进一步的影响。

赔礼道歉 赔礼道歉是指行为人通过口头、书面或者其他方式向受害人进行道歉，以取得谅解的一种责任方式。赔礼道歉主要适用于侵害名誉权、荣誉权、隐私权、姓名权、肖像权等人格权益的情形。赔礼道歉可以是公开的，也可以私下进行；可以以口头方式进行，也可以以书面方式进行，具体采用什么形式由法院依据案件的具体情况作出。

惩罚性赔偿 本条第 2 款规定，法律规定惩罚性赔偿的，依照其规定。惩罚性赔偿是指当侵权人（义务人）以恶意、故意、欺诈等的方式实施加害行为而致权利人受到损害的，权利人可以获得实际损害赔偿之外的增加赔偿。其目的是通过对义务人施以惩罚，阻止其重复实施恶意行为，并警示他人不要采取类似行为。

实务应用

50. 污染物排放的精确数量无法查明的，行为人需赔偿的生态环境损害费用如何确定？

污染物排放的精确数量无法查明的，可根据生产量、单位产量、污染物产出量、单次排污量、排污频次来推定污染物排放数量，进而确定行为人需赔偿的生态环境损害费用。为充分实现环境民事公益诉讼事后救济与事前预防的功能，人民法院应当综合能否救济社会公共利益受到的现实损害、能否消除社会公共利益受损的风险两个方面，判断诉讼请求是否足以保护社会公共利益。①

关联参见

《药品管理法》第 144 条；《商标法》第 63 条；《食品安全法》第 148 条；《电子商务法》第 42 条；《消费者权益保护法》第 50 条、第 52 条、第 55 条；《最高人民法院关于审理旅游纠纷案件适用法律若干问题的规定》第 15 条

---

① 参见《最高人民法院公报》2021 年第 11 期。

第一百八十条　【不可抗力】因不可抗力不能履行民事义务的，不承担民事责任。法律另有规定的，依照其规定。

不可抗力是不能预见、不能避免且不能克服的客观情况。

条文解读

不可抗力 ➲ 不可抗力是指不能预见、不能避免且不能克服的客观情况。对不能预见的理解，应是根据现有的技术水平，一般对某事件发生没有预知能力。人们对某事件的发生的预知能力取决于当代的科学技术水平。不能避免且不能克服，应是指当事人已经尽到最大努力和采取一切可以采取的措施，仍不能避免某个事件的发生并不能克服事件所造成的后果。其表明某个事件的发生和事件所造成的后果具有必然性。

通常情况下，因不可抗力不能履行民事义务的，不承担民事责任。但法律规定因不可抗力不能履行民事义务，也要承担民事责任的则需要依法承担民事责任。例如《民用航空法》规定，民用航空器造成他人损害的，民用航空器的经营人只有能够证明损害是武装冲突、骚乱造成的，或者是因受害人故意造成的，才能免除其责任。因不可抗力的自然灾害造成的，不能免除民用航空器经营人的责任。举例来说，民用飞机在空中遭雷击坠毁，造成地面人员伤亡。航空公司不能以不可抗力为由，对受害人予以抗辩。

关联参见

《电力法》第 60 条；《旅游法》第 67 条；《水污染防治法》第 96 条；《铁路法》第 18 条

第一百八十一条　【正当防卫】因正当防卫造成损害的，不承担民事责任。

正当防卫超过必要的限度，造成不应有的损害的，正当防卫人应当承担适当的民事责任。

条文解读

正当防卫 ➔ 正当防卫是指本人、他人的人身权利、财产权利遭受不法侵害时，行为人所采取的一种防卫措施。正当防卫作为行为人不承担责任和减轻责任的情形，其根据是行为的正当性、合法性，表明行为人主观上没有过错。正当防卫是法律赋予当事人自卫的权利，是属于受法律鼓励的行为，目的是保护当事人本人、他人不受侵犯。

正当防卫应当同时具备以下六个要件：(1) 必须是为了使本人、他人的人身、财产权利免受不法侵害而实施的。《刑法》第20条第1款规定，为了使国家、公共利益、本人或者他人的人身、财产和其他权利免受正在进行的不法侵害，而采取的制止不法侵害的行为，对不法侵害人造成损害的，属于正当防卫，不负刑事责任。本条虽然没有对正当防卫的内容作出规定，但应与我国刑法的规定一致。(2) 必须有不法侵害行为发生。所谓不法侵害行为，是指对某种权利或者利益的侵害为法律所明文禁止，既包括犯罪行为，也包括其他违法的侵害行为。(3) 必须是正在进行的不法侵害。正当防卫的目的是制止不法侵害，避免危害结果的发生，因此，不法侵害必须是正在进行的，而不是尚未开始，或者已经实施完毕，或者实施者确已自动停止。否则，就是防卫不适时，应当承担民事责任。(4) 必须是本人、他人的人身权利、财产权利遭受不法侵害，在来不及请求有关国家机关救助的情况下实施的防卫行为。(5) 必须是针对不法侵害者本人实行。正当防卫行为不能对没有实施不法侵害行为的第三者（包括不法侵害者的家属）造成损害。(6) 不能明显超过必要限度造成损害。正当防卫是有益于社会的合法行为，但应受一定限度的制约，即正当防卫应以足以制止不法侵害为限。只有同时满足以上六个要件，才能构成正当防卫，防卫人才能免予承担民事责任。

本条规定，正当防卫超过必要的限度，造成不应有的损害的，正当防卫人应当承担适当的民事责任。对于正当防卫是否超过必要的限度，人民法院应当综合不法侵害的性质、手段、强度、危害程度和防卫的时机、手段、强度、损害后果等因素判断。学术界有各种各样的学说，多数意见认为，从权衡各方利益的角度考虑，既要有利于维护防卫人的权益，也要考虑到对不法行为人的合法权益的保护，防卫行为应以足以制止不法侵害为必要限度。从防卫的时间上讲，对于侵害人已经被制服或者侵害人已经自动停止侵害行为的，防卫人不得再进行攻击行为。从防卫手段上讲，能够用较缓和的手段进行有效防卫的情况下，不允许用激烈手段进行防卫。对于没有明显危及人身、财产等重大利益的不法侵害行为，不允许采取造成重伤等手段对侵害人进行防卫。正当防卫超过必要限度，造成侵害人不应有的损害的，正当防卫人应当承担适当的民事责任。所谓适当的民事责任，是指不对侵害人的全部损失赔偿，而是根据正当防卫人过错的程度，由正当防卫人在损失范围内承担一部分责任。

关联参见

《刑法》第20条；《民法典总则编解释》第30条、第31条

第一百八十二条　【紧急避险】 因紧急避险造成损害的，由引起险情发生的人承担民事责任。

危险由自然原因引起的，紧急避险人不承担民事责任，可以给予适当补偿。

紧急避险采取措施不当或者超过必要的限度，造成不应有的损害的，紧急避险人应当承担适当的民事责任。

条文解读

紧急避险 ➜ 紧急避险是指为了使本人或者他人的人身、财产权利免受正在发生的危险，不得已采取的紧急避险行为，造成损害的，不承担责任或者减轻责任的情形。危险有时来自人的行为，有时来自自然原

因。不管危险来源于哪儿，紧急避险人避让风险、排除危险的行为都有其正当性、合法性。

紧急避险的构成要件：(1) 必须是为了使本人、他人的人身、财产权利免受危险的损害。我国《刑法》第 21 条规定，为了使国家、公共利益、本人或者他人的人身、财产和其他权利免受正在发生的危险，不得已采取的紧急避险行为，造成损害的，不负刑事责任。本条虽然没有对紧急避险的内容作出明确规定，但是应与我国刑法的规定一致，紧急避险应当是使本人或者他人的人身、财产和其他权利免受正在发生的危险，不得已采取的避险行为。(2) 必须是对正在发生的危险采取的紧急避险行为。倘若危险已经消除或者尚未发生，或者虽然已经发生但不会对合法权益造成损害，则不得采取紧急避险措施。某人基于对危险状况的误解、臆想而采取紧急避险措施，造成他人利益损害的，应向他人承担民事责任。(3) 必须是在不得已情况下采取避险措施。所谓不得已，是指当事人面对突然而遇的危险，不得不采取紧急避险措施，以保全更大的利益，且这个利益是法律所保护的。(4) 避险行为不能超过必要的限度。所谓不能超过必要的限度，是指在面临紧急危险时，避险人须采取适当的措施，以尽可能小的损害保全更大的利益，即紧急避险行为所引起的损害应轻于危险所可能带来的损害。只有同时满足以上四个要件，才能构成紧急避险，行为人（避险人）免予承担民事责任。

紧急避险人造成本人或者他人损害的，由引起险情发生的人承担责任。而当危险是由自然原因引起的，则区分两种情况：(1) 紧急避险人是为了他人的利益，由受益人给予适当补偿。造成第三人利益损害的，免予对第三人承担责任。例如，甲、乙、丙系邻居，丙的房子因雷击失火，甲为了引消防车进入灭火，推倒了乙的院墙，使消防车进入后及时扑灭了丙家的大火。按照紧急避险的抗辩事由，甲对乙不承担责任。(2) 紧急避险人是为了本人的利益造成第三人利益损害的，则其不承担责任，但应当对第三人的损害给予补偿。

紧急避险不当 ➔ “紧急避险采取措施不当”是指在当时的情况下

能够采取可能减少或者避免损害的措施而未采取，或者采取的措施并非排除险情所必须。紧急避险“超过必要的限度”是指采取紧急避险措施没有减轻损害，或者紧急避险所造成的损害大于所保全的利益。因紧急避险采取措施不当或者超过必要的限度，造成不应有的损害的，紧急避险人应当承担适当的责任。紧急避险采取措施不当，是指在当时的情况下能够采取可能减少或者避免损害的措施而未采取，或者采取的措施并非排除险情所必需。

关联参见

《刑法》第21条；《民法典总则编解释》第32条、第33条

第一百八十三条 【因保护他人民事权益而受损的责任承担】因保护他人民事权益使自己受到损害的，由侵权人承担民事责任，受益人可以给予适当补偿。没有侵权人、侵权人逃逸或者无力承担民事责任，受害人请求补偿的，受益人应当给予适当补偿。

条文解读

在日常生活中，为保护他人民事权益被侵害而使自己受到损害的情况为数不少，例如，为了防止被抢劫的人的人身、财产遭受损失，阻止抢劫者逃逸，被抢劫犯刺伤。又如，儿童不慎落水，见义勇为者在施救中受伤等。为了弘扬社会主义核心价值观，鼓励和支持舍己为人的高尚行为，不让见义勇为者流血又流泪，本条规定了因保护他人民事权益而受到损害者的请求权和承担民事责任的主体。

1. 因保护他人民事权益而使自己受到损害。这主要是指为了防止、制止国家、集体的财产或者他人的人身、财产权利遭受不法侵害而使自己受到损害。在此需要强调两点：一是受到损害的人不是为了自己的民事权益，而是为了他人的民事权益不受侵害而为的行为。二是受到的损害包括人身受到伤害和财产受到损害。

2. 由侵权人承担责任，受益者可以给予适当补偿。由于受害人是为了保护他人的民事权益，防止、制止侵权人的侵权行为，因此，受害人所受到的损害，应由侵权人承担民事责任。考虑到受益人因受害人的付出，使自己的权益免受或者少受损害，对受害人因此所受到的损害，受益人可以给予适当的补偿。

3. 受益人应当给予适当补偿的情形。

需注意的是，补偿不是赔偿，赔偿一般是填平原则，即损失多少赔偿多少，而补偿仅是其中的一部分。“给予适当补偿”，是要根据受害人的受损情况、受益人的受益情况等因素决定补偿的数额。

一是侵权人逃逸或者无力承担民事责任的情形。受害人是为了保护他人的民事权益不受非法侵害才遭受损害的，通常情况下，应当由侵权人承担民事责任。但是，有时会发生侵权人逃逸，根本找不到侵权人的情形；还有可能会发生虽然找到了侵权人，但是侵权人根本没有承担民事责任的能力。为了公平起见，本条规定在侵权人逃逸或者侵权人无力承担民事责任的情况下，由受益人给予受害人适当的补偿。这里需要注意以下几点：第一，侵权人逃逸确实找不到，或者侵权人确实没有承担民事责任的能力。这是受害人请求补偿的前提条件。如果侵权人没有逃逸、能够找到或者有承担民事责任的能力，受害人则不能向受益人提出补偿要求。第二，要有明确的受益人。如果没有明确的受益人，那么受害人就没有提出请求的对象。第三，受害人明确提出了受益人给予适当补偿的请求。本条规定是“给予适当补偿”，表明是要根据受害人的受损情况、受益人的受益情况等因素决定补偿的数额。

二是没有侵权人的情形。因保护他人民事权益使自己受到损害的，有时并无侵权人，如舍身相救落水人员使自己受伤等。在这种情况下，受害人请求受益人给予适当补偿是合乎情理的，受益人给予适当补偿也是理所当然的。本条规定体现了社会公平。目前，一些地方建立了见义勇为基金，用于鼓励见义勇为行为，也能在一定程度上弥补见义勇为者所受到的损害。

案例指引

21. 因救助他人而溺亡，受益人是否应当给予受害人适当补偿？[①]

2020 年 6 月 2 日晚，李某林与吴某闲等四人一同就餐后，前往重庆市江津区几江长江大桥下江边码头散步。因琐事发生争执，吴某闲跳入长江，李某林跳江施救，此后吴某闲抓住岸上连接船只的钢丝线后获救，李某林不幸溺亡。吴某闲垫付打捞尸体费用 6000 元。后李某林的父母李某良、钟某梅以吴某闲等人为被告诉至法院，请求判令吴某闲等赔偿因李某林死亡产生的各项赔偿款 800000 元。

生效裁判认为，因保护他人民事权益使自己受到损害，没有侵权人、侵权人逃逸或者无力承担民事责任，受害人请求补偿的，受益人应当给予适当补偿。本案中，李某林在没有法定或者约定义务的前提下，下水救助吴某闲而不幸溺亡，属于见义勇为。吴某闲系因发生争执情绪激动主动跳水，本案没有侵权人，吴某闲作为受益人应当给予适当补偿。遂综合考虑李某林救助行为及所起作用、原告受损情况等，判令吴某闲补偿李某良、钟某梅 40000 元，吴某闲垫付的打捞尸体费用亦作为吴某闲的补偿费用，不再进行抵扣。

见义勇为是中华民族的传统美德，是社会主义核心价值观的内在要求。“一人兴善，万人可激”，新时代新征程，更需要榜样的力量、榜样的激励。本案中，李某林在突发情况下毫不犹豫跳水救人后不幸溺亡，其英勇救人的行为值得肯定、褒扬和尊重。审理法院适用民法典“见义勇为损害救济规则”，肯定李某林的见义勇为精神，通过以案释法树立是非标杆，积极倡导了崇德向善的社会风尚。

---

① 参见《人民法院贯彻实施民法典典型案例（第二批）》（2023 年 1 月 12 日发布），李某良、钟某梅诉吴某闲等生命权纠纷案，载最高人民法院网 https://www.court.gov.cn/zixun-xiangqing-386521.html，最后访问日期：2023 年 2 月 20 日。

22. 行为人非因法定职责、法定义务或约定义务，为保护国家、社会公共利益或者他人的人身、财产安全，实施阻止不法侵害者逃逸的行为，能否认定为见义勇为？[①]

张庆福、张殿凯诉朱振彪生命权纠纷案

（最高人民法院审判委员会讨论通过 2018 年 12 月 19 日发布）

关键词 民事/生命权/见义勇为

裁判要点

行为人非因法定职责、法定义务或约定义务，为保护国家、社会公共利益或者他人的人身、财产安全，实施阻止不法侵害者逃逸的行为，人民法院可以认定为见义勇为。

相关法条

《中华人民共和国侵权责任法》第 6 条[②]

《中华人民共和国道路交通安全法》第 70 条

基本案情

原告张庆福、张殿凯诉称：2017 年 1 月 9 日，被告朱振彪驾驶奥迪小轿车追赶骑摩托车的张永焕。后张永焕弃车在前面跑，被告朱振彪也下车在后面继续追赶，最终导致张永焕在迁曹线 90 公里 495 米处（滦南路段）撞上火车身亡。朱振彪在追赶过程中散布和传递了张永焕撞死人的失实信息；在张永焕用语言表示自杀并撞车实施自杀行为后，朱振彪仍然追赶，超过了必要限度；追赶过程中，朱振彪手持木凳、木棍，对张永焕的生命造成了威胁，并数次漫骂张永焕，对张永焕的死亡存在主观故意和明显过错，对张永焕死亡应承担赔偿责任。

被告朱振彪辩称：被告追赶交通肇事逃逸者张永焕的行为属于见义勇为行为，主观上无过错，客观上不具有违法性，该行为与张永焕死亡结果之间不存在因果关系，对张永焕的意外死亡不承担侵权责任。

---

① 最高人民法院指导案例 98 号。

② 现为《民法典》第 1165 条。

法院经审理查明：2017 年 1 月 9 日上午 11 时许，张永焕由南向北驾驶两轮摩托车行驶至古柳线青坨鹏盛水产门口，与张雨来无证驾驶同方向行驶的无牌照两轮摩托车追尾相撞，张永焕跌倒、张雨来倒地受伤、摩托车受损，后张永焕起身驾驶摩托车驶离现场。此事故经曹妃甸交警部门认定：张永焕负主要责任，张雨来负次要责任。

事发当时，被告朱振彪驾车经过肇事现场，发现肇事逃逸行为即驾车追赶。追赶过程中，朱振彪多次向柳赞边防派出所、曹妃甸公安局 110 指挥中心等公安部门电话报警。报警内容主要是：柳赞镇一道档北两辆摩托车相撞，有人受伤，另一方骑摩托车逃逸，报警人正在跟随逃逸人，请出警。朱振彪驾车追赶张永焕过程中不时喊“这个人把人怼了逃跑呢”等内容。张永焕驾驶摩托车行至滦南县胡各庄镇西梁各庄村内时，弃车从南门进入该村村民郑如深家，并从郑如深家过道屋拿走菜刀一把，从北门走出。朱振彪见张永焕拿刀，即从郑如深家中拿起一个木凳，继续追赶。后郑如深赶上朱振彪，将木凳讨回，朱振彪则拿一木棍继续追赶。追赶过程中，有朱振彪喊“你怼死人了往哪跑！警察马上就来了”，张永焕称“一会儿我就把自己砍了”，朱振彪说“你把刀扔了我就不追你了”之类的对话。

走出西梁各庄村后，张永焕跑上滦海公路，有向过往车辆冲撞的行为。在被李江波驾驶的面包车撞倒后，张永焕随即又站起来，在路上行走一段后，转向铁路方向的开阔地跑去。在此过程中，曹妃甸区交通局路政执法大队副大队长郑作亮等人加入，与朱振彪一起继续追赶，并警告路上车辆，小心慢行，这个人想往车上撞。

张永焕走到迁曹铁路时，翻过护栏，沿路堑而行，朱振彪亦翻过护栏继续跟随。朱振彪边追赶边劝阻张永焕说：被撞到的那个人没事儿，你也有家人，知道了会惦记你的，你自首就中了。2017 年 1 月 9 日 11 时 56 分，张永焕自行走向两铁轨中间，51618 次火车机车上的视频显示，朱振彪挥动上衣，向驶来的列车示警。2017 年 1 月 9 日 12 时 02 分，张永焕被由北向南行驶的 51618 次火车撞倒，后经检查被确认死亡。

在朱振彪跟随张永焕的整个过程中，两人始终保持一定的距离，未曾有过身体接触。朱振彪有劝张永焕投案的语言，也有责骂张永焕的言辞。

另查明，张雨来在与张永焕发生交通事故受伤后，当日先后被送到曹妃甸区医院、唐山市工人医院救治，于当日回家休养，至今未进行伤情鉴定。张永焕死亡后其第一顺序法定继承人有二人，即其父张庆福、其子张殿凯。

2017 年 10 月 11 日，大秦铁路股份有限公司大秦车务段滦南站作为甲方，与原告张殿凯作为乙方，双方签订《铁路交通事故处理协议》，协议内容“2017 年 1 月 9 日 12 时 02 分，51618 次列车运行在曹北站至滦南站之间 90 公里 495 处，将擅自进入铁路线路的张永焕撞死，构成一般 B 类事故；死者张永焕负事故全部责任；铁路方在无过错情况下，赔偿原告张殿凯 4 万元。”

裁判结果

河北省滦南县人民法院于 2018 年 2 月 12 日作出（2017）冀 0224 民初 3480 号民事判决：驳回原告张庆福、张殿凯的诉讼请求。一审宣判后，原告张庆福、张殿凯不服，提出上诉。审理过程中，上诉人张庆福、张殿凯撤回上诉。河北省唐山市中级人民法院于 2018 年 2 月 28 日作出（2018）冀 02 民终 2730 号民事裁定：准许上诉人张庆福、张殿凯撤回上诉。一审判决已发生法律效力。

裁判理由

法院生效裁判认为：张庆福、张殿凯在本案二审审理期间提出撤回上诉的请求，不违反法律规定，准许撤回上诉。

本案焦点问题是被告朱振彪行为是否具有违法性；被告朱振彪对张永焕的死亡是否具有过错；被告朱振彪的行为与张永焕的死亡结果之间是否具备法律上的因果关系。

首先，案涉道路交通事故发生后张雨来受伤倒地昏迷，张永焕驾驶摩托车逃离。被告朱振彪作为现场目击人，及时向公安机关电话报警，并驱车、徒步追赶张永焕，敦促其投案，其行为本身不具有违法性。同时，根据《中华人民共和国道路交通安全法》第七十条规定，交通肇事发生后，车辆驾驶人应当立即停车、保护现场、抢救伤者，张永焕肇事逃逸的行为违法。被告朱振彪作为普通公民，挺身而出，制止正在发生的违法犯罪行为，属于见义勇为，应予以支持和鼓励。

其次，从被告朱振彪的行为过程看，其并没有侵害张永焕生命权的故意和过失。根据被告朱振彪的手机视频和机车行驶影像记录，双方始终未发生身体接触。在张永焕持刀声称自杀意图阻止他人追赶的情况下，朱振彪拿起木凳、木棍属于自我保护的行为。在张永焕声称撞车自杀，意图阻止他人追赶的情况下，朱振彪和路政人员进行了劝阻并提醒来往车辆。考虑到交通事故事发突然，当时张雨来处于倒地昏迷状态，在此情况下被告朱振彪未能准确判断张雨来伤情，在追赶过程中有时喊话传递的信息不准确或语言不文明，但不构成民事侵权责任过错，也不影响追赶行为的性质。在张永焕为逃避追赶，跨越铁路围栏、进入火车运行区间之后，被告朱振彪及时予以高声劝阻提醒，同时挥衣向火车司机示警，仍未能阻止张永焕死亡结果的发生。故该结果与朱振彪的追赶行为之间不具有法律上的因果关系。

综上，原告张庆福、张殿凯一审中提出的诉讼请求理据不足，不予支持。

关联参见

《民法典总则编解释》第 34 条

第一百八十四条　【紧急救助的责任豁免】 因自愿实施紧急救助行为造成受助人损害的，救助人不承担民事责任。

条文解读

紧急救助 ➲ 因自愿实施紧急救助行为造成受助人损害的，救助人不承担民事责任。本条规定包括以下几个方面：

1. 救助人自愿实施紧急救助行为。自愿实施紧急救助行为是指一般的见义勇为或者乐于助人的行为，不包括专业救助行为。本条所称的救助人是指非专业人员，即一般的见义勇为或者乐于助人的志愿人员。专业救助人员通常掌握某一领域内的专业知识、专业技能，并根据其工作性质有义务救助并专门从事救助工作。专业救助人员经过专业学习或者训练，在实施紧急救助行为时应该有知识和能力避免因救助行为造成受助人不应有的损害。因此，为与专业救助人员实施救助行为相区别，本条明确了“自愿”的前提条件。

2. 救助人以救助为目的实施紧急救助行为。本条所称的救助行为应是在紧急情况下，救助人实施的救助他人的行为。救助人不承担民事责任的条件之一是救助人需以“救助”受助人为行为的主观目的。当受助人由于自身健康等原因处于紧急情况需要救助时，救助人是以救助受助人为目的，为了受助人的利益实施的紧急救助行为。

3. 受助人的损害与救助人的行为有因果关系。在实践中，虽然救助人出于救助目的实施救助行为，但由于救助行为经常发生在受助人突发疾病等紧急状态，救助人一般未受过专业的救助训练，有的不能很好掌握专业救助技能，有的情况下，可能发生因救助人的救助行为造成受助人损害的情形。适用本条规定，须受助人受到的损害与救助人的行为有因果关系，即在紧急救助过程中，因为救助人的行为造成受助人的损害。

4. 救助人对因救助行为造成受助人的损害不承担民事责任。

第一百八十五条　【英雄烈士人格利益的保护】侵害英雄烈士等的姓名、肖像、名誉、荣誉，损害社会公共利益的，应当承担民事责任。

条文解读

本条保护的对象“英雄烈士等”包括为了人民利益英勇斗争而牺牲，堪为楷模的人，还包括在保卫国家和国家建设中作出巨大贡献、建立卓越功勋，已经故去的人。

实务应用

51. 细节考据、观点争鸣等是否构成贬损、曲解英烈事迹的侵权事由？

对侵害英雄烈士名誉、荣誉等行为，英雄烈士的近亲属依法向人民法院提起诉讼的，人民法院应予受理。英雄烈士事迹和精神是中华民族的共同历史记忆和社会主义核心价值观的重要体现，英雄烈士的名誉、荣誉等受法律保护。人民法院在审理侵害英雄烈士名誉、荣誉等案件时，不仅要依法保护相关个人权益，还应发挥司法彰显公共价值功能，维护社会公共利益。任何组织和个人以细节考据、观点争鸣等名义对英雄烈士的事迹和精神进行污蔑和贬损，属于歪曲、丑化、亵渎、否定英雄烈士事迹和精神的行为，应当依法承担法律责任。①

案例指引

23. 将英雄烈士的姓名用于商业广告和营利宣传，是否应当承担法律责任？②

被告某网络科技有限公司将其付费会员称为“雷锋会员”，将其提供服务的平台称为“雷锋社群”，将其注册运营的微信公众号称为“雷锋哥”，在微信公众号上发布有“雷锋会员”“雷锋社群”等文字的宣传海报和文章，并在公司住所地悬挂“雷锋社群”文字标识。该公司以“雷锋社群”名义多次举办“创业广交会”“电商供应链大会”“全球云选品对接会”等商业活动，并以“雷锋社群会费”等名目收取客户费用 16 笔，金额共计 308464 元。公益诉讼起诉人诉称，要求被告立即停

---

① 参见最高人民法院指导案例 99 号。

② 参见《人民法院贯彻实施民法典典型案例（第一批）》（2022 年 2 月 25 日发布），杭州市上城区人民检察院诉某网络科技有限公司英雄烈士保护民事公益诉讼案，载最高人民法院网 https：//www.court.gov.cn/zixun-xiangqing-347181.html，最后访问日期：2023 年 2 月 20 日。

止在经营项目中以雷锋的名义进行宣传，并在浙江省内省级媒体就使用雷锋姓名赔礼道歉。

生效裁判认为，英雄的事迹和精神是中华民族共同的历史记忆和精神财富，雷锋同志的姓名作为一种重要的人格利益，应当受到保护。某网络科技有限公司使用的“雷锋”文字具有特定意义，确系社会公众所广泛认知的雷锋同志之姓名。该公司明知雷锋同志的姓名具有特定的意义，仍擅自将其用于开展网络商业宣传，会让公众对“雷锋社群”等称谓产生误解，侵犯了英雄烈士的人格利益。将商业运作模式假“雷锋精神”之名推广，既曲解了“雷锋精神”，与社会公众的一般认知相背离，也损害了承载于其上的人民群众的特定感情，对营造积极健康的网络环境产生负面影响，侵害了社会公共利益。故判决被告停止使用雷锋同志姓名的行为(包括停止使用“雷锋哥”微信公众号名称、“雷锋社群”名称、“雷锋会员”名称等)，并在浙江省内省级报刊向社会公众发表赔礼道歉的声明。

英雄烈士是一个国家和民族精神的体现，是引领社会风尚的标杆，加强对英烈姓名、名誉、荣誉等的法律保护，对于促进社会尊崇英烈、扬善抑恶、弘扬社会主义核心价值观意义重大。为更好地弘扬英雄烈士精神，增强民族凝聚力，维护社会公共利益，《民法典》第185条对英雄烈士等的人格利益保护作出了特别规定。本案适用民法典的规定，认定将雷锋姓名用于商业广告和营利宣传，曲解了雷锋精神，构成对雷锋同志人格利益的侵害，损害了社会公共利益，依法应当承担相应法律责任，为网络空间注入缅怀英烈、热爱英烈、敬仰英烈的法治正能量。

24. 在互联网空间侮辱、诋毁、贬损、亵渎烈士名誉、荣誉，是否应当承担法律责任？[①]

2020年6月15日，戍边烈士肖思远在边境冲突中誓死捍卫祖国领

---

① 参见《人民法院贯彻实施民法典典型案例（第二批）》（2023年1月12日发布），杭州市临平区人民检察院诉陈某英雄烈士保护民事公益诉讼案，载最高人民法院网 https：//www.court.gov.cn/zixun-xiangqing-386521.html，最后访问日期：2023年2月20日。

土，突围后又义无反顾返回营救战友，遭敌围攻壮烈牺牲，于2021年2月被中央军委追记一等功。2021年2月至4月间，陈某在人民日报、央视新闻、头条新闻等微博账号发布的纪念、缅怀肖思远烈士的文章下，发表针对肖思远烈士的不当评论内容共计20条，诋毁其形象和荣誉。公益诉讼起诉人认为，陈某的行为侵害戍边烈士肖思远的名誉和荣誉，损害社会公共利益，故向人民法院提起民事公益诉讼，请求判令陈某在全国性的新闻媒体上公开赔礼道歉、消除影响。

生效裁判认为，《民法典》第185条侧重保护的是已经成为社会公共利益重要组成部分的英雄烈士的人格利益。英雄烈士是中华民族最优秀群体的代表，英雄烈士和他们所体现的爱国主义、英雄主义精神，是我们党魂、国魂、军魂、民族魂的不竭源泉和重要支撑，是中华民族精神的集中反映。英雄烈士的事迹和精神是中华民族的共同记忆，是社会主义核心价值观的重要体现。抹黑英雄烈士，既是对社会主义核心价值观的否定和瓦解，也容易对人民群众的价值观念造成恶劣影响。陈某在互联网空间多次公开发表针对肖思远烈士名誉、荣誉的严重侮辱、诋毁、贬损、亵渎言论，伤害了国民的共同情感和民族精神，污染了社会风气，不利于民族共同记忆的赓续、传承，更是对社会主义核心价值观的严重背离，已构成对社会公共利益的侵害。故判决陈某在全国性的新闻媒体上向社会公众公开赔礼道歉、消除影响。

习近平总书记指出，一切民族英雄都是中华民族的脊梁，他们的事迹和精神都是激励我们前行的强大力量。英烈不容诋毁，法律不容挑衅。《民法典》第185条“英烈条款”的核心要义是保护英雄烈士的人格利益，维护社会公共利益，弘扬尊崇英烈、扬善抑恶的精神风气。肖思远烈士为国戍边守土，遭敌围攻壮烈牺牲，其英雄事迹必将为人民群众缅怀铭记。该案适用民法典规定，认定陈某的行为侵害肖思远烈士的名誉、荣誉，损害了社会公共利益，鲜明表达了人民法院严厉打击和制裁抹黑英雄烈士形象行为的坚定立场，向全社会传递了热爱英雄、崇尚英雄、捍卫英雄的强烈态度。

25. 在网络平台发布、销售亵渎英雄烈士的商品，是否应当承担法律责任？①

瞿某某在其经营的网络店铺中出售两款贴画，一款印有“董存瑞舍身炸碉堡”形象及显著文字“连长你骗我！两面都有胶!!”，另一款印有“黄继光舍身堵机枪口”形象及显著文字“为了妹子，哥愿意往火坑跳!”。杭州市某居民在该店购买了上述印有董存瑞、黄继光宣传形象及配文的贴画后，认为案涉网店经营者侵害了董存瑞、黄继光的名誉并伤害了其爱国情感，遂向杭州市西湖区检察院举报。

西湖区检察院发布公告通知董存瑞、黄继光近亲属提起民事诉讼。公告期满后，无符合条件的原告起诉，西湖区检察院遂向杭州互联网法院提起民事公益诉讼。

杭州互联网法院认为，英雄烈士是国家的精神坐标，是民族的不朽脊梁。英雄烈士董存瑞在“解放战争”中舍身炸碉堡，英雄烈士黄继光在“抗美援朝”战争中舍身堵枪眼，用鲜血和生命谱写了惊天动地的壮歌，体现了崇高的革命气节和伟大的爱国精神，是社会主义核心价值观的重要体现。任何人都不得歪曲、丑化、亵渎、否定英雄烈士的事迹和精神。被告瞿某某作为中华人民共和国公民，应当崇尚、铭记、学习、捍卫英雄烈士，不得侮辱、诽谤英雄烈士的名誉。其通过网络平台销售亵渎英雄烈士形象贴画的行为，已对英雄烈士名誉造成贬损，且主观上属明知，构成对董存瑞、黄继光的名誉侵权。同时，被告瞿某某多年从事网店销售活动，应知图片一经发布即可能被不特定人群查看，商品一经上线便可能扩散到全国各地，但其仍然在网络平台发布、销售上述贴画，造成了恶劣的社会影响，损害了社会公共利益，依法应当承担民事法律责任。该院判决瞿某某立即停止侵害英雄烈士董存瑞、黄继光名誉权的行为，即销毁库存、不得再继续销售案涉贴画，并于判决生效

① 参见《人民法院大力弘扬社会主义核心价值观十大典型民事案例》（2020 年 5 月 13 日发布），董存瑞、黄继光英雄烈士名誉权纠纷公益诉讼案，载最高人民法院网 https：//www. court. gov. cn/zixun-xiangqing-229041. html，最后访问日期：2023 年 2 月 20 日。

之日起十日内在国家级媒体公开赔礼道歉、消除影响。

董存瑞、黄继光等英雄烈士的事迹和精神是中华民族共同的历史记忆和宝贵的精神财富。对英烈事迹的亵渎，不仅侵害了英烈本人的名誉权，给英烈亲属造成精神痛苦，也伤害了社会公众的民族和历史感情，损害了社会公共利益。互联网名誉侵权案件具有传播速度快、社会影响大等特点，该两案系全国首次通过互联网审理涉英烈保护民事公益诉讼案件，明确侵权结果发生地法院对互联网民事公益诉讼案件具有管辖权，有利于高效、精准打击利用互联网侵害英雄烈士权益不法行为，为网络空间注入尊崇英雄、热爱英雄、景仰英雄的法治能量。

关联参见

《烈士褒扬条例》第8条；《军人抚恤优待条例》第8条；《英雄烈士保护法》第22条

第一百八十六条　【违约责任与侵权责任的竞合】因当事人一方的违约行为，损害对方人身权益、财产权益的，受损害方有权选择请求其承担违约责任或者侵权责任。

条文解读

违约责任与侵权责任的竞合 ➔ 本条是关于违约责任与侵权责任竞合的规定。违约责任与侵权责任的竞合，是指义务人的违约行为既符合违约要件，又符合侵权要件，导致违约责任与侵权责任一并产生。从另一方面来说，受损害方既可以就违约责任行使请求权，也可以就侵权责任行使请求权。这就又产生两种请求权竞合的情况。根据公平原则，本条规定，受损害方可以在两种请求权中选择行使一种请求权。这意味着受损害方只能行使一种请求权，如果受损害方选择行使一种请求权并得到实现，那么另一种请求权即告消灭。但是，如果受损害方行使一种请求权未果，而另一种请求权并未因时效而消灭，则受损害方仍可行使另一种请求权。由于合同纠纷与侵权纠纷在管辖法院和适用法律方面存在区别，允许受损害方选择有利于自己的一种诉由提起诉讼，对受损害方比较方便，也有利于对受损害方的保护。对违约方来说，这两种责任无论对方要求其承担哪一种，都是合理的。

第一百八十七条　【民事责任优先】 民事主体因同一行为应当承担民事责任、行政责任和刑事责任的，承担行政责任或者刑事责任不影响承担民事责任；民事主体的财产不足以支付的，优先用于承担民事责任。

条文解读

民事责任和行政责任、刑事责任的竞合 ➲ 法律责任竞合，是指行为人的同一行为符合两个或两个以上不同性质的法律责任的构成要件，依法应当承担多种不同性质的法律责任制度。民事责任、行政责任和刑事责任虽然是三种性质不同的法律责任，却可能因为同一法律行为而同时产生。一个行为既违反了民法又违反了行政法或者刑法，由此同时产生民事责任、行政责任或者刑事责任，即发生责任竞合。比如，缺陷产品的致害行为，既可能依侵权责任法承担民事责任，依产品质量法承担行政责任，构成犯罪的，还要依刑法承担刑事责任。由此，经营者的一个违法行为导致了民事责任、行政责任、刑事责任竞合的情形。

民事主体的财产优先承担民事责任 ➲ 通常情况下，民事责任、行政责任和刑事责任独立存在，并行不悖。但是在特定的情况下，某一责任主体的财产不足以同时满足承担民事赔偿责任和承担罚款、罚金及没收财产等行政或刑事责任时，三种责任就发生了冲突，难以同时承担，此时就产生哪一种责任优先适用的问题。民事责任优先原则就是解决这类责任竞合时的法律原则，即某一责任主体的财产不足以同时满足民事赔偿责任与行政责任或者刑事责任中的罚款、罚金时，优先承担民事赔偿责任，这也是本条规定的要旨所在。

关联参见

《产品质量法》第 64 条；《食品安全法》第 147 条；《公司法》第 214 条；《刑法》第 36 条

第九章　诉讼时效

第一百八十八条　【普通诉讼时效】 向人民法院请求保护民事权利的诉讼时效期间为三年。法律另有规定的，依照其规定。

诉讼时效期间自权利人知道或者应当知道权利受到损害以及义务人之日起计算。法律另有规定的，依照其规定。但是，自权利受到损害之日起超过二十年的，人民法院不予保护，有特殊情况的，人民法院可以根据权利人的申请决定延长。

条文解读

诉讼时效 ➔ 诉讼时效是权利人在法定期间内不行使权利，该期间届满后，发生义务人可以拒绝履行其给付义务效果的法律制度。该制度有利于促使权利人及时行使权利，维护交易秩序和安全。《民法典》将原《民法通则》规定的普通诉讼时效期间从 2 年延长为 3 年，自权利人知道或者应当知道权利受到损害以及义务人之日起计算。法律另有规定的，根据特别规定优于一般规定的原则，优先适用特别规定。

考虑到在极端情况下，可能发生从权利被侵害的事实出现到权利人知道这一事实，超过普通诉讼时效期间的情况。因此，有必要配套规定客观主义起算点的最长权利保护期间加以限制。应当指出，这种最长权利保护期间并非一种独立的期间类型，是制度设计上的一种补足，在性质上是不变期间，本条将最长权利保护期规定为 20 年。如 20 年期间仍不够用的，人民法院可以根据权利人的申请决定延长。

关联参见

《保险法》第26条；《拍卖法》第61条；《环境保护法》第66条；《民法典总则编解释》第35—37条

第一百八十九条　【分期履行债务诉讼时效的起算】 当事人约定同一债务分期履行的，诉讼时效期间自最后一期履行期限届满之日起计算。

条文解读

分期债务履行 ➲ 分期履行债务是按照当事人事先约定，分批分次完成一个债务履行的情况。分期付款买卖合同是最典型的分期履行债务。分期履行债务具有整体性和唯一性，系本条规定的同一债务，诉讼时效期间自该一个债务履行期限届满之日起计算。

第一百九十条　【对法定代理人请求权诉讼时效的起算】 无民事行为能力人或者限制民事行为能力人对其法定代理人的请求权的诉讼时效期间，自该法定代理终止之日起计算。

条文解读

本条规定实质上旨在保障无民事行为能力人或者限制民事行为能力人对其法定代理人行使请求权。

无民事行为能力人或者限制民事行为能力人须由法定代理人代为实施法律行为及行使权利，例如，某未成年人父母死亡后，人民法院在其近亲属范围内确定了一名监护人。该近亲属成为其法定代理人，在监护过程中，侵占被监护的未成年人的父母的遗产。这时被监护人与法定代理人之间出现纠纷，根据我国法律，无民事行为能力人或者限制民事行为能力人无法自己进行诉讼，需要由其法定代理人代为进行。法定代理人有可能会不承认自己侵占被代理人财产的事实，滥用代理权损害无民事行为能力人或者限制民事行为能力人的合法权益。在实践中，法定代理人与被代理人之间一般是家庭近亲属关系，如父母、祖父母、配偶或者其他监护人。他们在生活中对无民事行为能力人或者限制民事行为能力人的照管上有一定优势，这种优势一方面有利于无民事行为能力人或者限制民事行为能力人的生活，但另一方面也会造成权利人无法主张其所享有的权利。在法定代理关系存续期间，无民事行为能力人的全部民事法律行为或者限制民事行为能力人主张权利的行为，本质上都依赖于法定代理人的意志。但是，他们自己主张权利在实际上是不可能的。此外，以诉讼方式主张请求权会妨害家庭团结及当事人之间的信赖关系，可能出现法定代理人不继续认真履行代理职责的情况，这对被代理人不利。当法定代理终止后开始计算诉讼时效期间不会害及无民事行为能力人或者限制民事行为能力人的利益。因此，立法有必要对这种特殊情形的请求权的诉讼时效期间起算作出特殊规定。

第一百九十一条　【未成年人遭受性侵害的损害赔偿诉讼时效的起算】未成年人遭受性侵害的损害赔偿请求权的诉讼时效期间，自受害人年满十八周岁之日起计算。

条文解读

理解本条规定时应注意两点：

一是诉讼时效是权利人在法定期间内不行使权利，该期间届满后，义务人拒绝履行其给付义务的法律制度，即诉讼时效期间是权利人可以行使权利的“最晚”期间。在权利受到损害后、诉讼时效期间届满前的时间范围内，权利人都可以主张权利。因此，未成年人遭受性侵害的，在年满 18 周岁之前，其法定代理人当然可以代为行使请求权。此处的请求权应当认为是法定代理人代为向人民法院的请求，人民法院依法作出的生效判决具有既判力，受害人在年满 18 周岁之后对相关处理不满意要求再次处理的，应当符合民事诉讼法等法律的规定。需注意的是，如果年满18周岁之前，其法定代理人选择与侵害人私了的方式解决纠纷，受害人在年满18周岁之后，可以依据本条的规定请求损害赔偿。未成年人遭受性侵害的损害赔偿请求权的诉讼时效期间，自受害人年满18周岁之日起计算。其具体的诉讼时效期间，适用《民法典》第188条3年的普通诉讼时效期间的规定，即从年满18周岁之日起计算3年；符合《民法典》第194条、第195条诉讼时效中止、中断情形的，可以相应中止、中断。

二是未成年人遭受性侵害的损害赔偿请求权的诉讼时效期间，自受害人年满18周岁之日起计算。其具体的诉讼时效期间，适用《民法典》第188条3年的普通诉讼时效期间的规定，即从年满18周岁之日起计算3年；符合《民法典》第194条、第195条诉讼时效中止、中断情形的，可以相应中止、中断。

第一百九十二条　【诉讼时效届满的法律效果】诉讼时效期间届满的，义务人可以提出不履行义务的抗辩。

诉讼时效期间届满后，义务人同意履行的，不得以诉讼时效期间届满为由抗辩；义务人已经自愿履行的，不得请求返还。

条文解读

诉讼时效届满的法律效果 ➔ 根据本条第1款的规定，诉讼时效期间届满的，义务人可以提出不履行义务的抗辩。这就意味着，权利人享有起诉权，可以向法院主张其已过诉讼时效之权利，法院应当受理。如果义务人不提出时效完成的抗辩，法院将以公权力维护权利人的利益；如果义务人行使抗辩权，法院审查后会依法保护义务人的抗辩权，不得强制义务人履行义务。但是，义务人行使时效抗辩权不得违反诚实信用原则，否则即使诉讼时效完成，义务人也不能取得时效抗辩权。例如，在诉讼时效期间届满前，义务人通过与权利人协商，营造其将履行义务的假象，及至时效完成后，立即援引时效抗辩拒绝履行义务。该种行为违反诚实信用原则，构成时效抗辩权的滥用，不受保护。

根据本条第 2 款的规定，诉讼时效期间届满后，义务人同意履行的，不得以诉讼时效期间届满为由抗辩；义务人已自愿履行的，不得请求返还。诉讼时效期间届满后，权利人虽不能请求法律的强制性保护，但法律并不否定其权利的存在。若义务人放弃时效利益自愿履行的，权利人可以受领并保持，受领不属于不当得利，义务人不得请求返还。诉讼时效期间届满后，义务人同意履行的，不得以诉讼时效期间届满为由抗辩。这是因为诉讼时效届满后，义务人可以处分自己的时效利益。此时义务人同意履行义务，属于对时效利益的放弃。义务人放弃时效利益的行为属于单方法律行为，并且是处分行为，自义务人放弃时效利益的意思表示到达权利人时即发生时效利益放弃的法律效果，不以权利人同意为条件。放弃的意思表示既可以是承认的明示方式，也可以是不主张时效利益的默示方式。对于义务人已自愿履行的情况，自愿履行意味着义务人自愿解除了债务的自然债务属性，恢复了原本可以获得司法强制执行的可能性，使权利人因时效完成而转化为自然权利回升为法律权利。因此，自愿履行的，不能再请求返还。

还应当注意的是，法律制度需要与一系列的具体规定相配合。除了本条的规定外，《民法典》第 193 条规定的人民法院不得主动适用诉讼时效、第 197 条第 2 款规定的当事人对诉讼时效利益的预先放弃无效等具体规定，都是抗辩权发生主义立法模式的题中应有之义。

第一百九十三条　【诉讼时效援用】 人民法院不得主动适用诉讼时效的规定。

条文解读

本条将诉讼时效的客体明确为抗辩权，诉讼时效期间届满的直接效果是义务人取得抗辩权。抗辩权属于私权的一种，可以选择行使，也可以选择不行使。义务人对时效利益的处分不违反法律的规定，也没有侵犯国家、集体及他人的合法权益，人民法院不应当主动干预。

需要注意的是，关于诉讼时效的释明。《最高人民法院关于审理民事案件适用诉讼时效制度若干问题的规定》（以下简称《诉讼时效制度规定》）第 2 条规定，当事人未提出诉讼时效抗辩，人民法院不应对诉讼时效问题进行释明。

关联参见

《诉讼时效制度规定》第 2 条

第一百九十四条　【诉讼时效的中止】 在诉讼时效期间的最后六个月内，因下列障碍，不能行使请求权的，诉讼时效中止：

（一）不可抗力；

（二）无民事行为能力人或者限制民事行为能力人没有法定代理人，或者法定代理人死亡、丧失民事行为能力、丧失代理权；

（三）继承开始后未确定继承人或者遗产管理人；

（四）权利人被义务人或者其他人控制；

（五）其他导致权利人不能行使请求权的障碍。

自中止时效的原因消除之日起满六个月，诉讼时效期间届满。

条文解读

诉讼时效中止 ➡ 诉讼时效中止，是因法定事由的存在使诉讼时效停止进行，待法定事由消除后继续进行的制度。在诉讼时效进行中的某一时间内，出现了权利人主张权利的客观障碍，导致权利人无法在诉讼时效期间内行使权利，可能产生不公平的结果，因此法律规定了诉讼时效中止制度。

关联参见

《海商法》第266条

第一百九十五条　【诉讼时效的中断】 有下列情形之一的，诉讼时效中断，从中断、有关程序终结时起，诉讼时效期间重新计算：

（一）权利人向义务人提出履行请求；

（二）义务人同意履行义务；

（三）权利人提起诉讼或者申请仲裁；

（四）与提起诉讼或者申请仲裁具有同等效力的其他情形。

条文解读

诉讼时效中断 ➲ 诉讼时效中断，是指诉讼时效期间进行过程中，出现了权利人积极行使权利的法定事由，从而使已经经过的诉讼时效期间归于消灭，重新计算期间的制度。

权利人不行使权利是诉讼时效制度存在的事实基础，如果在诉讼时效期间内出现了与这一基础事实相反的事实，就必须使已经经过的时效期间归于无效，否则就背离了诉讼时效制度的设立宗旨。诉讼时效中断的特征表现为，一是发生于诉讼时效的进行中，诉讼时效尚未开始计算或者已经届满的情况下排除其适用。二是发生了一定的法定事由导致诉讼时效存在的基础被推翻。三是它使已经进行的诉讼时效重新起算，以前经过的期间归于消灭。

关联参见

《诉讼时效制度规定》第8—17条；《最高人民法院关于债务人在约定的期限届满后未履行债务而出具没有还款日期的欠款条诉讼时效期间应从何时开始计算问题的批复》；《民法典总则编解释》第38条

第一百九十六条　【不适用诉讼时效的情形】 下列请求权不适用诉讼时效的规定：

（一）请求停止侵害、排除妨碍、消除危险；

（二）不动产物权和登记的动产物权的权利人请求返还财产；

（三）请求支付抚养费、赡养费或者扶养费；

（四）依法不适用诉讼时效的其他请求权。

实务应用

52. 房屋买受人请求开发商的办证请求权是否适用诉讼时效？

买受人请求出卖人支付逾期办证违约金，从合同约定或者法定期限届满之日起计算诉讼时效期间。而物权变动是指所有权过户、抵押权发生等物权变动事实，不动产物权变动模式为“债权合意+登记生效主义”。双方订立商品房买卖合同的目的是发生商品房物权变动，在此过程中，登记显然属于物权行为，买受人依据合同享有的办证请求权应为物权请求权，因而不适用诉讼时效。即便逾期办证违约金因超过诉讼时效而未获法院支持，买受人仍然可以请求开发商继续履行办证义务。[1]

案例指引

26. 业主能否拒绝缴纳专项维修资金？[2]

上海市虹口区久乐大厦小区业主大会诉
上海环亚实业总公司业主共有权纠纷案

（最高人民法院审判委员会讨论通过 2016 年 9 月 19 日发布）

关键词　民事/业主共有权/专项维修资金/法定义务/诉讼时效

---

① 参见林金文：《梁某诉某房地产开发公司商品房销售合同纠纷案》，载《人民司法·案例》2018 年第 35 期。

② 最高人民法院指导案例 65 号。

裁判要点

专项维修资金是专门用于物业共用部位、共用设施设备保修期满后的维修和更新、改造的资金，属于全体业主共有。缴纳专项维修资金是业主为维护建筑物的长期安全使用而应承担的一项法定义务。业主拒绝缴纳专项维修资金，并以诉讼时效提出抗辩的，人民法院不予支持。

相关法条

《中华人民共和国民法通则》第 135 条①

《中华人民共和国物权法》第 79 条、第 83 条第 2 款②

《物业管理条例》第 7 条第 4 项、第 54 条第 1 款、第 2 款

基本案情

2004 年 3 月，被告上海环亚实业总公司（以下简称环亚公司）取得上海市虹口区久乐大厦底层、二层房屋的产权，底层建筑面积 691. 36 平方米、二层建筑面积 910. 39 平方米。环亚公司未支付过上述房屋的专项维修资金。2010 年 9 月，原告久乐大厦小区业主大会（以下简称久乐业主大会）经征求业主表决意见，决定由久乐业主大会代表业主提起追讨维修资金的诉讼。久乐业主大会向法院起诉，要求环亚公司就其所有的久乐大厦底层、二层的房屋向原告缴纳专项维修资金 57566. 9 元。被告环亚公司辩称，其于 2004 年获得房地产权证，至本案诉讼有 6 年之久，原告从未主张过维修资金，该请求已超过诉讼时效，不同意原告诉请。

裁判结果

上海市虹口区人民法院于 2011 年 7 月 21 日作出（2011）虹民三（民）初字第 833 号民事判决：被告环亚公司应向原告久乐业主大会缴纳久乐大厦底层、二层房屋的维修资金 57566. 9 元。宣判后，环亚公司向上海市第二中级人民法院提起上诉。上海市第二中级人民法院于 2011

---

① 现为《民法典》第 188 条。《民法典》规定普通诉讼时效期间为 3 年。

② 现分别为《民法典》第 281 条、第 286 条第 2 款。

年9月21日作出（2011）沪二中民二（民）终字第1908号民事判决：驳回上诉，维持原判。

裁判理由

法院生效裁判认为：《中华人民共和国物权法》（以下简称《物权法》）第七十九条[①]规定，“建筑物及其附属设施的维修资金，属于业主共有。经业主共同决定，可以用于电梯、水箱等共有部分的维修。”《物业管理条例》第五十四条第二款规定，“专项维修资金属于业主所有，专项用于物业保修期满后物业共用部位、共用设施设备的维修和更新、改造，不得挪作他用”。《住宅专项维修资金管理办法》（建设部、财政部令第165号）（以下简称《办法》）第二条第二款规定，“本办法所称住宅专项维修资金，是指专项用于住宅共用部位、共用设施设备保修期满后的维修和更新、改造的资金。”依据上述规定，维修资金性质上属于专项基金，系为特定目的，即为住宅共用部位、共用设施设备保修期满后的维修和更新、改造而专设的资金。它在购房款、税费、物业费之外，单独筹集、专户存储、单独核算。由其专用性所决定，专项维修资金的缴纳并非源于特别的交易或法律关系，而是为了准备应急性地维修、更新或改造区分所有建筑物的共有部分。由于共有部分的维护关乎全体业主的共同或公共利益，所以维修资金具有公共性、公益性。

《物业管理条例》第七条第四项规定，业主在物业管理活动中，应当履行按照国家有关规定交纳专项维修资金的义务。第五十四条第一款规定：“住宅物业、住宅小区内的非住宅物业或者与单幢住宅楼结构相连的非住宅物业的业主，应当按照国家有关规定交纳专项维修资金。”依据上述规定，缴纳专项维修资金是为特定范围的公共利益，即建筑物的全体业主共同利益而特别确立的一项法定义务，这种义务的产生与存在仅仅取决于义务人是否属于区分所有建筑物范围内的住宅或非住宅所有权人。因此，缴纳专项维修资金的义务是一种旨在维护共同或公共利益的

① 现为《民法典》第281条。

法定义务，其只存在补缴问题，不存在因时间经过而可以不缴的问题。

业主大会要求补缴维修资金的权利，是业主大会代表全体业主行使维护小区共同或公共利益之职责的管理权。如果允许某些业主不缴纳维修资金而可享有以其他业主的维修资金维护共有部分而带来的利益，其他业主就有可能在维护共有部分上支付超出自己份额的金钱，这违背了公平原则，并将对建筑物的长期安全使用，对全体业主的共有或公共利益造成损害。

基于专项维修资金的性质和业主缴纳专项维修资金义务的性质，被告环亚公司作为久乐大厦的业主，不依法自觉缴纳专项维修资金，并以业主大会起诉追讨专项维修资金已超过诉讼时效进行抗辩，该抗辩理由不能成立。原告根据被告所有的物业面积，按照同期其他业主缴纳专项维修资金的计算标准算出的被告应缴纳的数额合理，据此判决被告应当按照原告诉请支付专项维修资金。

第一百九十七条　【诉讼时效法定】 诉讼时效的期间、计算方法以及中止、中断的事由由法律规定，当事人约定无效。

当事人对诉讼时效利益的预先放弃无效。

条文解读

诉讼时效法定性 首先是诉讼时效的期间和计算方法法定。该期间由法律明确规定，当事人必须按照法律规定的期间执行，不得改动。

其次是诉讼时效中止、中断的事由法定。诉讼时效可以通过中止、中断进行法定变更，但相应情形由法律明确作出规定，当事人不可以创设法律没有规定的情形，使诉讼时效擅自变更。否则，诉讼时效便失去了确定性。

最后是当事人擅自约定诉讼时效的效果由法律明确规定。当事人违反本条规定，擅自对诉讼时效的期间、计算方法以及中止、中断的事由进行约定的，法律也规定了其效果：约定无效。

诉讼时效预先放弃无效 ➡ 诉讼时效放弃可以分为两种，一种是时效届满前预先放弃，另一种是诉讼时效届满后放弃。诉讼时效利益不得在时效期间届满前预先放弃。如果允许预先放弃时效利益，权利人可能会利用强势地位，损害义务人的权利。从公平保护的角度出发，不应该允许当事人预先约定放弃时效利益，否则等于权利人可以无期限地行使权利，违反了诉讼时效制度的法定性，与诉讼时效制度设立的目的不相吻合。诉讼时效期间届满后，义务人取得拒绝履行义务的抗辩权。根据私法自治原则，当事人有权在法律规定的范围内，自由处分其权利或者利益，选择是否放弃诉讼时效利益。放弃诉讼时效是单方法律行为，自成立时发生法律效力；同时又是处分行为，须依意思表示为之。可以在诉讼中也可以在诉讼外作出；可以明示也可以默示。

第一百九十八条　【仲裁时效】 法律对仲裁时效有规定的，依照其规定；没有规定的，适用诉讼时效的规定。

第一百九十九条　【除斥期间】 法律规定或者当事人约定的撤销权、解除权等权利的存续期间，除法律另有规定外，自权利人知道或者应当知道权利产生之日起计算，不适用有关诉讼时效中止、中断和延长的规定。存续期间届满，撤销权、解除权等权利消灭。

第十章　期间计算

第二百条　【期间的计算单位】 民法所称的期间按照公历年、月、日、小时计算。

第二百零一条　【期间的起算】 按照年、月、日计算期间的，开始的当日不计入，自下一日开始计算。

按照小时计算期间的，自法律规定或者当事人约定的时间开始计算。

条文解读

按小时计算期间 ➲ 与原《民法通则》的规定相比，本条增加了在按照小时计算期间的情况下，允许当事人约定，这是为了最大程度地尊重当事人的意思自治，尊重不同地区、不同行业的交易习惯，方便生活、促进交易。

按照小时计算期间，可以有两种起算方法，一种是自法律规定的时间开始计算，另一种是自当事人约定的时间开始计算。前一种情况下，例如，从 8 点开始计算 3 个小时，则期间应该到 11 点结束。又如，从 8 点 30 分开始计算 26 个小时，则期间应该到第 2 日 10 点 30 分结束。后一种情况下，可以允许当事人根据商业交易习惯或者双方都认可的方式约定期间起算方式，例如整数计算法，不论期间从何时开始计算，都约定按照最近将要到达的整数时间点开始计算。8 点 38 分达成交易合同，则从 9 点开始计算期间。

第二百零二条　【期间结束】 按照年、月计算期间的，到期月的对应日为期间的最后一日；没有对应日的，月末日为期间的最后一日。

第二百零三条　【期间计算的特殊规定】 期间的最后一日是法定休假日的，以法定休假日结束的次日为期间的最后一日。

期间的最后一日的截止时间为二十四时；有业务时间的，停止业务活动的时间为截止时间。

第二百零四条　【期间法定或约定】 期间的计算方法依照本法的规定，但是法律另有规定或者当事人另有约定的除外。

法律法规
新解读系列

关联法规

民法典总则编
解读与应用

最高人民法院关于适用《中华人民共和国民法典》总则编若干问题的解释

- 2021 年 12 月 30 日最高人民法院审判委员会第 1861 次会议通过
- 2022 年 2 月 24 日最高人民法院公告公布
- 自 2022 年 3 月 1 日起施行
- 法释〔2022〕6 号

为正确审理民事案件，依法保护民事主体的合法权益，维护社会和经济秩序，根据《中华人民共和国民法典》《中华人民共和国民事诉讼法》等相关法律规定，结合审判实践，制定本解释。

一、一般规定

第一条 民法典第二编至第七编对民事关系有规定的，人民法院直接适用该规定；民法典第二编至第七编没有规定的，适用民法典第一编的规定，但是根据其性质不能适用的除外。

就同一民事关系，其他民事法律的规定属于对民法典相应规定的细化的，应当适用该民事法律的规定。民法典规定适用其他法律的，适用该法律的规定。

民法典及其他法律对民事关系没有具体规定的，可以遵循民法典关于基本原则的规定。

第二条 在一定地域、行业范围内长期为一般人从事民事活动时普遍遵守的民间习俗、惯常做法等，可以认定为民法典第十条规定的习惯。

当事人主张适用习惯的，应当就习惯及其具体内容提供相应证据；必要时，人民法院可以依职权查明。

适用习惯，不得违背社会主义核心价值观，不得违背公序良俗。

第三条 对于民法典第一百三十二条所称的滥用民事权利，人民法院可以根据权利行使的对象、目的、时间、方式、造成当事人之间利益失衡的程度等因素作出认定。

行为人以损害国家利益、社会公共利益、他人合法权益为主要目的行使民事权利的，人民法院应当认定构成滥用民事权利。

构成滥用民事权利的，人民法院应当认定该滥用行为不发生相应的法律效力。滥用民事权利造成损害的，依照民法典第七编等有关规定处理。

二、民事权利能力和民事行为能力

第四条 涉及遗产继承、接受赠与等胎儿利益保护，父母在胎儿娩出前作为法定代理人主张相应权利的，人民法院依法予以支持。

第五条 限制民事行为能力人实施的民事法律行为是否与其年龄、智力、精神健康状况相适应，人民法院可以从行为与本人生活相关联的程度，本人的智力、精神健康状况能否理解其行为并预见相应的后果，以及标的、数量、价款或者报酬等方面认定。

三、监　护

第六条 人民法院认定自然人的监护能力，应当根据其年龄、身心健康状况、经济条件等因素确定；认定有关组织的监护能力，应当根据其资质、信用、财产状况等因素确定。

第七条 担任监护人的被监护人父母通过遗嘱指定监护人，遗嘱生效时被指定的人不同意担任监护人的，人民法院应当适用民法典第二十七条、第二十八条的规定确定监护人。

未成年人由父母担任监护人，父母中的一方通过遗嘱指定监护人，另一方在遗嘱生效时有监护能力，有关当事人对监护人的确定有争议的，人民法院应当适用民法典第二十七条第一款的规定确定监护人。

第八条 未成年人的父母与其他依法具有监护资格的人订立协议，

约定免除具有监护能力的父母的监护职责的，人民法院不予支持。协议约定在未成年人的父母丧失监护能力时由该具有监护资格的人担任监护人的，人民法院依法予以支持。

依法具有监护资格的人之间依据民法典第三十条的规定，约定由民法典第二十七条第二款、第二十八条规定的不同顺序的人共同担任监护人，或者由顺序在后的人担任监护人的，人民法院依法予以支持。

第九条 人民法院依据民法典第三十一条第二款、第三十六条第一款的规定指定监护人时，应当尊重被监护人的真实意愿，按照最有利于被监护人的原则指定，具体参考以下因素：

（一）与被监护人生活、情感联系的密切程度；

（二）依法具有监护资格的人的监护顺序；

（三）是否有不利于履行监护职责的违法犯罪等情形；

（四）依法具有监护资格的人的监护能力、意愿、品行等。

人民法院依法指定的监护人一般应当是一人，由数人共同担任监护人更有利于保护被监护人利益的，也可以是数人。

第十条 有关当事人不服居民委员会、村民委员会或者民政部门的指定，在接到指定通知之日起三十日内向人民法院申请指定监护人的，人民法院经审理认为指定并无不当，依法裁定驳回申请；认为指定不当，依法判决撤销指定并另行指定监护人。

有关当事人在接到指定通知之日起三十日后提出申请的，人民法院应当按照变更监护关系处理。

第十一条 具有完全民事行为能力的成年人与他人依据民法典第三十三条的规定订立书面协议事先确定自己的监护人后，协议的任何一方在该成年人丧失或者部分丧失民事行为能力前请求解除协议的，人民法院依法予以支持。该成年人丧失或者部分丧失民事行为能力后，协议确定的监护人无正当理由请求解除协议的，人民法院不予支持。

该成年人丧失或者部分丧失民事行为能力后，协议确定的监护人有民法典第三十六条第一款规定的情形之一，该条第二款规定的有关个人、组织申请撤销其监护人资格的，人民法院依法予以支持。

第十二条 监护人、其他依法具有监护资格的人之间就监护人是否有民法典第三十九条第一款第二项、第四项规定的应当终止监护关系的情形发生争议，申请变更监护人的，人民法院应当依法受理。经审理认为理由成立的，人民法院依法予以支持。

被依法指定的监护人与其他具有监护资格的人之间协议变更监护人的，人民法院应当尊重被监护人的真实意愿，按照最有利于被监护人的原则作出裁判。

第十三条 监护人因患病、外出务工等原因在一定期限内不能完全履行监护职责，将全部或者部分监护职责委托给他人，当事人主张受托人因此成为监护人的，人民法院不予支持。

四、宣告失踪和宣告死亡

第十四条 人民法院审理宣告失踪案件时，下列人员应当认定为民法典第四十条规定的利害关系人：

（一）被申请人的近亲属；

（二）依据民法典第一千一百二十八条、第一千一百二十九条规定对被申请人有继承权的亲属；

（三）债权人、债务人、合伙人等与被申请人有民事权利义务关系的民事主体，但是不申请宣告失踪不影响其权利行使、义务履行的除外。

第十五条 失踪人的财产代管人向失踪人的债务人请求偿还债务的，人民法院应当将财产代管人列为原告。

债权人提起诉讼，请求失踪人的财产代管人支付失踪人所欠的债务和其他费用的，人民法院应当将财产代管人列为被告。经审理认为债权人的诉讼请求成立的，人民法院应当判决财产代管人从失踪人的财产中支付失踪人所欠的债务和其他费用。

第十六条 人民法院审理宣告死亡案件时，被申请人的配偶、父母、子女，以及依据民法典第一千一百二十九条规定对被申请人有继承权的亲属应当认定为民法典第四十六条规定的利害关系人。

符合下列情形之一的，被申请人的其他近亲属，以及依据民法典第一千一百二十八条规定对被申请人有继承权的亲属应当认定为民法典第四十六条规定的利害关系人：

（一）被申请人的配偶、父母、子女均已死亡或者下落不明的；

（二）不申请宣告死亡不能保护其相应合法权益的。

被申请人的债权人、债务人、合伙人等民事主体不能认定为民法典第四十六条规定的利害关系人，但是不申请宣告死亡不能保护其相应合法权益的除外。

第十七条 自然人在战争期间下落不明的，利害关系人申请宣告死亡的期间适用民法典第四十六条第一款第一项的规定，自战争结束之日或者有关机关确定的下落不明之日起计算。

五、民事法律行为

第十八条 当事人未采用书面形式或者口头形式，但是实施的行为本身表明已经作出相应意思表示，并符合民事法律行为成立条件的，人民法院可以认定为民法典第一百三十五条规定的采用其他形式实施的民事法律行为。

第十九条 行为人对行为的性质、对方当事人或者标的物的品种、质量、规格、价格、数量等产生错误认识，按照通常理解如果不发生该错误认识行为人就不会作出相应意思表示的，人民法院可以认定为民法典第一百四十七条规定的重大误解。

行为人能够证明自己实施民事法律行为时存在重大误解，并请求撤销该民事法律行为的，人民法院依法予以支持；但是，根据交易习惯等认定行为人无权请求撤销的除外。

第二十条 行为人以其意思表示存在第三人转达错误为由请求撤销民事法律行为的，适用本解释第十九条的规定。

第二十一条 故意告知虚假情况，或者负有告知义务的人故意隐瞒真实情况，致使当事人基于错误认识作出意思表示的，人民法院可以认定为民法典第一百四十八条、第一百四十九条规定的欺诈。

第二十二条 以给自然人及其近亲属等的人身权利、财产权利以及其他合法权益造成损害或者以给法人、非法人组织的名誉、荣誉、财产权益等造成损害为要挟，迫使其基于恐惧心理作出意思表示的，人民法院可以认定为民法典第一百五十条规定的胁迫。

第二十三条 民事法律行为不成立，当事人请求返还财产、折价补偿或者赔偿损失的，参照适用民法典第一百五十七条的规定。

第二十四条 民事法律行为所附条件不可能发生，当事人约定为生效条件的，人民法院应当认定民事法律行为不发生效力；当事人约定为解除条件的，应当认定未附条件，民事法律行为是否失效，依照民法典和相关法律、行政法规的规定认定。

六、代　理

第二十五条 数个委托代理人共同行使代理权，其中一人或者数人未与其他委托代理人协商，擅自行使代理权的，依据民法典第一百七十一条、第一百七十二条等规定处理。

第二十六条 由于急病、通讯联络中断、疫情防控等特殊原因，委托代理人自己不能办理代理事项，又不能与被代理人及时取得联系，如不及时转委托第三人代理，会给被代理人的利益造成损失或者扩大损失的，人民法院应当认定为民法典第一百六十九条规定的紧急情况。

第二十七条 无权代理行为未被追认，相对人请求行为人履行债务或者赔偿损失的，由行为人就相对人知道或者应当知道行为人无权代理承担举证责任。行为人不能证明的，人民法院依法支持相对人的相应诉讼请求；行为人能够证明的，人民法院应当按照各自的过错认定行为人与相对人的责任。

第二十八条 同时符合下列条件的，人民法院可以认定为民法典第一百七十二条规定的相对人有理由相信行为人有代理权：

（一）存在代理权的外观；

（二）相对人不知道行为人行为时没有代理权，且无过失。

因是否构成表见代理发生争议的，相对人应当就无权代理符合前款第一项规定的条件承担举证责任；被代理人应当就相对人不符合前款第二项规定的条件承担举证责任。

第二十九条 法定代理人、被代理人依据民法典第一百四十五条、第一百七十一条的规定向相对人作出追认的意思表示的，人民法院应当依据民法典第一百三十七条的规定确认其追认意思表示的生效时间。

七、民事责任

第三十条 为了使国家利益、社会公共利益、本人或者他人的人身权利、财产权利以及其他合法权益免受正在进行的不法侵害，而针对实施侵害行为的人采取的制止不法侵害的行为，应当认定为民法典第一百八十一条规定的正当防卫。

第三十一条 对于正当防卫是否超过必要的限度，人民法院应当综合不法侵害的性质、手段、强度、危害程度和防卫的时机、手段、强度、损害后果等因素判断。

经审理，正当防卫没有超过必要限度的，人民法院应当认定正当防卫人不承担责任。正当防卫超过必要限度的，人民法院应当认定正当防卫人在造成不应有的损害范围内承担部分责任；实施侵害行为的人请求正当防卫人承担全部责任的，人民法院不予支持。

实施侵害行为的人不能证明防卫行为造成不应有的损害，仅以正当防卫人采取的反击方式和强度与不法侵害不相当为由主张防卫过当的，人民法院不予支持。

第三十二条 为了使国家利益、社会公共利益、本人或者他人的人身权利、财产权利以及其他合法权益免受正在发生的急迫危险，不得已而采取紧急措施的，应当认定为民法典第一百八十二条规定的紧急避险。

第三十三条 对于紧急避险是否采取措施不当或者超过必要的限度，人民法院应当综合危险的性质、急迫程度、避险行为所保护的权益以及造成的损害后果等因素判断。

经审理，紧急避险采取措施并无不当且没有超过必要限度的，人民法院应当认定紧急避险人不承担责任。紧急避险采取措施不当或者超过必要限度的，人民法院应当根据紧急避险人的过错程度、避险措施造成不应有的损害的原因力大小、紧急避险人是否为受益人等因素认定紧急避险人在造成的不应有的损害范围内承担相应的责任。

第三十四条 因保护他人民事权益使自己受到损害，受害人依据民法典第一百八十三条的规定请求受益人适当补偿的，人民法院可以根据受害人所受损失和已获赔偿的情况、受益人受益的多少及其经济条件等因素确定受益人承担的补偿数额。

八、诉讼时效

第三十五条 民法典第一百八十八条第一款规定的三年诉讼时效期间，可以适用民法典有关诉讼时效中止、中断的规定，不适用延长的规定。该条第二款规定的二十年期间不适用中止、中断的规定。

第三十六条 无民事行为能力人或者限制民事行为能力人的权利受到损害的，诉讼时效期间自其法定代理人知道或者应当知道权利受到损害以及义务人之日起计算，但是法律另有规定的除外。

第三十七条 无民事行为能力人、限制民事行为能力人的权利受到原法定代理人损害，且在取得、恢复完全民事行为能力或者在原法定代理终止并确定新的法定代理人后，相应民事主体才知道或者应当知道权利受到损害的，有关请求权诉讼时效期间的计算适用民法典第一百八十八条第二款、本解释第三十六条的规定。

第三十八条 诉讼时效依据民法典第一百九十五条的规定中断后，在新的诉讼时效期间内，再次出现第一百九十五条规定的中断事由，可以认定为诉讼时效再次中断。

权利人向义务人的代理人、财产代管人或者遗产管理人等提出履行请求的，可以认定为民法典第一百九十五条规定的诉讼时效中断。

九、附　则

第三十九条　本解释自2022年3月1日起施行。

民法典施行后的法律事实引起的民事案件，本解释施行后尚未终审的，适用本解释；本解释施行前已经终审，当事人申请再审或者按照审判监督程序决定再审的，不适用本解释。

最高人民法院关于适用《中华人民共和国民法典》时间效力的若干规定

- 2020年12月14日最高人民法院审判委员会第1821次会议通过
- 2020年12月29日最高人民法院公告公布
- 自2021年1月1日起施行
- 法释〔2020〕15号

根据《中华人民共和国立法法》《中华人民共和国民法典》等法律规定，就人民法院在审理民事纠纷案件中有关适用民法典时间效力问题作出如下规定。

一、一般规定

第一条　民法典施行后的法律事实引起的民事纠纷案件，适用民法典的规定。

民法典施行前的法律事实引起的民事纠纷案件，适用当时的法律、司法解释的规定，但是法律、司法解释另有规定的除外。

民法典施行前的法律事实持续至民法典施行后，该法律事实引起的民事纠纷案件，适用民法典的规定，但是法律、司法解释另有规定的除外。

第二条 民法典施行前的法律事实引起的民事纠纷案件，当时的法律、司法解释有规定，适用当时的法律、司法解释的规定，但是适用民法典的规定更有利于保护民事主体合法权益，更有利于维护社会和经济秩序，更有利于弘扬社会主义核心价值观的除外。

第三条 民法典施行前的法律事实引起的民事纠纷案件，当时的法律、司法解释没有规定而民法典有规定的，可以适用民法典的规定，但是明显减损当事人合法权益、增加当事人法定义务或者背离当事人合理预期的除外。

第四条 民法典施行前的法律事实引起的民事纠纷案件，当时的法律、司法解释仅有原则性规定而民法典有具体规定的，适用当时的法律、司法解释的规定，但是可以依据民法典具体规定进行裁判说理。

第五条 民法典施行前已经终审的案件，当事人申请再审或者按照审判监督程序决定再审的，不适用民法典的规定。

二、溯及适用的具体规定

第六条 《中华人民共和国民法总则》施行前，侵害英雄烈士等的姓名、肖像、名誉、荣誉，损害社会公共利益引起的民事纠纷案件，适用民法典第一百八十五条的规定。

第七条 民法典施行前，当事人在债务履行期限届满前约定债务人不履行到期债务时抵押财产或者质押财产归债权人所有的，适用民法典第四百零一条和第四百二十八条的规定。

第八条 民法典施行前成立的合同，适用当时的法律、司法解释的规定合同无效而适用民法典的规定合同有效的，适用民法典的相关规定。

第九条 民法典施行前订立的合同，提供格式条款一方未履行提示或者说明义务，涉及格式条款效力认定的，适用民法典第四百九十六条的规定。

第十条 民法典施行前，当事人一方未通知对方而直接以提起诉讼方式依法主张解除合同的，适用民法典第五百六十五条第二款的规定。

第十一条 民法典施行前成立的合同，当事人一方不履行非金钱债务或者履行非金钱债务不符合约定，对方可以请求履行，但是有民法典第五百八十条第一款第一项、第二项、第三项除外情形之一，致使不能实现合同目的，当事人请求终止合同权利义务关系的，适用民法典第五百八十条第二款的规定。

第十二条 民法典施行前订立的保理合同发生争议的，适用民法典第三编第十六章的规定。

第十三条 民法典施行前，继承人有民法典第一千一百二十五条第一款第四项和第五项规定行为之一，对该继承人是否丧失继承权发生争议的，适用民法典第一千一百二十五条第一款和第二款的规定。

民法典施行前，受遗赠人有民法典第一千一百二十五条第一款规定行为之一，对受遗赠人是否丧失受遗赠权发生争议的，适用民法典第一千一百二十五条第一款和第三款的规定。

第十四条 被继承人在民法典施行前死亡，遗产无人继承又无人受遗赠，其兄弟姐妹的子女请求代位继承的，适用民法典第一千一百二十八条第二款和第三款的规定，但是遗产已经在民法典施行前处理完毕的除外。

第十五条 民法典施行前，遗嘱人以打印方式立的遗嘱，当事人对该遗嘱效力发生争议的，适用民法典第一千一百三十六条的规定，但是遗产已经在民法典施行前处理完毕的除外。

第十六条 民法典施行前，受害人自愿参加具有一定风险的文体活动受到损害引起的民事纠纷案件，适用民法典第一千一百七十六条的规定。

第十七条 民法典施行前，受害人为保护自己合法权益采取扣留侵权人的财物等措施引起的民事纠纷案件，适用民法典第一千一百七十七条的规定。

第十八条 民法典施行前，因非营运机动车发生交通事故造成无偿搭乘人损害引起的民事纠纷案件，适用民法典第一千二百一十七条的规定。

第十九条 民法典施行前，从建筑物中抛掷物品或者从建筑物上坠落的物品造成他人损害引起的民事纠纷案件，适用民法典第一千二百五十四条的规定。

三、衔接适用的具体规定

第二十条 民法典施行前成立的合同，依照法律规定或者当事人约定该合同的履行持续至民法典施行后，因民法典施行前履行合同发生争议的，适用当时的法律、司法解释的规定；因民法典施行后履行合同发生争议的，适用民法典第三编第四章和第五章的相关规定。

第二十一条 民法典施行前租赁期限届满，当事人主张适用民法典第七百三十四条第二款规定的，人民法院不予支持；租赁期限在民法典施行后届满，当事人主张适用民法典第七百三十四条第二款规定的，人民法院依法予以支持。

第二十二条 民法典施行前，经人民法院判决不准离婚后，双方又分居满一年，一方再次提起离婚诉讼的，适用民法典第一千零七十九条第五款的规定。

第二十三条 被继承人在民法典施行前立有公证遗嘱，民法典施行后又立有新遗嘱，其死亡后，因该数份遗嘱内容相抵触发生争议的，适用民法典第一千一百四十二条第三款的规定。

第二十四条 侵权行为发生在民法典施行前，但是损害后果出现在民法典施行后的民事纠纷案件，适用民法典的规定。

第二十五条 民法典施行前成立的合同，当时的法律、司法解释没有规定且当事人没有约定解除权行使期限，对方当事人也未催告的，解除权人在民法典施行前知道或者应当知道解除事由，自民法典施行之日起一年内不行使的，人民法院应当依法认定该解除权消灭；解除权人在民法典施行后知道或者应当知道解除事由的，适用民法典第五百六十四条第二款关于解除权行使期限的规定。

第二十六条　当事人以民法典施行前受胁迫结婚为由请求人民法院撤销婚姻的，撤销权的行使期限适用民法典第一千零五十二条第二款的规定。

第二十七条　民法典施行前成立的保证合同，当事人对保证期间约定不明确，主债务履行期限届满至民法典施行之日不满二年，当事人主张保证期间为主债务履行期限届满之日起二年的，人民法院依法予以支持；当事人对保证期间没有约定，主债务履行期限届满至民法典施行之日不满六个月，当事人主张保证期间为主债务履行期限届满之日起六个月的，人民法院依法予以支持。

四、附　则

第二十八条　本规定自2021年1月1日起施行。

本规定施行后，人民法院尚未审结的一审、二审案件适用本规定。

最高人民法院关于审理民事案件适用诉讼时效制度若干问题的规定

· 2008年8月11日最高人民法院审判委员会第1450次会议通过

· 根据2020年12月23日最高人民法院审判委员会第1823次会议通过的《最高人民法院关于修改〈最高人民法院关于在民事审判工作中适用《中华人民共和国工会法》若干问题的解释〉等二十七件民事类司法解释的决定》修正

· 2020年12月29日最高人民法院公告公布

为正确适用法律关于诉讼时效制度的规定，保护当事人的合法权益，依照《中华人民共和国民法典》《中华人民共和国民事诉讼法》等法律的规定，结合审判实践，制定本规定。

第一条 当事人可以对债权请求权提出诉讼时效抗辩，但对下列债权请求权提出诉讼时效抗辩的，人民法院不予支持：

（一）支付存款本金及利息请求权；

（二）兑付国债、金融债券以及向不特定对象发行的企业债券本息请求权；

（三）基于投资关系产生的缴付出资请求权；

（四）其他依法不适用诉讼时效规定的债权请求权。

第二条 当事人未提出诉讼时效抗辩，人民法院不应对诉讼时效问题进行释明。

第三条 当事人在一审期间未提出诉讼时效抗辩，在二审期间提出的，人民法院不予支持，但其基于新的证据能够证明对方当事人的请求权已过诉讼时效期间的情形除外。

当事人未按照前款规定提出诉讼时效抗辩，以诉讼时效期间届满为由申请再审或者提出再审抗辩的，人民法院不予支持。

第四条 未约定履行期限的合同，依照民法典第五百一十条、第五百一十一条的规定，可以确定履行期限的，诉讼时效期间从履行期限届满之日起计算；不能确定履行期限的，诉讼时效期间从债权人要求债务人履行义务的宽限期届满之日起计算，但债务人在债权人第一次向其主张权利之时明确表示不履行义务的，诉讼时效期间从债务人明确表示不履行义务之日起计算。

第五条 享有撤销权的当事人一方请求撤销合同的，应适用民法典关于除斥期间的规定。对方当事人对撤销合同请求权提出诉讼时效抗辩的，人民法院不予支持。

合同被撤销，返还财产、赔偿损失请求权的诉讼时效期间从合同被撤销之日起计算。

第六条 返还不当得利请求权的诉讼时效期间，从当事人一方知道或者应当知道不当得利事实及对方当事人之日起计算。

第七条 管理人因无因管理行为产生的给付必要管理费用、赔偿损失请求权的诉讼时效期间，从无因管理行为结束并且管理人知道或者应当知道本人之日起计算。

本人因不当无因管理行为产生的赔偿损失请求权的诉讼时效期间，从其知道或者应当知道管理人及损害事实之日起计算。

第八条 具有下列情形之一的，应当认定为民法典第一百九十五条规定的"权利人向义务人提出履行请求"，产生诉讼时效中断的效力：

（一）当事人一方直接向对方当事人送交主张权利文书，对方当事人在文书上签名、盖章、按指印或者虽未签名、盖章、按指印但能够以其他方式证明该文书到达对方当事人的；

（二）当事人一方以发送信件或者数据电文方式主张权利，信件或者数据电文到达或者应当到达对方当事人的；

（三）当事人一方为金融机构，依照法律规定或者当事人约定从对方当事人账户中扣收欠款本息的；

（四）当事人一方下落不明，对方当事人在国家级或者下落不明的当事人一方住所地的省级有影响的媒体上刊登具有主张权利内容的公告的，但法律和司法解释另有特别规定的，适用其规定。

前款第（一）项情形中，对方当事人为法人或者其他组织的，签收人可以是其法定代表人、主要负责人、负责收发信件的部门或者被授权主体；对方当事人为自然人的，签收人可以是自然人本人、同住的具有完全行为能力的亲属或者被授权主体。

第九条 权利人对同一债权中的部分债权主张权利，诉讼时效中断的效力及于剩余债权，但权利人明确表示放弃剩余债权的情形除外。

第十条 当事人一方向人民法院提交起诉状或者口头起诉的，诉讼时效从提交起诉状或者口头起诉之日起中断。

第十一条 下列事项之一，人民法院应当认定与提起诉讼具有同等诉讼时效中断的效力：

（一）申请支付令；

（二）申请破产、申报破产债权；

（三）为主张权利而申请宣告义务人失踪或死亡；

（四）申请诉前财产保全、诉前临时禁令等诉前措施；

（五）申请强制执行；

（六）申请追加当事人或者被通知参加诉讼；

（七）在诉讼中主张抵销；

（八）其他与提起诉讼具有同等诉讼时效中断效力的事项。

第十二条 权利人向人民调解委员会以及其他依法有权解决相关民事纠纷的国家机关、事业单位、社会团体等社会组织提出保护相应民事权利的请求，诉讼时效从提出请求之日起中断。

第十三条 权利人向公安机关、人民检察院、人民法院报案或者控告，请求保护其民事权利的，诉讼时效从其报案或者控告之日起中断。

上述机关决定不立案、撤销案件、不起诉的，诉讼时效期间从权利人知道或者应当知道不立案、撤销案件或者不起诉之日起重新计算；刑事案件进入审理阶段，诉讼时效期间从刑事裁判文书生效之日起重新计算。

第十四条 义务人作出分期履行、部分履行、提供担保、请求延期履行、制定清偿债务计划等承诺或者行为的，应当认定为民法典第一百九十五条规定的“义务人同意履行义务”。

第十五条 对于连带债权人中的一人发生诉讼时效中断效力的事由，应当认定对其他连带债权人也发生诉讼时效中断的效力。

对于连带债务人中的一人发生诉讼时效中断效力的事由，应当认定对其他连带债务人也发生诉讼时效中断的效力。

第十六条 债权人提起代位权诉讼的，应当认定对债权人的债权和债务人的债权均发生诉讼时效中断的效力。

第十七条 债权转让的，应当认定诉讼时效从债权转让通知到达债务人之日起中断。

债务承担情形下，构成原债务人对债务承认的，应当认定诉讼时效从债务承担意思表示到达债权人之日起中断。

第十八条 主债务诉讼时效期间届满，保证人享有主债务人的诉讼时效抗辩权。

保证人未主张前述诉讼时效抗辩权，承担保证责任后向主债务人行使追偿权的，人民法院不予支持，但主债务人同意给付的情形除外。

第十九条 诉讼时效期间届满，当事人一方向对方当事人作出同意履行义务的意思表示或者自愿履行义务后，又以诉讼时效期间届满为由进行抗辩的，人民法院不予支持。

当事人双方就原债务达成新的协议，债权人主张义务人放弃诉讼时效抗辩权的，人民法院应予支持。

超过诉讼时效期间，贷款人向借款人发出催收到期贷款通知单，债务人在通知单上签字或者盖章，能够认定借款人同意履行诉讼时效期间已经届满的义务的，对于贷款人关于借款人放弃诉讼时效抗辩权的主张，人民法院应予支持。

第二十条 本规定施行后，案件尚在一审或者二审阶段的，适用本规定；本规定施行前已经终审的案件，人民法院进行再审时，不适用本规定。

第二十一条 本规定施行前本院作出的有关司法解释与本规定相抵触的，以本规定为准。

法律法规新解读系列

实用附录

民法典总则编
解读与应用

代理的类型

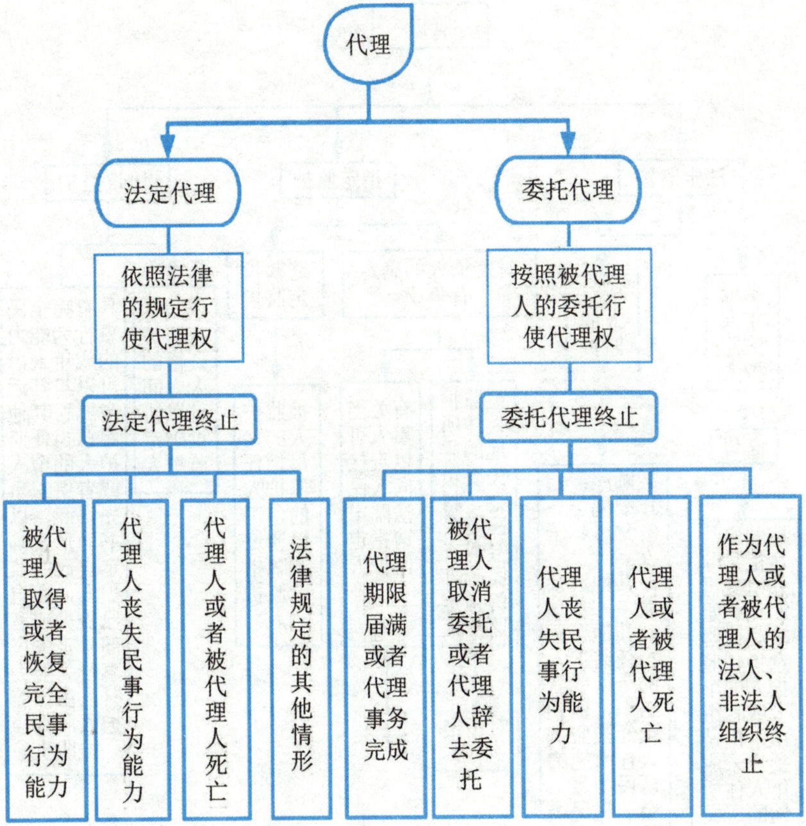
代理
法定代理
委托代理
依照法律的规定行使代理权
按照被代理人的委托行使代理权
法定代理终止
委托代理终止
被代理人取得或者恢复完全民事行为能力
代理人丧失民事行为能力
代理人或者被代理人死亡
法律规定的其他情形
代理期限届满或者代理事务完成
被代理人取消委托或者代理人辞去委托
代理人丧失民事行为能力
代理人或者被代理人死亡
作为代理人或者被代理人的法人、非法人组织终止

监护的类型

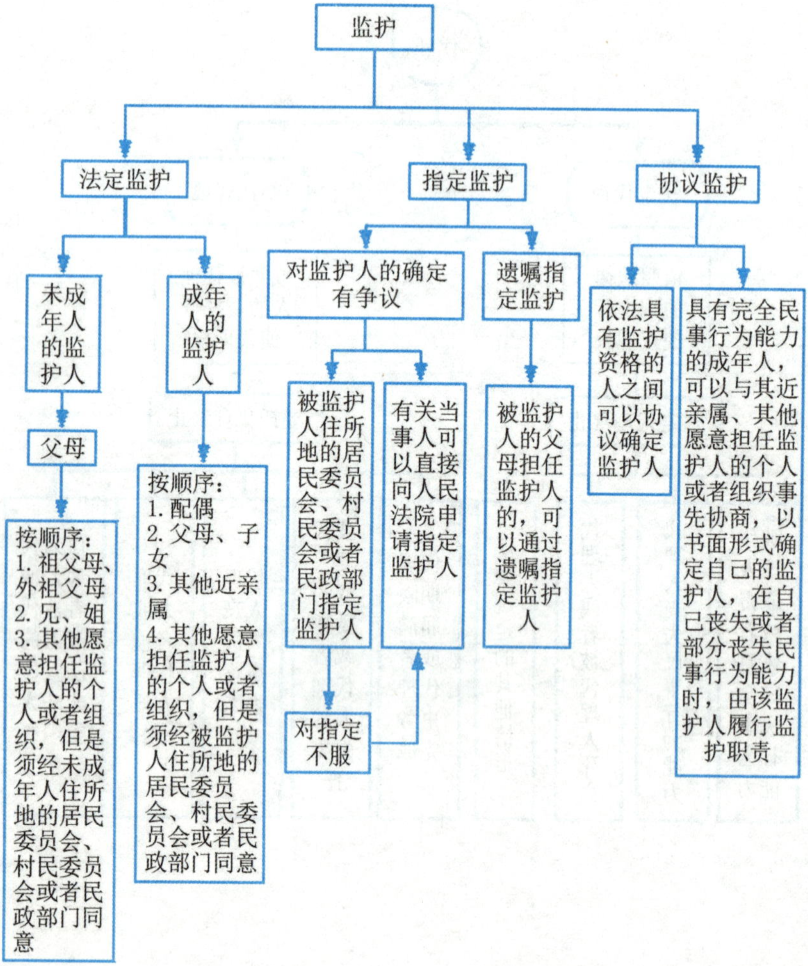
监护
法定监护
指定监护
协议监护
未成年人的监护人
成年人的监护人
父母
按顺序：
1. 祖父母、外祖父母
2. 兄、姐
3. 其他愿意担任监护人的个人或者组织，但是须经未成年人住所地的居民委员会、村民委员会或者民政部门同意
按顺序：
1. 配偶
2. 父母、子女
3. 其他近亲属
4. 其他愿意担任监护人的个人或者组织，但是须经被监护人住所地的居民委员会、村民委员会或者民政部门同意
对监护人的确定有争议
遗嘱指定监护
被监护人住所地的居民委员会、村民委员会或者民政部门指定监护人
有关当事人可以直接向人民法院申请指定监护人
对指定不服
被监护人的父母担任监护人的，可以通过遗嘱指定监护人
依法具有监护资格的人之间可以协议确定监护人
具有完全民事行为能力的成年人，可以与其近亲属、其他愿意担任监护人的个人或者组织事先协商，以书面形式确定自己的监护人，在自己丧失或者部分丧失民事行为能力时，由该监护人履行监护职责

民事诉讼流程示意图

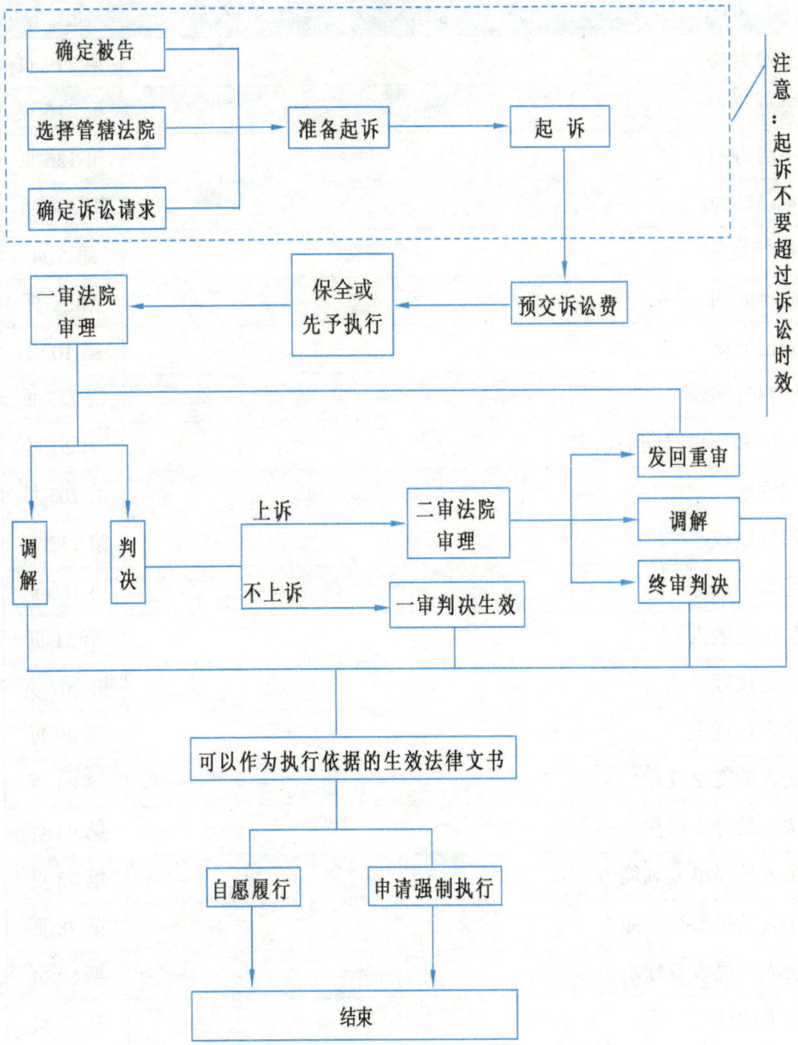

确定被告
选择管辖法院
确定诉讼请求
准备起诉
起 诉
注意：起诉不要超过诉讼时效
预交诉讼费
保全或先予执行
一审法院审理
调解
判决
上诉
不上诉
二审法院审理
一审判决生效
发回重审
调解
终审判决
可以作为执行依据的生效法律文书
自愿履行
申请强制执行
结束

重要法律术语速查表

续表

续表

续表

法律术语	页码
物权	第 130 页
物权法定	第 133 页
习惯	第 16 页
下落不明的起算时间	第 64 页
显失公平	第 174 页
限制民事行为能力的未成年人	第 24 页
胁迫	第 171 页
虚假意思表示	第 165 页
宣告失踪	第 62 页
宣告死亡	第 68 页
遗嘱指定监护	第 41 页
意定监护	第 47 页
意思表示	第 154 页
营利法人	第 98 页
用益物权	第 131 页
征收与征用	第 134 页
正当防卫	第 227 页
知识产权	第 140 页
指定监护	第 45 页
重大误解	第 167 页
自然人的住所	第 32 页
自愿原则	第 7 页
最有利于被监护人的原则	第 44 页
尊重未成年人意愿的原则	第 51 页